개정2판

보육학개론

김연진 | 한성심 | 서지영 | 김현자

Introduction to Child Care & Education

태영출판사

머리말

"씨앗들은 눈에 보이지 않지요. 그 씨앗들은 땅 속 은밀한 곳에 잠들어 있다가 그 중 하나가 갑작스럽게 깨어날 생각을 하게 되지요. 그리고 나서 씨앗은 기지개를 켜고는, 귀엽고 자그마한 싹을 태양을 향해 쏘옥 내밀지요."

『어린왕자』 중에서

지금 우리 사회는 여성과 가족에 대한 가치관의 변화, 세계 최저의 저출산 심화현상 등 사회 환경의 급격한 변화에 따라 보육에 대한 사회적 책임을 누구나 공감하고 있습니다. 저출산으로 인한 인구감소라는 중차대한 국가적 위기상황에 대한 해결의 열쇠고리는 바로 보육서비스의 내실화와 질적인 향상이라고 봅니다.

영유아기는 성장과 발달의 결정적 시기이며, 사회의 관심과 보호를 통한 아동의 권리증진과 복지를 증진시켜야 합니다. 특히 취학전의 영유아기는 사회, 인지, 언어, 정서, 신체발달 등 전인적 성장을 통해 생의 밑거름을 마련하는 중요한 시기입니다. 내 아이, 남의 아이 구별 없이 아이들의 양육을 가족, 이웃, 지역사회, 국가가 함께 노력하여 미래 인력 개발에 시너지 효과를 창출해야겠습니다.

우리 아이들이 자신이 지닌 잠재력을 최대로 계발하여 행복하게 살아갈 수 있도록 주변 사회환경을 풍성하게 마련할 수 있어야 합니다. 우리 아이들이 살아가야 할 삶의 질을 생각하면서 보육환경의 방향을 바로 잡아야겠습니다. 보육에 대한 논의와 방향에 대한 사회적 관심이 고조되는 이 때에 앞으로 보육의 질을 결정하게 될 예비교사 교육의 전문성에 대해 시대적인 고민을 하였습니다. 그리하여 나름대로 보육에 대한 철학과 문제의식을 생각하면서 기본서 교재를 집필하였습니다.

집필진들은 보육에 대한 전문 지식과 현장경험을 바탕으로 보육에 대한 입문성격의 기초 필수교과목인 이 교재를 2007년도에 처음 출판하였습니다. 우리나라의 보육환경이 해를 거듭하면서 질적으로 꾸준히 성장해 왔으며, 이와 관련한 보육정책에도 많은 변화를 가져왔습니다. 이러한 변화에 부응하여 예비보육교사를 위한 교육내용에도 개정이 불가피하게 되었습니다. 이에 따라, 집필진들은 뜻을 모아 변화된 보육정책을 토대로 고유적이고 창의적인 내용을 담아 여러 차례의 개정판을 출판하기에 이르렀습니다. 많은 대학에서 이 책을 보육교사 자격취득을 위한 기본 교재로 활용하여 주셨습니다. 여러분들의 애정이 있으셨기에 개정작업에 감히 박차고 나갈 수 있었음을 고백합니다. 심심한 감사의 마음을 전합니다.

개정된 이 책의 구성은 종전과 같이 총 12장으로 체제를 동일하게 하였고, 보육현장에서 변화되고 있는 필요한 내용을 재구성하여 체계적으로 다시 전개하였습니다.

제1장에서는 보육에 대한 기본적인 이해를 돕고자 개념, 필요성, 의의, 유형을 개괄하면서 우리나라 보육과 유아교육의 이원화체계와 통합과정을 다루고, 제2장에서는 우리나라와 외국의 보육사업의 역사를 살펴보았습니다. 특히 2장에서는 영유아보육법 제정이후 보육업무의 주무부서가 바뀜에 따라 영유아보육법 제1시기, 제2시기, 제3시기로 나누어 내용을 살펴보았습니다. 제3장에서는 아동발달과 보육경험을, 제4장에서는 아동발달과 사회체제를 다루어 풍부한 보육환경과 아동발달의 관계를 살펴보았습니다. 제5장에서는 보육과정을 고찰함에 있어서 제3차 표준보육과정을 살펴보았고, 제6장에서 보육프로그램을 다루어 보육내용의 양적, 질적 수준의 변화된 내용을 제공하였습니다. 제7장에서 아동의 건강·영양·안전, 제8장에서는 현행 보육제도를 집필함에 있어서 정책, 관련법, 행정체계 등을 다루었는데, 특히 관련법들의 대부분이 개정됨에 따라 관련된 많은 내용들이 수정되었습니다. 제9장에서는 사회변화에 따른 보육서비스의 다양화를 위해 특수보육현장과 다문화보육의 내용을 다루었으며, 제10장에서는 보육 성패의 결정 요인인 보육교직원을 다룸에 있어서 변화된 자격기준과 교육과정을 소개하였습니다. 제11장에서의 어린이집 운영관리와 제12장에서의 보육평가를 살펴봄으로써 어린이집의 질을 향상시키는 중요한 역할을 강조하여 보았습니다.

보육은 아동복지의 중요한 영역으로서 아동의 욕구와 문제를 해결해 주는 보충적 서비스의 실천 현장분야입니다. 따라서 아동복지 전공자로서 보육에 대한 이해와 기본적 틀을 제공하고자 꾸준히 노력하고 있습니다. 앞으로 영유아보육에 관심을 두고 지속적인 연구, 수정, 보완해 나가면서 보육환경에서 성장하는 많은 영유아들의 권리와 복지를 실현하도록 하겠습니다. 미래에 아동의 권리와 복지를 증진시키기 위한 예비 보육교사들이 이 책을 통해서 영유아보육에 대한 소명의식과 아동의 권리가 증진되어 나아갈 것을 기대합니다.

끝으로 이 책이 나오기까지 아낌없는 격려와 지원을 해주신 안성시 참사랑어린이집, 공도어린이집, 인지어린이집 원장님, 수원근로복지공단 어린이집 또한 관계자분들께 감사의 마음을 전합니다. 그리고 고마운 마음을 전함에 있어서 빼놓을 수 없는 가장 소중한 가족들에게 미안한 마음을 함께 전합니다. 또한 이 책의 편집과 출판을 위해 애를 써주신 태영출판사의 김현태 사장님과 직원 여러분께도 감사의 마음을 한껏 전합니다.

2016년 8월

저자들 올림

차 례

보육의 이해

CHAPTER 01

1. 보육의 개념
2. 보육의 필요성
3. 보육의 의의
4. 보육의 유형
5. 어린이집과 유치원

현대사회는 여성인력의 사회진출로 인한 맞벌이 가정의 증가, 핵가족화, 이혼율의 급증, 저출산 등 육아 환경을 바꾸어 놓는 사회문제에 접하고 있으며, 이러한 변화는 보육에 대한 욕구를 더욱 가중시키는 계기가 되었다. 보육은 보편적 서비스의 개념으로 접근하고 있으며 모든 계층의 아동을 대상으로 하는 권리이다. 즉, 보육은 아동들이 인간의 존엄성을 가진 사회 구성원으로서 당연히 누려야 할 보호와 교육을 받을 권리로 인정하고, 이를 국가적, 사회적 차원에서 다루어져야 한다. 아동들의 보호·교육받을 권리와 어머니들의 일할 권리를 보장해 주는 사회제도로, 아동의 보호와 양육 및 교육적 서비스가 통합된 개념으로 하나의 복지서비스 체계로 발전하였다. 이 장에서는 사회변화에 따른 보육의 개념, 필요성, 의의, 유형 등을 고찰하고 대표적으로 사용되고 있는 보육과 교육의 용어에 대한 인식 차이를 제시함으로써 전반적인 보육에 대한 이해를 살펴본다.

1. 보육의 개념

1) 보육의 의미

보육이란 아동들의 보호 · 교육받을 권리와 어머니들의 일할 권리를 보장해 주기 위해 아동이 속한 가정의 사회계층과 어머니의 취업 여부를 떠나 모든 아동들이 풍부한 인간관계 속에서 심리적으로 건강하게 자라나도록 지원해 주는 것이다. 이를 위한 책임은 개인뿐만 아니라 사회 국가적 책임이라는 차원에서 다루어져야 함을 의미하며, 단순한 보호의 기능을 넘어 유익한 교육경험을 제공해 주어야 하는 사회적 제도이다.

우리나라 영유아보육법에 규정된 정의를 살펴보면, "보육"이란 영유아를 건강하고 안전하게 보호 · 양육하고 영유아의 발달 특성에 맞는 교육을 제공하는 어린이집 및 가정양육 지원에 관한 사회복지서비스를 말한다. 여기서 "영유아"란 6세 미만의 취학 전 아동"을 말하며, "어린이집"이란 보호자의 위탁을 받아 영유아를 보육하는 기관을 말하고, "보호자"란 친권자 · 후견인, 그 밖의 자로서 영유아를 사실상 보호하고 있는 자를 말한다.

아동양육의 문제는 이제 부모의 능력을 넘어선 사회적인 것으로서 사회적 수단의 도움을 받아야 한다. 아동의 발달 단계에 맞는 교육기회의 제공이라는 교육학적인 견지에서 뿐만 아니라, 모성 실조 혹은 사회적 박탈로 인한 고립된 양육의 극복과 공동 육아의 보장이라는 사회보장의 견지에서 바라보는 것이 더 중요하게 부각되며, 보육사업은 어느 한 가지 접근에만 의존할 수 없는 복합적이고 종합적인 서비스이어야 한다(김진이, 2002).

보육은 '아동의 전인적 성장과 발달을 지원하며 아동과 부모를 지향하는 사회적 지원 체계의 한 형태'라고 개념화할 수 있다. 보육의 개념은 변화하고 있으며 그 의미를 두 가지로 볼 수 있다(이소희, 2005 : 17-18).

하나는 부모의 부적절한 양육 기능에 대한 보충적 기능을 수행하는 사회적 서비스라는 점이다. 현대적 개념에서 가장 주목하는 것은 교육 기능의 강조이다. 즉 단순히 자녀를 보호하는 데 그치지 않고, 해당 아동이 지닌 발달적 특성과 생활하고 있는 환경을 고려한, 곧 넓은 의미에서 교육적 활동을 포함한 교육보호(edu-care)의 개념이 그 핵심이다. 따라서 보육은 아동의 보호와 양육 및 교육적 서비스가 통합된 개념으로서 하나의 복지서비스 체계로 발전시켜야 한다는 점이다(김영모, 1995 ; 이영석, 1994).

다른 하나는 보육은 공히 아동의 복지 보장뿐 아니라, 특히 기혼 여성의 복지와 이를 통한 가족의 복지, 나아가 사회복지와 강한 연관성을 지니고 있다는 점이다. 이러한 연관성은 가족의 안정적인 소득과 이를 지원하는 국가의 정책에 의해 계속 환류(feedback)되고 있는 점에서 잘 파악할 수 있다. 실제적으로도 보육서비스는 맞벌이 가정의 수입을 증대시키는 데 기여 요인으로 작용하였을 뿐만 아니라 동시에 가족복지감에도 향상시키는 효과를 산출하고 있다는 점이다(도미향, 1999).

2) 보육 패러다임의 변화

(1) 보육주체의 변화

보육의 개념은 시대적 · 사회적 요구에 따라 달리 규정되고 있으나 그 시작은 탁아(child-care)의 개념에서 시작되었다. 즉 아동을 위탁한다는 의미의 탁아는 어떤 사유에 의하여 가정에서 양육받기 어려울 때에 일정 시간 동안 타인에 의해 돌봄이 이루어지는 것을 말한다. 이러한 돌봄은 하루 중에서 낮 동안에 이루어졌기 때문에 영어로 'day care'라고 표기하였고, 한자로는 아동을 맡긴다는 의미의 '託兒'로 표기하였다. 이렇게 타인의 돌봄에 자녀를 맡겨야만 하는 부모는 여러 가지 경제적 어려운 형편에 처해 직장을 가질 수밖에 없는 빈곤한 부모들이었다. 탁아의 내용은 단순히 아동을 보호하는 일에 국한하였으며, 이는 영국, 미국 등 서구에서 시작된 탁아를 통해서도 알 수 있다.

농사일에 바쁜 어머니를 대신해서 농가 아이들을 하루종일 돌보아 주기 위해 실시되었던 1767년의 프랑스 탁아, 오웬(Owen)이 자신이 경영하는 방직 공장 취업모들의 자녀들을 돌보아 주기 위해 시작했던 1816년의 영국 탁아, 빈민아동과 가난한 이주민 자녀들의 사회화 문제를 효과적으로 해결하기 위해 1854년 뉴욕

병원이 실시했던 미국의 탁아를 볼 수 있다(최미현 외, 2000 : 11).

현대사회에 오면서 기혼 여성의 사회참여와 취업이 증가하면서 탁아의 중요성이 더욱 부각되었고 사회적 요구가 다양하게 되었다. 초기 보육의 개념이 주로 경제적 어려움에 처한 직장여성을 위한 자녀 돌봄의 기능이 우선적이었다면 사회 · 경제적 변화와 가족 구조의 변화로 말미암아 다양한 계층의 요구를 수용하기에 이르렀다. 즉 저소득층 가정의 자녀에 국한시키지 않고 모든 계층의 아동을 대상으로 하나의 권리로서 접근한 것이다. 이는 모든 아동들이 인간의 존엄성을 가진 사회구성원으로서 당연히 누려야 할 보호와 교육을 받을 권리를 인정해 주고 이를 국가적, 사회적 차원에서 접근하려는 변화이다.

영유아보육법은 '가족책임 우선' 이념으로부터 가족과 국가, 사회의 책임으로 분명히 하였다. 즉, 아동권리에 부합된 사회적 개입이 불충분했던 가족책임 우선의 이념으로부터 가족과 국가, 사회가 함께 아동복지정책의 주체가 됨으로써 영유아의 이익을 최우선으로 고려하는 보육이념을 실현시킬 수 있는 방향으로 변화되었다. 국가는 영유아에게 양질의 보육과 교육을 제공하고자 2012년부터는 이들 모두에게 보육비와 교육비를 지원하고 있다. 결국 국가가 아동의 잠재 가능성의 최대성장과 발달을 위해 적극적인 정책을 수립하고 있는 것으로 볼 수 있다. 이로써 우리나라의 보육은 이제 개인만이 아니라 국가와 개인이 함께 책임지는 선진형 보육제도로 자리매김해 가고 있으며 이는 희망적인 일이다.

(2) 보육기능의 변화

보육은 아동의 사회계층과 어머니의 취업여부에 상관없이 모든 아동들이 풍부하고 보호적 환경 속에서 건강하게 자라도록 지원해 주는 것이며, 이는 아동들의 보호 · 교육받을 권리와 어머니의 일할 권리를 보장해 주는 사회적 장치이다. 보육이 과거의 단순한 돌봄의 기능을 넘어 보다 유익하고 발달을 촉진하는 교육적 경험을 제공하는 사회적 제도로 인식하게 되었고, 이러한 책임은 개인에게만 있는 것이 아니라 사회 · 국가적 책임이라는 차원에서 다루어져야 할 기능으로 인식하게 된 것이다.

이러한 관점은 보육 활성화 및 공보육화와 관련된 보육 내용에 발전을 가져왔다. 1961년 「아동복리법」은 1981년에 「아동복지법」으로 전문 개정되었는데, 개정된 법에서 아동복지는 보호대상 아동에 대한 보호만이 아니라 모든 아동의 건전 육성을 포함하고 있으며, 이러한 건전 육성을 실현하기 위해서는 교육적 개입이 불가하다는 점을 제시하고 있다. 이러한 진보적 개념은 「영유아보육법」의 제정 및 개정에서도 알 수 있다. 이 법의 주 대상도 과거의 탁아소나 탁아시설의 설치 목적과 같이 보호대상 영유아에서 모든 영유아를 포함하고 있으며, 더욱 주목할 것은 영유아를 포함한 초등학교의 아동을 보호하고 교육할 수 있다는 점이고 그 내용을 보면 보호만이 아닌 교육을 명문화했다는 점이다.

교육 기능의 명시 및 강조는 1990년대 후반에 들어서 더욱 강화되기 시작하였는데, 이른바 '유아교육개혁' 과정에서 여러 교육 · 연구 · 사회 관련 기관에서 표명한 바가 그것이다. 특히 '어린이집'과 직접적인 관련을 가진 교육 · 연구 · 사회기관에서는 보육을 보호+교육이라는 줄임말로 표현하면서 보육에서의 교육을 강조하였다. 뿐만 아니라 이러한 경향은 세계적 동향에서도 파악할 수 있는데 그 예로 세계아동의 권리선언(1959)이나 어린이 권리에 관한 국제협약(1989) 등에 명시된 내용을 들 수 있다. 다시 말하면 모든 어린이는 기본 생활의 유지에 필요한 기초 교육을 받을 권리를 지니고 있으며, 나아가 어려운 여건에 있는 아동은 그의 상황을 극복해 줄 수 있는 보상교육을 받을 권리가 있다는 관점은 종전의 탁아에서 교육을 포함한 교육적 서비스로 진일보한 것이다(이소희, 2005 : 15-16). 단순한 부모 역할 대행이나 신체적 돌봄 중심의 보호가 아니라 아동의 잠재 가능성을 최대한 성장 · 발달시키기 위한 종합적인 지원 체제의 보육의 개념이 강조되고 있다고 하겠다.

(3) 보육 운영의 변화

최근에는 여성의 취업이 단순한 경제적 필요에서가 아니라 자아실현을 위한 하나의 선택이 되면서 여성의 취업률이 증가하고 있으며, 다양한 직종에 종사하게 됨에 따라 보육서비스 유형에 대한 기대도 변화하고 있다. 저출산 원인으로 되고 있는 '여성의 일과 가정 양립'의 어려움에 대한 해결책으로 다양한 보육서비스가 제시되고 있지만 일하는 여성의 취업단절 사유가 출산과 육아문제임을 볼 때 육아

문제 해결에 대한 보다 적극적 대책이 필요함을 보여주고 있다.

그에 따라 어린이집의 운영 형태가 다양하게 나타나고 있는데 시간연장형 보육서비스, 야간보육, 휴일보육, 24시간 보육, 방과후 보육 등의 형태를 들 수 있다. 또한 어린이집 운영에서도 어린이집운영위원회에 부모가 참여하며, 자원봉사활동이나 행사보조 역할, 부모참여수업 및 워크샵, 부모교육 및 상담 등의 형태로 부모의 의견 개진과 참여가 다양해지고 있다.

2. 보육의 필요성

1) 사회변화와 보육 욕구

우리나라는 빠른 산업화를 거치면서 다양한 사회변화를 경험하였다. 특히 여성인력의 사회진출로 인한 맞벌이 가정의 증가, 다양한 가족형태로의 변화, 저출산 · 고령화 등이 육아 환경 또는 보육정책 환경을 바꾸어 놓는 중요한 계기가 되었다.

(1) 맞벌이 가정의 증가

취업모의 증가는 보육의 필요성을 강조하는 가장 큰 원인이다. 우리나라 여성의 경제활동 참가율은 1999년 이후 점진적인 경기회복으로 2000년에는 48.8%, 2001년 49.3%, 2003년 49.0%, 2004년 49.9%이고, 2005년에는 50.1%로 최초로 50%를 넘어섰으나, 2009년 경제위기로 다시 49.2% 수준으로 하락하였고, 2010년 49.4%, 2011년 49.7%, 2012년 49.9%로 다시 소폭의 상승세를 이어가다 2013년 50.2%로 다시 50%를 넘어섰으며 2015년 51.8%로 50%대 초반의 수준을 보이고 있다(통계청, 2016).

여성의 연령별 취업률 추이를 분석해 보면, 여성의 경제활동참가율은 높아지는 추세이나 출산 · 양육부담으로 출산 · 자녀 양육의 시기에 해당하는 30세에서 39세 연령층 여성의 경제활동은 여전히 하락하는 현상을 보이고 있다. 선진국은 안정적 육아지원체계, 노동시장의 유연성 등으로 완만한 역U자형이나 우리나라는 급격한 M-Curve 구조를 나타내고 있다.

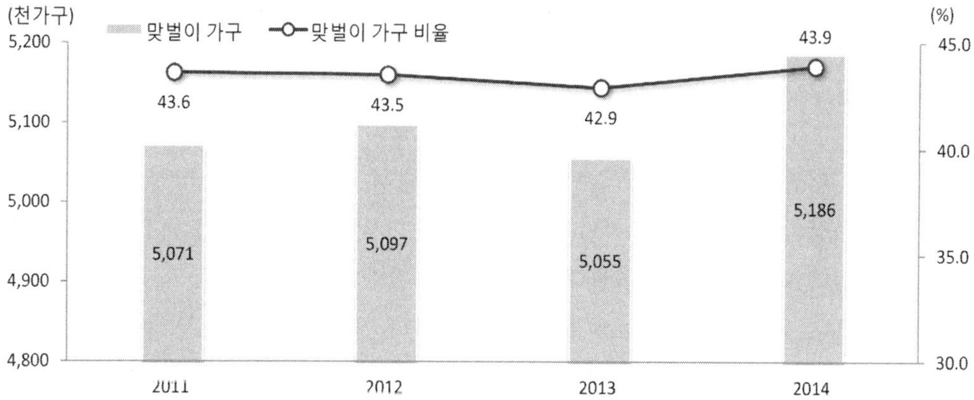

[그림 1-1] **맞벌이 가구 비율**

맞벌이 가구는 2014년 10월 기준 518만6천 가구로 유배우 가구의 43.9%를 차지하였으며 2013년보다 1.0%p 증가하였다. 연령대별로 보면, 40~49세의 맞벌이 가구 비율은 51.8%로 지속적으로 유배우가구의 반 이상을 차지하고, 50~59세는 2014년에 51.3%로 절반을 넘어 서고 있다. 30~39세의 맞벌이 가구 비율은 42.1%로 전년보다 1.5%p 증가하고, 15~29세는 37.4%로 전년과 같은 수준을 나타내고 있다(통계청, 여성가족부, 2015. 12. 7, 보도자료).

표 1-1 성별 및 연령대별 맞벌이 가구

(단위 : 천가구, %)

	2011. 6.			2012. 6.			2013. 10.			2014. 10.		
	유배우 가구	맞벌이 가구[1]	비율[2]	유배우 가구	맞벌이 가구[1]	비율[2]	유배우 가구	맞벌이 가구[1]	비율[2]	유배우 가구	맞벌이 가구[1]	비율[2]
전 체	11,619	5,071	43.6	11,716	5,097	43.5	11,780	5,055	42.9	11,825	5,186	43.9

15～29세	264	103	39.2	222	88	39.5	188	70	37.4	174	65	37.4
30～39세	2,293	943	41.1	2,216	911	41.1	2,094	851	40.6	2,015	848	42.1
40～49세	3,426	1,784	52.1	3,333	1,735	52.1	3,250	1,650	50.8	3,191	1,654	51.8
50～59세	2,938	1,461	49.7	3,095	1,540	49.8	3,224	1,609	49.9	3,287	1,685	51.3
60세 이상	2,699	780	28.9	2,849	823	28.9	3,023	875	29.0	3,159	934	29.3

자료 : 통계청,「지역별고용조사」 각년도
주 : 1) 맞벌이 가구는 동거여부와 관계없이 부부(가구주와 배우자)가 모두 취업인 가구
2) 비율 = (맞벌이 가구 / 유배우 가구) × 100

취업모의 증가는 그들이 당면하는 이중적 역할 수행, 즉 직업적 역할 수행과 가정 내 역할 수행의 부담으로 가정의 보호 및 교육의 기능을 급격히 약화시키고 있다. 특히 취업 여성에 대한 실태 조사 결과(양옥승, 1978; 이성진 외, 1990; 이명숙, 1983)를 보면, 미취학 자녀를 둔 취업모의 자녀 양육 및 교육의 문제가 가장 어려운 것으로 나타났다. 그리고 취업 여성의 직업 만족도에 가장 큰 영향을 미치는 요인이 직장에 있는 동안 자녀의 보호 및 교육이며, 만약 아동을 맡아 줄 사람이나 시설이 있다면 취학전 자녀를 둔 기혼 여성들의 대부분이 취업을 하겠다는 생각을 가지고 있다는 점에서 볼 때 취업모에게 있어 자녀 양육의 문제가 현실적으로 얼마나 절박한 문제인가를 알 수 있다. 이들 취업모들이 안고 있는 자녀 양육의 문제는 경제 구조의 변화로 인해 야기된 보편적인 문제로서 개별적으로 해결해야 될 것이 아니라 사회 · 국가적 차원에서 다루어야 하는 필요성이라 하겠다(최미현 외, 2000 : 21-22).

(2) 다양한 가족형태로의 변화

비교적 안정된 가족구조 속에서 다양한 육아 일손의 힘을 빌었던 전통적 가족구조와 관념이 변화하여 핵가족화됨에 따라서 어린 동생을 돌볼 수 있는 정도의 언니, 오빠가 가능하지 않게 되었고 가족 수가 줄어듦으로써 삼촌이나 사촌 간의 관계도 축소되어 아이를 돌볼 수 있는 사람이 줄었다.

핵가족 내에서 자녀 수의 감소는 아동에 대한 부모의 관심을 증대시켜 보다 이른 시기에 자녀에게 교육적 혜택을 주고자 하는 욕구를 수용해야 하는 사회적 분위기가 되었다. 또한 부모 역할에 대한 사회적인 가치관의 변화는 보육의 필요성

을 증가시키는 한 요인이 되었다. 즉 부모의 역할이란 일차적으로 자녀 양육에 있으며, 자녀 양육에 있어서의 성공이 곧 부모로서의 성공이라는 생각을 갖게 하여 자녀를 위해서는 자신의 편안함이나 사생활을 희생하면서까지 자녀에게 헌신해야 한다는 종래의 전통적인 관념에 변화가 생기기 시작한 것이다. 개인주의와 능력주의가 지배적인 현대사회에서 어머니 역시 자신을 계발하고 자아실현을 하는 것이 어머니 자신은 물론 자녀들에게도 좋은 영향을 미친다고 생각하여 취업모가 증가하고 있으며, 취업을 하지 않은 경우에도 취미생활이나 봉사 등의 다양한 사회활동에 참여하게 됨으로써 자연히 가정의 자녀 양육 기능을 대행해 줄 사회적 제도가 요구된다. 그러므로 보육의 필요성은 여성들의 자아실현을 위한 여성운동의 차원에서도 요구된다고 볼 수 있다(최미현 외, 2000 : 21).

이와 함께 국제결혼의 증가 및 별거, 이혼, 사망 등의 가족해체 증가 등으로 다문화가족과 한부모가족 및 조손가족 등이 증가하였고, 장애아동의 출현율도 증가하는 추세에 있다. 이로 인한 대부분의 결손 가정의 한부모는 경제활동에 전념하지 않을 수 없게 되고 어린 자녀를 둔 경우의 육아는 심각한 문제가 아닐 수 없다. 특히 해마다 늘어나는 이혼율 상승과 전체 가구 중 한부모 가정과 다문화 가정이 차지하는 비율이 증가하는 추세를 고려해 볼 때 약화되는 가정의 자녀 양육 기능을 보완할 수 있는 보육의 필요성은 더욱 높아지고 있다.

(3) 저출산 · 고령화의 증가

사회적 변화에 따른 육아문제는 빠른 시일 내에 사회가 공동으로 노력하여 해결해야 하는 중요한 과제가 되었다. 자녀의 출산과 양육이 사적인 영역의 일로만 여기던 과거의 제도와 사회적 대책은 육아로 인해 발생하는 더 큰 사회문제를 해결하기에 부족하였다. 최근 우리나라의 출산율의 심각한 저하는 이러한 모든 현상을 가장 분명하게 드러내 주는 지표가 되고 있다. 아이를 낳아도 맡길 곳이 없다거나 육아비용이 사적인 선에서 해결하기에는 너무나 과중한 부담이 된다는 문제점은 최근 우리 가족들의 중요한 문제로 부각하기에 이르렀다.

가족에 대한 의식의 변화와 여성의 사회참여 필요성 및 욕구가 개별 여성의 선택으로 맡겨 두기에는 국가적 차원에서 너무나 심각한 문제를 발생하는 것을

보게 된다. 1960년대까지 가임여성 1인당 6명에 달하던 출산율이 1983년 2.1명, 2000년 1.47명, 2001년 1.30명, 2002년 1.17명, 2003년 1.18명, 2004년 1.15명, 2005년 1.08명, 2006년 1.12명, 2007년 1.25명, 2008년 1.19명, 2009년 1.15명, 2010년 1.23명, 2011년 1.24명, 2012년 1.30명, 2013년 1.12명, 2014년 1.21명(통계청, 각년도)으로 줄어들면서 세계 최저를 기록하고 있다. 우리나라의 경우 급속한 출산율 하락과 세계적으로 유례가 없는 빠른 속도의 고령화가 동시에 진행되고 있다. 이런 상태로 진행되다 보면 2026년경에는 65세 이상의 인구가 전체 인구의 20%를 넘는 초고령사회로 진입하게 된다.

출산율의 저하는 그 사회의 성장을 이끌어가야 할 젊은 세대가 줄어간다는 의미로서 해외 이민자들의 유입으로 노동력의 상당부분을 의지하게 되는 것을 말한다. 이처럼 급속도로 출산율이 저조해지고 사회가 노령화되는 원인은 여성의 사회진출, 과중한 사교육비, 불임, 육아비의 부담, 어린이집의 부족 등 다양한 이유가 있겠으나 그 중에서도 육아비에 대한 사적 부담과 어린이집의 부족 등이 우리 사회가 안고 있는 출산율 저하의 중요한 이유가 되고 있다.

2) 아동권리와 보육 욕구

아동보육의 필요성은 기본적으로 그 대상인 아동을 중심으로 다루어져야 한다. '세계인권선언(Universal Declaration on Human Rights)'에서도 나타나듯이 사회는 아동의 성장과 발달을 위한 자연적 환경으로서의 가족에게 공동체 내에서 그 책임을 충분히 감당할 수 있도록 필요한 지원을 해 주어야 한다. 또한 아동은 원숙한 인격발달에 적합한 가정환경과 행복, 사랑, 이해의 분위기에서 성장할 권리가 있다. 모든 아동들이 그들의 보호자가 누구인가에 상관없이 자신의 개성을 발달시키고 장차 자아실현을 할 수 있는 기반을 닦을 수 있도록 평등하게 보호받고 교육받을 기회를 누려야 한다.

아동은 단순한 보호의 대상이 아닌 권리의 주체이다. 유엔아동권리협약은 아동이 가질 4가지 기본권, 즉 생존권, 보호권, 발달권, 참여권을 담고 있다. 우리나라에서도 아동 권리에 대한 인식이 확산되고 있으며 권리 주체로서의 아동을 인정하고 그 권리를 보장할 수 있도록 국가가 책임을 져야 할 것이며 보육서비스 현장에서 영유아들에게 실현될 수 있도록 보호, 양육되어야 할 것이다.

표 1-2 유엔아동권리협약의 4가지 기본권

종류	내용
생존의 권리 (Right to Survival)	적절한 생활수준을 누릴 권리, 안전한 주거지에서 살아갈 권리, 충분한 영양을 섭취하고 기본적인 보건서비스를 받을 권리 등 기본적인 삶을 누리는 데 필요한 권리
보호의 권리 (Right to Protection)	모든 형태의 학대와 방임, 차별, 폭력, 고문, 징집, 부당한 형사처벌, 과도한 노동, 약물과 성폭력 등 어린이에게 유해한 것으로부터 보호받을 권리
발달의 권리 (Right to Development)	잠재능력을 최대한 발휘하는데 필요한 권리: 교육받을 권리, 여가를 즐길 권리, 문화생활을 하고 정보를 얻을 권리, 생각과 양심과 종교의 자유를 누릴 권리
참여의 권리 (Right to Participation)	자신의 생활에 영향을 주는 일에 대하여 의견을 말할 수 있어야 하며 그 의견을 말하고 존중 받을 권리: 표현의 자유, 양심과 종교의 자유, 의견을 말할 권리, 평화로운 방법으로 모임을 자유롭게 열 수 있는 권리, 사생활을 보호받을 권리, 유익한 정보를 얻을 권리

영유아보육법 제3조에 보육은 영유아의 이익을 최우선적으로 고려하여 제공되어야 하고, 영유아가 안전하고 쾌적한 환경에서 건강하게 성장할 수 있도록 하여야 하며, 그리고 자신이나 보호자의 성, 연령, 종교, 사회적 신분, 재산, 장애 및 출생지역 등에 따른 어떠한 종류의 차별도 받지 아니하고 보육되어야 한다는 보육이념을 명시하고 있다. 이는 유엔아동권리협약과 일치하는 핵심개념이라 볼 수 있다.

그러나 현재 많은 아동들이 그들의 권리를 보장받지 못하는 유해한 환경에 놓여 있다. 취업모의 자녀 양육 문제뿐만 아니라, 경제적 빈곤으로 인하여 저소득층 부모 혹은 한부모의 생계 활동 때문에 방치되거나 준방치 상태에 놓여 있는 경우가 빈번히 발생하기도 하며, 정상적인 가정의 붕괴로 말미암아 결손 가정이 증가하여 제대로 교육과 보호를 받지 못하는 경우가 허다하다. 특히 신체장애, 정서 및 언어장애 아동들의 경우는 현재 장애 아동을 위한 보호 및 교육시설이 부족한 상태임을 고려해 볼 때 가정과 사회, 그리고 국가가 유기적인 협력 체제를 형성하여 장애 유형과 정도에 따라 그에 적합한 보호 및 교육시설을 제공해야 한다. 그러므로 아동보육의 필요성을 특수 계층에 국한된 것으로 보기보다는 모든 아동에게 보다 인간다운 삶을 보장해 주는 측면에서 보는 시각이 요구된다.

아동들이 어떤 환경에서 자라서 어떤 사람이 될 것인가를 이야기하는 것은 우리의 미래를 예측하는 것과 같다. 많은 경우 아동의 복지와 양육의 책임이 개인적 차원의 문제로 접근되고 사적인 영역으로 남겨져 있었다. 이러한 사회의 태도는 과거 여성의 사회진출이 적극적이지 않던 시대에는 큰 문제가 되지 않았지만, 시대가 변화하고 여성이 적극적인 자신의 사회생활을 해야 할 필요를 느끼면서 아동의 양육이 누구의 책임인가를 고민하기에 이르렀다. 내 아이 남의 아이의 개념이 아니라 우리들의 아이이고 사회가 함께 책임지고 양육해야 하는 우리 모두의 자녀라는 생각이 바로 오늘날 우리가 생각하는 진정한 보육의 출발인 것이다.

3. 보육의 의의

1) 아동의 차원

보육의 1차적 기능은 아동의 보호에 있으며, 이에 아동의 발달특성을 고려하여 교육을 강화한 포괄적 개념으로 접근하여야 한다. 이는 아동이 건강한 사회의 성원으로 발달하도록 도와 주는 것으로서 아동이 자유롭게 자신의 개성을 신장시키고, 동시에 민주사회의 구성원으로서 바르게 성장할 수 있는 환경을 보장해 주는 것이다. 이는 아동의 기본권 보장의 측면에서 신체적으로 뿐 아니라 정서적으로도 건강하게 성장하는 기틀 마련이다.

부모가 아동을 돌보지 못하는 시간 동안 보육환경은 아동으로 하여금 신체적, 정신적, 정서적, 생리적 욕구를 충족받으면서 적절한 보호와 발달을 하게 된다. 저소득층 맞벌이 가족의 아동은 가정에서 누리지 못한 다양한 문화적 혜택과 관계를 경험하게 됨으로써 발달을 하게 된다. 또한 학령기에 있는 아동들의 경우도

방과후 프로그램의 혜택을 통하여 생활지도와 학습지도를 받게 된다. 특히 전세계적으로 경제상황이 악화되고 고용불안으로 이어지면서 중산서민층의 생활이 더욱 어려워져 보육비용에 대한 부담이 늘어나고 있다. 이러한 때에 국가적 차원의 보육정책 지원은 더욱 큰 의의를 갖게 되는 것이다.

2) 부모 및 가족의 차원

보육 욕구의 증대는 기혼여성의 취업률의 증가와 가장 깊은 연관성을 갖는다. 여성의 노동시장 참여와 사회참여 욕구의 증대는 어머니가 아이를 돌보는 것이 바람직한가 아닌가의 문제를 떠나서 이제는 사회의 공적 분야로서 필수적인 전제조건이 되었다. 즉 육아의 사회화는 여성의 사회참여를 지지하고 뒷받침하는데 직접적이고 필수적인 전제조건이 된 것이다. 저출산에 따른 아동수 감소에도 불구하고 여성경제활동 증가로 인해 보육에 대한 수요는 늘어나고 있다. 특히 양질의 보육, 다양한 형태의 보육서비스에 대한 부모들의 욕구는 증가하고 있다. 보육문제의 해결은 한 가정에서 여성이 편안하게 생업에 종사할 수 있는 뒷받침이 되고, 나아가 가정의 경제와 가족의 복지를 향상시키는 결과를 가져오게 된다. 특히 빈곤가정의 경우는 보육서비스를 통해 빈곤가족의 여성이 노동시장에 참여하게 함으로써 간접적인 소득지원의 영향을 줄 수 있게 된다.

3) 사회적 · 국가적 차원

보육의 공공성이란 보육을 개인적 차원에서 해결하려는 것이 아니라 사회의 공적 차원에서 해결하려하는 것으로서 사회전체의 이익과 연관을 갖는 것을 말한다. 그런 의미에서 보육은 현대사회에서 인간이 직면하는 다양한 사회문제에 대한 대책으로서의 기능을 하게 된다. 사회문제가 상대적으로 집약되어 있는 빈곤지역의 아동과 부모들은 빈곤, 열악한 주거환경, 실업, 비행 일탈 행위 등의 문제를 더 많이 가지고 있는데 보육서비스를 제공하여 아동을 돌보고 바람직한 방향으로 지도한다는 것은 사회문제를 미연에 방지하는 효과를 가져온다.

또한 보육은 적극적인 의미에서 볼 때, 건강하고 건전하며 정서적으로 안정된 아동양육은 미래의 인적 자원을 관리하고 보호한다는 측면에서도 매우 중요한 일이다. 한 사회의 지속적인 발전은 그 사회를 이끌어갈 인재를 지속적으로 키워내는 일이라고 본다면 보육은 그런 의미에서도 매우 중요한 일이다.

보육은 여성인구의 효과적인 활용을 위한다는 차원에서도 매우 중요하다. 오늘날의 경제적 조건은 여성의 사회참여를 기정 사실로 받아들이고 있으며, 또 여성의 자아실현이라는 차원에서도 반드시 요구되는 사항으로 되었다. 그러나 여성인력을 효과적으로 사용하는 데 필요한 전제조건은 육아의 문제를 사회적으로 해결하는 조건이 실현되어야 가능하기 때문에 경제발전이라는 차원에서도 보육의 공공성은 중요하다.

4. 보육의 유형

1) 설립 및 운영주체에 따른 분류

영유아보육법 제10조에 운영주체와 비용부담자를 기준으로 어린이집의 종류를 국·공립어린이집, 사회복지법인어린이집, 법인·단체등어린이집, 직장어린이집, 가정어린이집, 부모협동어린이집, 민간어린이집으로 분류한다.

(1) 국·공립어린이집

국·공립어린이집은 국가 또는 지방자치단체가 설치·운영(위탁운영 포함)하는 어린이집으로, 규모 및 인원은 상시 영유아 11인 이상을 보육할 수 있어야 한다(시행규칙 제9조 별표 1). 설치는 제11조의 보육계획에 따라 도시 저소득주민 밀집주거지역 및 농어촌지역 등 취약지역에 우선적으로 설치한다(법 제12조).

(2) 사회복지법인어린이집

「사회복지사업법」에 의한 사회복지법인이 설치·운영하는 어린이집을 말하며 상시 영유아 21인 이상을 보육한다. 사회복지법인 어린이집을 운영하려면 관할 시장 · 군수 또는 구청장의 인가를 받아야 하며, 영유아보육법상의 설치기준을 모두 갖추어야 한다.

(3) 법인 · 단체등어린이집

법인 · 단체 등 어린이집은 각종 법인(사회복지법인을 제외한 비영리법인)이나 단체 등이 설치 · 운영하는 어린이집으로서 대통령령으로 정하는 어린이집을 말한다.

(4) 직장어린이집

직장어린이집은 사업주가 사업장의 근로자를 위하여 설치 · 운영하는 어린이집을 말하며, 국가 또는 지방자치난체의 장이 소속 공무원을 위하여 설치 · 운영하는 어린이집도 포함한다. 규모는 상시 영유아 5인 이상을 보육할 수 있으면 된다(시행규칙 제9조). 보육정원의 1/3 이상이 직장어린이집을 설치한 사업장의 근로자의 자녀이어야 하는 것을 원칙으로 한다. 직장어린이집은 사업주가 소속 근로자의 자녀 양육지원을 목적으로 설치 · 운영하는 것이기에 지역 보육수요로 제한할 수 없다.

(5) 가정어린이집

가정어린이집은 개인이 가정 또는 그에 준하는 곳에 설치·운영하는 어린이집을 말하며, 규모는 상시 영유아 5인 이상 20인 이하를 보육하여야 한다. 설치는 관할 시장 · 군수 또는 구청장에게 사전에 인가를 신청하여야 하며, 원장은 보육교사 겸직이 가능하고 영아가 상당수를 차지한다. 가정어린이집의 대부분은 소규모이어서 설치가 다른 어린이집에 비해 비교적 용이한 반면, 안정성이 저하되고 보육의 질적 편차가 매우 큰 편이다.

(6) 부모협동어린이집

부모협동어린이집은 보호자들이 조합(영리를 목적으로 하지 아니하는 조합에 한정)을 결성하여 설치 · 운영하는 어린이집을 말한다. 보육아동을 둔 보호자 15인 이상이 상호 출자하여 공동으로 어린이집을 설치 · 운영할 것을 약정함으로써 그 효력이 발생한다. 규모는 상시 영유아 11인 이상이어야 하며, 부모들이 어린이집의 기본이념과 목표에 직접 참여한다.

(7) 민간어린이집

민간어린이집은 사회복지법인이 아닌 비영리법인, 비영리단체 또는 개인이 설치·운영하는 어린이집으로서 직장어린이집, 가정어린이집, 부모협동어린이집이 아닌 어린이집을 말한다. 규모는 상시 영유아 21인 이상을 보육할 수 있는 시설을 갖추어야 하며 설치는 관할 시장·군수 또는 구청장에게 사전에 인가를 받는다.

2) 보육장소에 따른 분류

(1) 가정보육

기관이 아닌 가정에서 이루어지는 보육의 형태로, 자기집 보육과 타가정의 보육으로 나눌 수 있다. 자기집 보육이든 타가정의 보육이든 보육에 대한 전문 지식과 기술을 갖춘 사람에 의해 이루어지기도 하고, 그렇지 않은 사람에 의해 이루어지기도 한다. 전자의 경우는 기관보육과 마찬가지로 보육교사라 칭하며, 후자의 경우에는 육아도우미(baby sitter)라 일컫는다.

일반적으로 가정보육은 기관보육에 비해 적은 수의 아동을 보육하며 보육아동의 연령도 낮은 편이다. 또한 보육환경의 구성이나 프로그램의 운용 면에서도 덜 구조적인 편이다(공인숙 외, 2005 : 15-19).

(2) 기관보육

일반 가정이 아닌 특정한 기관에서 이루어지는 가장 보편적인 보육의 형태로 우리나라의 경우 '어린이집'이라 부른다. 기관보육은 많은 수의 아동을 대상으로 체계적인 보육을 실시하는 만큼, 관계법에 근거하여 관계부서로부터 행정 지도와 감독을 받는다. 우리나라에서는 「영유아보육법」에 근거하며, 보건복지부가 주무 행정부서이다. 또한 보육교사의 자격이 법으로 규정되어 있어, 아동발달 및 보육 전반에 대해 전문적인 교육과 훈련을 받은 사람이 보육을 담당한다. 체계적인 보육프로그램에 의해 운영되며 환경구성도 잘 되어 있다.

(3) 직장보육

회사나 공장이 고용인들을 위해 직장이나 직장 가까운 곳에 어린이집을 설치하여 운영하는 형태로, 우리나라의 경우 법적으로 직장어린이집의 설치운영을 규정하고 있다. 취업모의 자녀양육에 대한 부담을 고용주가 덜어줌으로써 작업의 동기와 능률을 향상시킬 수 있으며, 여성취업의 지속성을 보장한다.

(4) 병원보육

병원보육이란 병원 안에 보육할 수 있는 공간을 마련하여 그 병원에 입원한 아동들을 위한 보육프로그램을 운영하는 경우를 말한다. 병원에 입원하여 치료를 받는 모든 아동들에게 적절한 놀이 및 학습의 경험을 제공한다.

(5) 대학 및 연구소 부설 보육

대학이나 연구소 부설 보육은 해당 직원이나 지역사회 주민의 자녀들을 위하여 운영하는 보육의 형태로 대학이나 연구소의 재정적 지원을 받으며 운영한다. 다른 보육에 비해 보다 전문적인 보육 프로그램이 개발되어 실험적으로 적용되며 전공 학생들의 실습 기회를 제공한다.

3) 보육대상에 따른 분류

보육 유형은 대상아동의 연령에 따라 영아보육, 유아보육, 방과후 보육으로 분류할 수 있다. 또한 장애아동의 참여 여부에 따라 장애아전담보육, 장애아통합 보육의 형태로 분류할 수 있다.

(1) 영아보육

영아보육은 0세부터 36개월 미만의 영아를 대상으로 한다. 보육교사 대 영아의 비율은 0세는 1:3명, 만 1세는 1:5명, 만 2세는 1:7명을 원칙으로 한다.

(2) 유아보육

유아보육은 36개월 이상 취학전 유아들을 대상으로 한다. 보육교사 대 유아의 비율은 만3세는 1:15명, 만4세 이상은 1:20명을 원칙으로 하며, 이 경우 유아 40명당 1명은 보육교사 1급 자격을 가진 사람이어야 한다.

(3) 장애아보육

장애아 보육은 장애아를 위한 보육의 형태로 장애아전담보육과 장애아통합보육이 있다. 신체적 · 정신적 · 정서적 · 사회적으로 장애를 가진 아동이 그 대상이 된다. 우리나라의 경우 장애아를 전담하는 어린이집의 설치, 운영 시 우선 지원하고 있다. 보육교사 대 장애아동의 비율은 1:3명을 원칙으로 하되, 장애아 9명당 1명은 특수교사 자격소지자로 한다.

1 장애아 전담보육

장애아만을 보육하는 형태로, 장애아를 위한 특수 시설 및 설비와 교직원을 갖추고 장애아 전문프로그램이 운영된다. 그러나 이 경우에는 장애아들로만 구성되어 있어 비장애아동들과의 통합보육을 얻을 수 있는 효과는 기대하기 어렵다.

2 장애아 통합보육

장애아와 비장애아를 통합하여 보육서비스를 제공하는 것으로, 분리교육의 단점을 극복하고자 하는 의도에서 운영된다. 일반적으로 통합보육이 장애아와 비장애 모두에게 긍정적 효과가 있는 것으로 보고 되는데(김광웅, 1990; 장대은, 1997), 특히 장애아들에게 또래와의 사회적 접촉 기회를 제공함으로써 사회적응을 도와 주는데 도움이 된다. 비장애아에게도 역시 타인을 배려하고 도와 주는 태도와 방법을 배울 수 있게 함으로써 유용한 학습경험을 제공해 준다.

(4) 방과후보육

방과후보육은 초등학생을 대상으로 만 12세까지 보육한다. 교사 대 아동의 비율은 1:20명을 원칙으로 한다.

4) 운영시간에 따른 분류

어린이집은 종일제 운영을 원칙으로 한다. 즉 공휴일을 제외하고 연중 계속 운영하여야 하며, 지역 및 어린이집 여건에 따라 보호자와 원장의 협의에 의해 공휴일에도 운영이 가능하다. 보육의 기준 시간은 월요일~금요일에 1일 12시간(07:30~19:30)이 기준이며, 토요일은 1일 8시간(07:30·15:30)하되, 보호자의 근로시간 등을 고려하여 조정운영이 가능하다. 운영시간에 따라 다음과 같이 분류할 수 있다.

(1) 종일제 보육

가장 대표적인 보육 형태로 보육시간은 오전 7:30~오후 7:30까지이지만 정상적인 운영은 보통 09:00~18:00까지 9시간이며, 나머지 3시간(07:30~9:00, 18:00~19:30)은 교대근무 형태로 어린이집을 개방한다.

(2) 반일제 보육

하루 5~6시간 동안 아동을 보육하는 형태로 대부분의 어린이집에서 종일제 보육과 함께 실시하고 있다. 가족의 요구에 따라 오전반 또는 오후반으로 편성되는데, 맞벌이 부모가 아니어도 아동의 교육차원에서 반일제 보육을 이용하는 경우가 늘고 있다.

(3) 시간제 보육

시간제 보육은 부모의 개인적 요구에 따라 보육이 필요한 시간에 일시적 또는 비정기적으로 아동을 돌보아주는 형태이다. 가정양육 시에도 지정된 제공기관에서 시간단위로 보육서비스를 이용하고 이용한 시간만큼 보육료를 지불하는 보육서비스이다. 법적 근거는 영유아보육법 제26조의2, 동법 시행령 제21조의3, 동법 시행규칙 제28조의2 이다. 지원대상은 보육료 또는 유아학비를 지원받지 않고 양육수당을 수급 중인 자(6개월~36개월미만의 양육수당을 지원받는 영아)이다. 유아반(36개월이상~만5세)의 경우, 시범운영 중으로 추후 운영 지속여부를 검토하고 있다. 시 · 군 · 구로부터 시간제 보육 제공기관으로 지정받은 어린이집과 육아종합지원센터에서 시간제 보육서비스를 제공한다.

(4) 야간보육

주로 야간에 이루어지는 보육형태로 최근 시간연장형 보육과 유사하다. 야근을 필요로 하는 특수직종에 종사하는 부모나 밤늦게 퇴근하는 업종에 있는 부모들을 위해 보통 밤 10시까지 운영하며 잠은 집에서 자게 한다. 시간연장형 어린이집에서는 야간 전담보육교사가 있으며 정부로부터 인건비 보조와 아동보육료 일부를 지원받기도 한다.

(5) 24시간 보육

24시간 보육은 잠자리와 식사가 포함되며, 특별한 도움을 필요로 하는 아동 또는 야근이나 밤늦게 일하는 부모를 위해서 24시간 개방하는 보육이다. 보육교사는 주로 3교대로 근무하게 된다.

(6) 방과후 보육

방과후 보육은 초등학교 저학년을 대상으로 학교수업이 끝난 후 일정시간 동안 아동을 보육하는 형태로서, 우리나라의 경우 소정의 교육을 받은 방과후 아동지도사 또는 방과후 교사, 보육교사, 사회복지사 등에 의해 어린이집, 민간공부방, 초등학교, 지역아동센터, 사회복지관 등에서 보육서비스가 이루어진다. 최근 들어 지역아동센터나 초등학교 돌봄교실에서 이루어지고 있으며, 어린이집에서의 방과후보육은 소수 이루어지고 있지 않다.

5. 어린이집과 유치원

1) 어린이집과 유치원의 이원화 체제

우리나라는 영유아의 보육 및 교육제도가 이원화되어 있다. 유아교육과 보육제도의 이원화 구조로 된 원인은 법 제정과 제도적 정비과정에서 관계 부처의 성격 분리에서 비롯된 것이다. 근본적으로 보호와 교육의 서비스 대상자인 영유아의 입장에서가 아니라 관계부처의 성격에 따라서 법이 제정되고 제도가 정비됨에 따라 이원화가 고착되었다.

영유아보육(교육)에 관한 제반 규정은 보건복지부와 교육부로 이원화되어 있어, 동일 연령의 영유아라 할지라도 해당 보육(교육)기관에 따라 서로 다른 법의 적용을 받고 있다. 이로 인해 보육(교육)기관간의 마찰, 원아모집의 과다 경쟁, 부모들의 기관 선택에서의 혼란, 해당 보육(교육)교사들의 자격의 차이 등으로 인하여 영유아 보육(교육)의 질 관리 및 정책의 일관성을 저해하고 있다.

1991년 영유아보육법 제정, 1998년 유아교육진흥법 제정, 2004년 유아교육법 및 영유아보육법 전면개정으로 유치원과 어린이집간의 서비스 기능간에 유사성이 확대되었다. 어린이집(영유아보육법)과 유치원(유아교육법)의 주요 차이점을 살펴보면 다음과 같다(이옥 외, 2006).

어린이집은 복지적 관점에서, 유치원은 교육적 관점에서 접근되었으며, 보육은 보호와 교육을 통합한 개념(edu-care)으로 보다 포괄적이라 할 수 있다. 운영상에 있어서 어린이집의 경우 종일제 운영을 기본으로 하고, 유치원의 경우 반일제를 기본으로 연장제와 종일제로 확산 운영하고 있으며 종일제 확산에 따른 시설 및 운영비를 별도 재정 지원을 하고 있다. 보육 및 교육 비용 기준에 있어서, 어린이집에서는 보육료를 시 · 도지사가 정한 상한(표준보육비) 범위 내에서 연령에 따라 차등하고 있는 반면에, 유치원에서는 연령에 관계없이 동일하게 적용하며 원장 재량에 따라 자율 책정하고 특별교육비 등 추가 경비를 결정할 수 있다. 이를 구체적으로 살펴보면 〈표 1-3〉과 같다.

표 1-3 우리나라 어린이집과 유치원의 이원화 체제

구분 \ 공급기관	어린이집	유치원
관 점	복지적 관점	교육적 관점
주무부처	보건복지부	교육부
목 적	보호(care)+교육(education)	교육(education)
대 상	영아+유아 / 만 0세~만 5세	유아 / 만 3세~만 5세
서비스 내용	표준보육과정, 누리과정	유치원교육과정, 누리과정
서비스 운영방식	종일운영(12시간) 종일제 의무사항 연중 무휴	반일제, 연장제, 종일제 종일제 선택사항 방학 운영
법적 근거	영유아보육법	유아교육법
설치기준령	보건복지부령	대통령령
시설설치기준	1층 원칙	1, 2층 원칙
설립인가	지자체단체장	관할 교육청장
전달체계	시 · 도 및 시 · 군 · 구 지자체	시 · 도교육청, 지역교육청
재정지원	장애아, 법정저소득층 만 0~4세, 만 5세 유아	장애아, 법정저소득층 만 3~4세, 만 5세 유아
시설운영 지원	종사자 인건비, 민간영아보조금 시설기능보강-시설확충, 환경개선	종사자 인건비 (국 · 공립, 보자자원봉사단)
교재 · 교구비 및 차량운영비	민간 교재 · 교구비 지원 어린이집 차량 운영	사립유치원
인프라 구축	보육사업 행정지원 및 행정전산망 구축 육아종합지원센터 운영 자격관리, 보수교육 보육프로그램 개발 관련단체 지원	교육과정 개발 및 보급 교사연수
운영위원회	보육정책위원회	중앙유아교육위원회

보육료/교육비 기준	시 · 도지사가 정한 범위 내 상한제(표준보육비) 연령에 따라서 차등	반일제, 연장제, 종일제 차등 적용 연령에 관계없이 동일 적용 경영자에 따라 자율 책정 징수 원장재량, 특별교육비 등 추가경비
보육료(교육비) 지원	차등 및 무상 보육료	차등, 무상 교육비
회계관리	기관장 관리 e-보육	병설유치원 행정실 사립유치원 기관장 NEIS
교직원	보육교사 자격증 보육교사 처우개선비	유치원교사 자격증 유치원교사 각종 수당
교원배치기준 (교사 1인당 법정인원)	엄격한 배치 기준 영유아보육법 시행기준 (만 3세아 1:15 / 만 4세아 이상 1:20)	관할청 배치 기준 결정 시도 교육감 결정 만 3세아 1:20 / 만 4세아 1:30)
시범사업/평가 (장학)	기본보조금 사업평가 평가인증 실시 / 지원	유치원 장학 및 평가

* 출처 : 유희정, 2008.

2) 보육과 유아교육의 인식 차이

영유아를 대상으로 하는 서비스와 관련하여 가장 대표적으로 사용되는 용어인 '보육(care)'과 '교육(education)'이 여러 측면에서 별개의 것으로 인식되어 왔는데, 이는 보육을 단순히 보호의 차원에 국한시켜 보아 왔기 때문이다.

돌보는 것(복지 지향적)과 가르치는 것(교육 지향적) 간의 임의적인 구분으로 인하여 어린이집은 보호가 주기능이며, 유치원은 교육이 주기능이라는 인식의 차이를 형성하였다. 또한 어린이집은 보건복지부에서 관장하고, 유치원은 유아교육법에 규정한 대로 교육부에서 관장하며, 그 기능도 이원병행 체제이다. 그러나 양기관에서 운영하고 있는 실제상의 내용은 이원화되어 있지 않고 양기관 모두 영유아의 발달 과업상 보육 기능과 교육 기능을 동시에 제공하고 있다. 다시 말해 유아의 보육과 교육에 있어서 공통적인 내용 요소는 건강(health), 안전(safety), 정서적 안정(emotional security), 그리고 발달(development)로 들 수 있는데, 어린이집은 앞의 네 가지 요소 중 건강, 안전, 정서적 안정을 위주로 한 유아의 발달을 신장하는 접근 방법(보육위주의 교육)이라면, 유치원은 발달을 위주로 한 건강, 안전, 정서적 안정을 도모하는 접근 방법(교육 위주의 보육)이라고 말할 수 있다.

우리나라 보육과 유아교육의 기능과 관계에 대한 인식의 차이를 김종해 등(2005)은 다음과 같이 설명하고 있다(김경회 외, 2006 : 16 재인용).

유아교육학계에서는 보육과 유아교육이 유사한 것으로 인식하고 있다. 보육과 유아교육의 유사성의 근거로는 첫째, 보육 및 유아교육의 대상인 유아들의 발달 특성이 같기 때문이다. 만 3~5세 유아들은 놀이중심, 활동중심, 생활중심의 교육을 필요로 한다.

둘째, 영유아를 돌보는 데 보육과 교육 기능이 함께 적용되어야 한다는 점이다. 영유아의 건전한 성장과 발달을 위해서 보육 현장에서 교육 기능이 배제될 수 없으며 마찬가지로 유아교육 현장에서 보호가 배제될 수 없다. 유아교육의 대상인 영유아는 삶 자체가 교육의 과정이기 때문에 안전과 영양, 건강의 부분과 일상생활의 부분은 물론, 부모교육과 가정에 대한 양육 지원 부분 역시 매우 중요하게 고려되고 있다.

셋째, 이미 선진 국가에서는 보육과 교육이 같다는 것을 인정하고 교육을 담당하는 정부부처에서 보육과 교육을 담당하기 시작한 점이다.

유아교육학계와는 달리 보육학계에서는 보육과 유아교육의 차이점을 강조한다. 보육은 영유아기에 제공되는 돌봄과 교육을 의미하는 것으로서, 기능에 있어서 가정의 자녀 양육 기능을 대행하는 것으로서 교육의 측면에만 한정하지 않고 포괄적인 돌봄과 교육을 포함한다. 또한 보육은 유아교육과는 달리 영유아의 안전, 건강, 위생, 영양의 부분과 일상생활의 부분이 더욱 강조되고 실질적으로 종일반 운영을 실시하기 때문에 운영상에 차이가 있다.

그러므로 보육과 유아교육의 차이점을 강조하는 관점에서 보육은 영유아에게 생존권, 보호권, 발달권, 참여권, 시민권과 자유권, 양육보장권, 복지권, 교육권 및 문화향유권, 특별보호권 등의 권리를 보장하는 보다 포괄적인 개념이다.

3) 보육개념의 본질적 접근

보육체제와 유아교육체제의 이원화에 따른 보육 개념은 보육서비스의 가장 중요한 본질에 대한 개념 정립을 필요로 한다. 보육개념의 본질적 접근은 '에듀케어(educare)' 개념이다. 에듀케어란 용어는 영유아에게 보호와 양육(care)과 교육(education)의 분리가 의미없다는 인식으로부터 나온 것으로 보호 · 양육적 기능과 교육적 기능을 통합한다는 의미이다. 이러한 보육(educare) 개념은 보편화되었고 미래의 교육서비스 및 보육서비스의 방향을 제시하였으며 영유아 보육제도의 발전과 개혁의 밑거름이 되었다.

영유아는 발달 특성상 보호와 교육 중 어느 한쪽이 아니라 보호적 요구와 교육적 요구를 모두 필요로 한다고 볼 수 있는데, 이러한 측면에서 볼 때 제도상으로만 보육과 교육으로 구분되는 이원화된 유아 서비스 체제는 영유아의 보육 요구와 교육 요구를 동시에 충족시킬 수 없는 비효율적 체제이며, 같은 기능을 제도상 이원화시켜 많은 문제점을 야기시킨다. 한편, 유아교육 · 보육체제의 개선 방안 논의(이화도, 2009)에서는 세 가지의 안을 제시하기도 하였다. 첫째, 현재 유아교육과 영유아 보육이 이원화되어 이들 기능이 중복적으로 수행되고 있는 취학전 교육을 기능별로, 연령별로 추후 조정할 필요가 있나. 둘째, 현행 유아교육 · 보육이 중복체제가 유아교육학제 개편논의의 걸림돌이 되어서는 안 된다. 셋째, 유아의 입장에서 무엇이 필요한지, 유아들의 질적인 삶을 위한 제도는 어떠해야 할 것인지에 대한 고민을 바탕으로 열린 마음을 가지는 것이 필요하다.

주기능이 보호 위주이든 교육 위주이든 간에 영유아를 대상으로 하는 서비스의 주요 목적은 영유아의 건강, 안전, 정서적 안정, 그리고 발달을 도모하는 데 있다. 특히 영유아기는 성장과 발달의 변화가 가장 왕성하게 일어나는 시기이므로 어떠한 보호적 노력이나 교육적 시도도 장기적인 영향을 줄 수 있다.

경제협력개발기구(OECD) 교육위원회에서는 "유아교육과 보호 정책에 대한 OECD 주제 검토" 사업에 대한 1차 보고서를 제출한 바 있는데, 이 보고서에 의하면 최근 정책의 동향과 강조점은 질 높은 교육(education)과 보호(care)에 대한 공평한 접근이며, 특히 교육과 보호는 분리될 수 없는 개념이라는 관점을 수용하고 있다(장명림, 2005).

아동에게는 보호와 교육 중 어느 하나가 아니라 양자 모두를 필요로 한다. 아동의 학습 개념 · 습관 · 태도를 모르고서는 아동을 보호할 수 없고, 아동을 돌보는 시간을 갖지 않고서는 교육이 이루어질 수 없다. 따라서 보육과 교육을 분리하는 양분 논리는 아동의 성장과 발달에 더 이상 도움이 되지 않으며, 이 두 기능을 조정 · 통합하는 개념이 전반적으로 수용되어야 한다.

4) 보육과 유아교육의 통합

유치원과 어린이집의 통합문제는 오랫동안 논의되어왔고 현재도 진행중이다. 매번 정부 부처간의 이견, 이해관계자들간의 대립, 학제와 법적 문제, 전문가들의 입장차이 등의 요인들 때문에 해결책을 찾지 못하는 난제로 남아있다. 그러나 2012년 5세 누리과정을 시작으로 2013년 3~4세까지 확대된 3~5세 누리과정이 시행됨에 따라 유치원 교육과정과 어린이집 보육과정이 '누리과정'으로 통합되었고 이를 추진하는 예산 또한 지방교육재정교부금으로 일원화됨에 따라 유보통합에 대한 논의가 활발해진 것이다. 정부는 유보통합추진위원회를 출범하고 유보통합을 주요 정책 사업으로 다루기 시작하였다. 아직까지 논쟁점들이 많이 산재해있으나 유보통합 추진방안이 다각적으로 모색되고 있다(지성애 외, 2015:6).

누리과정 도입 후에도 '어린이집-유치원'간 이원화된 현 체계를 조정하자는 사회적 논의가 지속되고 있으며, 부모 불편을 초래하는 부분에 대해서는 수요자 중심으로 보육-교육 기능을 통합하는 "한국형 보육-유아교육 통합방안"의 검토가 필요하다. 영유아의 입장에서 어린이집이나 유치원 중 어느 곳을 다니든지 동질의 교육을 받을 권리가 있다는 측면에서 보육과 유아교육의 통합이 절실히 필요하다고 본다.

보육사업의 역사

CHAPTER 02

1. 우리나라 보육사업의 역사
2. 외국 보육사업의 역사

국내외 보육사업의 역사를 고찰해 보는 것은 보육의 미래 지향점을 고찰해 보는 데 중요하다. 우리나라의 보육사업은 공보육화, 유아학교, '보육'과 '유아교육'의 정책적 합일점을 찾기 위한 '육아정책' 방안 모색 등의 다양한 기로에 서 있다. 이러한 시점에서 보육정책의 방안 모색을 위한 정치, 경제, 사회, 문화 등 보육의 역사를 돌이켜보는 작업은 반드시 거쳐야 할 과정이며 중요한 시발점이 될 수 있다. 우리나라 보육사업은 보육서비스의 질적인 향상과 보육의 공공성 강화를 위한 집중적이고 다양한 정책을 중요하게 다룬다. 이러한 관점이 대두하게 된 우리나라 보육의 역사를 살펴보고, 외국 보육사업의 선두주자의 역할을 하고 있는, 보육사업의 모델이 되는 나라들의 보육체제를 고찰하여 우리나라 보육사업의 발전방향을 모색해 본다.

1. 우리나라 보육사업의 역사

한 국가의 사회 제도는 법에 의해 움직이지만 그 법은 곧 그 사회를 이루고 있는 구성원들의 공감대 형성을 반영한다. 이 장에서는 우리나라 보육사업이 어떻게 변화해 왔는가를 이해하기 위해서 보육 관련법의 변천 과정을 중심으로 살펴보았다.

1) 영유아보육법 제정 이전 시기

(1) 법 제정 이전 시기 : 1960년 이전 시기

우리나라의 보육사업은 1921년에 태화기독교사회관에서 빈민 아동을 돕기 위한 보육프로그램을 개설함으로써 처음 시작되었다. 법 제정 이전 시기에는 보육이라는 용어보다는 '탁아'라는 용어를 사용하였다.

이 시기는 해방 이후 한국 전쟁을 전후로 사회 · 정치적으로 혼란한 시기로서 아동복지의 대상이 전쟁 고아나 기 · 미아와 같은 보호대상 아동의 보호라는 차원에서 국가와 지방자치단체가 책임의 주체가 되었고, 외국의 종교단체의 지원을 바탕으로 선교 및 교세 확장의 목적으로 보육사업이 실행되었다. 즉, 대부분 종교단체나 국가 · 지방자치단체가 운영하던 것이었으므로 극빈자 자녀를 위한 구빈적이고 사후처리적이며 구호적인 성격을 크게 벗어나지 못하였다(임종운, 1994).

- 1921년 태화기독교사회관에서 저소득층 자녀위주의 탁아사업 시작
- 구빈적, 직장여성 지원을 위한 탁아사업

(2) 아동복리법 시기 : 1961년~1981년

우리나라에서 보육시설의 이전 개념인 '탁아시설'이라는 용어를 사용하게 된

것은 1961년 「아동복리법」이 제정 · 공포되면서부터이다. 즉, 영유아 보육사업이 정부의 지도 · 감독을 받기 시작한 것이 1961년 아동복리법이 제정되면서부터라고 할 수 있다(최선규, 1993). 당시에는 급격한 농촌인구의 쇠퇴, 도시인구의 증가, 결손가정의 증가, 미혼 및 기혼 여성의 취업 확대와 극빈 가정의 아동문제의 발생이 사회문제가 되었다.

이 시기의 보육사업의 주요 특징을 정리하면, 종래의 구빈 사업적인 성격에서 벗어나 아동복지를 증진시키고 아동복지를 보장하기 위한 시설로써 그 성격이 변화하였다는 것이다. 이 시기에 관계법에 따른 보육사업의 발달과정을 정리하면 다음과 같다.

- 1961년 아동복리법 제정, 공포(보건사회부)
- 1968년 미인가 탁아시설의 임시조치령 공포
- 1977년 미인가 탁아시설 임시조치령 폐지(사회복지사업법 시행규칙 제6조 제2항),
- 1978년 탁아시설 운영 개선방안 마련
- 1981년 '아동복리법'을 '아동복지법'으로 전면 개정
  행정조직개편 : 부녀아동국을 가정복지국으로 아동과를 아동복지과로 개칭

당시 사회적 상황을 고려하여 1968년에는 '미인가 탁아시설 임시조치요령'을 공포하여 민간인이 설립하는 보육시설의 설치가 용이하도록 조치하였다(최미현, 2000). 또한 명칭도 '탁아소'라는 명칭에서 '어린이집'이라는 명칭으로 변경하였다. 이러한 용어의 개칭은 보호와 교육이 함께 이루어지는 곳이라는 이미지를 갖게 되는 계기가 되었다. 또한 어린이집 외에도 지역사회의 욕구에 부응하여 농번기 탁아소와 새마을협동유아원이 있었다. 농번기 탁아소는 농촌 어린이의 보육을 위해 4H회원을 중심으로 자생적으로 출현한 것으로 농번기에 바쁜 일손으로 인하여 잘 보살펴 주지 못하는 아동을 안전하고 건강하게 보육하자는 의도로 농번기 2개월간 만 3~5세 취학전 아동을 대상으로 운영되었다. 새마을협동유아원은 새마을 사업의 일환으로 도시의 영세민 지역과 농어촌 부모들의 일손을 덜어 주고 아동의 안전을 기하기 위한 시설로 1일 4~5시간을 원칙으로 하되 계절과 지역에

따라 조정이 가능하도록 하였다.

이 시기에는 민간어린이집의 설치를 용이하게 함으로써 어린이집의 양적인 확산은 가져왔으나, 시설환경, 교사 자격 프로그램 등 전반적으로 질적인 수준은 문제가 되었다(이소희 외 1995 : 91). 즉, 원래 탁아의 기능에도 부합되지도 않았을 뿐만 아니라, 유아교육적이지도 않은 수준에서 운영이 되는 시설이 증가되기 시작하였던 것이었다. 이에 따라 1978년 교육의 기능을 강화하고, 일반가정 아동에게 개방하는 대신 보육비를 받을 수 있도록 조치하는 '탁아시설 운영 개선 방안'을 발표하였다. 이 조치로 극빈 저소득층이 아닌 중산층의 아동도 어린이집을 이용할 수 있게 된 것이었다. 그 결과 탁아의 기능과 교육의 관점을 보완하려는 출발점은 바람직하지만, 일부 어린이집은 유치원과 유사하게 운영을 하였다.

이 시기는 보건사회부를 중심으로 어린이집에 대한 부족한 지원과 교육과 행정을 담당하는 교육부의 미온적인 대책으로 부모들이 어린이집을 유치원의 대용물로 생각을 하였다. 즉 어린이집에서의 방학 실시, 반일제 수업중심의 운영 등으로 어린이집 본래의 취지인 보호와 교육이 조화된 보육의 개념이 변색되는 현상이 나타났다. 이후 1981년 아동복리법이 아동복지법으로 전문 개정되면서 아동복리법에 의한 탁아시설이 아동복지법에서도 그대로 계승되었다.

(3) 유아교육진흥법 시기 : 1982년~1991년

1980년대 들어서면서 보육사업은 보호 기능 이외에 교육의 기능을 더욱 강화해야 한다는 반성의 소리가 높아졌다. 「유아교육진흥법」은 탁아의 기능 중 보호보다는 교육에 초점을 둔 법안이었다.

유아교육진흥법의 의미는 교육의 강조로 인한 질적인 향상이다. 그러나 지나치게 교육을 강조함으로써 아동보호 측면의 약화로 아동복지의 약화를 초래하였다. 즉, 이 법에 의해서는 보육서비스가 충실하게 전개되지 못하였다. 이러한 유아교육진흥법의 이념적 성향은 이후 유아학교 전환, 유아교육법의 제정같은 문제를 지속적으로 제기하였다.

이 시기의 관계법에 따른 보육사업의 발달과정을 정리하면 다음과 같다.

- 1982년 이후 : 「유아교육진흥법」 제정으로 어린이집, 새마을협동유아원 및 농번기탁아소를 '새마을유아원'으로 흡수 · 통합 운영
  - 법 제정 및 장학지도 : 교육부
  - 시설운영 및 행정지도 : 내무부
  - 보건의료 : 보건사회부
- 1987. 12. 4 : 「남녀고용평등법」에 의한 '직장탁아제' 도입
- 1989. 9. 19 : '아동복지법 시행령'에 탁아사업 실시 근거 부활
- 1990. 1. 15 : '탁아시설의 설치 · 운영 규정' 제정

표 2-1 유아교육진흥법 제정으로 변화된 내용

구 분	기존 체제	개편 체제
관계 법령	아동복지법	유아교육진흥법
관할 부처	보건사회부	내무부
시설 명칭	어린이집	새마을유아원
성 격	보호시설	교육기관
용 어	탁아	유아교육
기 능	보호 · 보육기능	교육기능
대상아동	0~6세 저소득층 및 취업모 아동	4-6세 저소득층 및 일반아동 가능
보육시간	종일제(8시간 기준) 방학 없음	종일제 원칙(주로 반일제) 방학 없음
비 용	국가 보조 및 사용자 일부 부담	국가 보조 및 사용자 부담
종 사 자	시설장	원장, 교사, 보육사 등

* 출처 : 이소희(2005 : 95).

1982년 관계부처의 협의를 거쳐 '유아교육진흥 5개년 계획'이 확정되었다. 이로써 1959년 이후 보건사회부에서 관장하던 어린이집, 1981년 이후 내무부에서 관장해 온 새마을협동유아원, 농촌진흥청에서 설치 · 운영하던 농번기탁아소, 민간인이 설립한 유아원 등 유치원을 제외한 모든 유아 보육시설을 '새마을유아원'으로

명칭을 변경하고 주무부서도 보건사회부에서 내무부로 흡수 · 이관되었다.

이 법에 근거하여 어린이집의 설치 목적이 맞벌이 부부의 자녀를 보호하고 저소득층 자녀를 교육하는 역할을 병행하기 위한 것임에도 불구하고 실제 운영에 있어서 많은 경우 종일제가 아닌 반일제로 편성되어 있었기 때문에 저소득층 맞벌이 부부의 보육 부담을 덜어 주는 데는 한계가 많았다. 결과적으로 어린 자녀를 빈방에 가두고 일을 나가는 부모들이 늘어났고 이로 인해 남매가 방에서 화재로 죽는다든지, 뱀에 물려 죽는다든지 하는 사고 등이 연이어 일어나서 사회적으로 문제를 불러일으키기도 하였다.

보육시설의 부족과 적절한 서비스의 미비로 인하여 여러 문제가 발생하자 노동부에서는 1987년 공단 지역을 중심으로 시범 탁아소와 직장 탁아소를 설치하여 공단 근로자의 자녀를 우선적으로 보육하도록 하였다. 유아교육진흥법은 몇 가지 한계점이 있었다. 즉, 제5공화국정부의 대대적인 지원에 힘입어 새마을유아원이라는 보육시설이 양적으로 증가는 되었으나, 시설의 운영이 전일제가 아닌 반일제로 운영이 되거나, 기존의 유치원과 같이 교육의 기능에만 주안점을 두고 있어 저소득층 맞벌이 부부의 욕구를 충족하는 데 부족함 등의 문제점들이 등장하였다.

즉, 유아교육진흥법으로 인해 생겨난 보육시설들의 문제점과 제한점들이 드러나자 보건복지부에서는 1989년 아동복지법 시행령을 개정하고 '탁아시설의 설치, 운영규정'을 마련하여 1982년에 삭제된 탁아시설을 부활, 탁아 서비스를 대대적으로 확충하고자 시도하였다. 그러나 아동복지법은 탁아시설의 설립 주체가 법인으로 한정되는 등의 민간의 참여를 제약하는 요인이 있고, 사업의 주무부서가 내무부, 노동부, 교육부, 보건복지부 등으로 다원화되어 있어 효율적인 사업 추진을 어렵게 하였다. 이에 체계적이고 효율적인 보육사업의 추진을 위해서는 별도의 입법과 주무부서의 일원화가 필요하다는 인식이 제기된 것이다.

2) 영유아보육법 제정

아동복지법에 근거한 보육사업은 효율적으로 추진하는 데 어려움이 있을 뿐 아니라 늘어나는 보육 수요에 부응하기 어렵다는 논의가 거듭되는 가운데 1991년에 드디어 독립 법안인 「영유아보육법」이 제정되었다. 영유아의 보호와 교육에 관한 별도의 입법을 통하여 영유아 보육은 부모만의 책임이 아니라 사회와 국가의 공동책임이라는 인식을 갖게 했고 가정복지와 영유아복지 측면에서 자녀양육문제를 해결하기 위한 제도적 근거가 마련된 것이다.

(1) 영유아보육법 제정 목적

보육사업의 근간이 되는 영유아보육법의 제정 목적은 제1조에 명시되어 있다. 이 법은 보호자가 근로 또는 질병 기타 사정으로 인하여 보호하기 어려운 영아 및 유아를 심신의 보호와 건전한 교육을 통하여 건강한 사회성원으로 육성함과 아울러 보호자의 경제적 · 사회적 활동을 원활하게 하여 가정복지 증진에 기여함을 목적으로 한다는 것이다.

영유아보육법의 목적은 처음 제정될 때, 2004년 전면 개정 시, 2011년 일부 개정 시에 변화되었다. 명시된 목적의 변화내용을 살펴보면 〈표 2-2〉과 같다. 표에서 나타난 바와 같이 1991년 제정당시의 목적은 여러 가지 이유로 부모가 돌보기 어려운 영유아를 대상으로 하여 가정의 복지 증진에 우선을 두는 것이었다. 2004년의 목적은 보편적 복지의 원칙에 따라 모든 계층의 영유아로 그 대상을 확대하였으며, 2011년에는 가정의 복지뿐만 아니라 영유아의 복지를 우선하는 방향으로 변화되었다.

표 2-2 영유아보육법의 목적과 특징 변화

연도	영유아보육법에 명시된 목적	특징
1991년 (제정)	제1조(목적) 이 법은 보호자가 근로 또는 질병 기타 사정으로 인하여 보호하기 어려운 영아 및 유아를 심신의 보호와 건전한 교육을 통하여 건강한 사회성원으로 육성함과 아울러 보호자의 경제적 · 사회적 활동을 원활하게 하여 가정복지증진에 기여함을 목적으로 한다.	· 선별주의 · 수혜적 사업

2004년 (전면 개정)	제1조(목적) 이 법은 영유아를 심신의 보호와 건전한 교육을 통하여 건강한 사회성원으로 육성함과 아울러 보호자의 경제적 · 사회적 활동을 원활하게 함으로써 가정복지 증진에 기여함을 목적으로 한다.	· 보편주의 · 공공성 강조
2011년 (일부 개정)	제1조(목적) 이 법은 영유아의 심신을 보호하고 건전하게 교육하여 건강한 사회 구성원으로 육성함과 아울러 보호자의 경제적 · 사회적 활동이 원활하게 이루어지도록 함으로써 영유아 및 가정의 복지 증진에 이바지함을 목적으로 한다.	· 영유아의 권리 강조 · 공공성 확대

(2) 영유아보육법 제정 의의

영유아보육법의 제정은 아동복지법(보건복지부), 유아교육진흥법(내무부, 교육부), 남녀고용평등법(노동부)으로 분산, 다원화되어 있던 법체제와 주관부서를 통합 일원화하여 보육정책의 새로운 발전과 도약의 전기를 마련하게 되었다.

- 1991 : 보육사업 주관부처를 보건복지부로 일원화함
- 1991. 1. :「영유아보육법」 제정에 의한 보육사업 실시
- 1991. 8. : 영유아보육법 시행령 및 시행규칙 제정 공포
- 1991. 8. : 탁아시설 설치 · 운영규정 폐지
  종전의 단순 탁아사업에서 보호와 교육을 통합한 "보육"사업으로 확대 · 발전

영유아보육법 제정의 의의를 몇 가지로 정리해 보면 다음과 같다.

① 보육 기본 개념 확립 : 보육이라는 용어가 '보호'와 '교육'을 통합한 개념으로 규정

② 보육서비스의 대상 확대 : 영아, 유아 및 학령기 아동을 포함(0~12세까지)하며, 저소득층 맞벌이 부부의 자녀, 장애와 특별한 욕구를 가진 아동을 포함한 모든 아동이라고 규정

③ 포괄적 종합 보육서비스 제공 강조 : 교육, 영양, 건강, 안전, 보호와 교육뿐만 아니라 부모에 대한 서비스와 지역사회와의 서비스로 포괄하는 서비스의

제공을 강조

④ 보육책임의 확대 : 영유아보육의 책임은 부모를 포함한 국민 모두의 책임임을 강조

⑤ 국가와 지방자치단체의 책임 강화 : 저소득층 아동의 보육비용을 국가가 부담

⑥ 수요자 중심의 보육서비스 : 직장보육, 가정보육, 통합보육, 24시간 보육, 야간보육 등 다양한 형태의 보육서비스를 제시

⑦ 보육의 전문성 강조 : 보육종사자의 양성과 자격을 구체화하여 규정

⑧ 보육사업 정보화 : 시 · 군 · 구에 보육정보센터의 설치 및 운영을 의무화

⑨ 보육서비스의 질적인 향상 : 보육평가인증제도의 실시를 제기

⑩ 보육과정의 체계화 : 표준보육과정 제정의 필요성을 대두

3) 영유아보육법 제정 이후 시기

법 제정 이후 보육에 대한 정부의 참여 확대와 소관부처의 이동, 보육서비스 수준향상 요구가 높아지면서 전면 또는 부분 개정이 이루어졌다. 여기서는 소관부처 이동에 따라 시기를 나누어 살펴보았다.

(1) 영유아보육법 제1시기 : 1991년~2004년

영유아보육법 제1시기는 영유아보육법이 제정된 이후 10여 차례의 보육시설 확충계획을 통하여 늘어나는 보육수요에 대응하고 보육시설의 질 향상을 위해 지속적인 노력을 해온 시기로, 주무부처는 보건복지부이다.

1997년 12월 일부 개정에서 저소득층 중심의 유아에 대하여 무상보육을 실시할 수 있도록 근거를 마련하였고, 어린이집 설치 운영에 국가가 재정지원을 함으로써 가정의 육아 및 보육비용 부담을 완화하고자 하였다. 1999년에는 법을 개정하여 어린이집 설치 절차를 간소화하여 신고제로 전환하였으며 2000년에는 만 5세아 무상보육 대상지역을 확대하여 농어촌 및 준농어촌 지역까지 실시하였으며 지역 실정에 맞게 보육료 징수를 차등화하는 등 시설운영의 자율성을 확대하였다(유희정,

2003).

2001년 말부터 보육이 사회적인 이슈로 접근되면서 여성인력 활용이 곧 국가 경쟁력이라는 인식과 함께 보육에 대한 국가의 책임과 지원이 강화되었다. 보건복지부는 2001년 12월, 보육발전기획단을 구성하여 '보육사업의 중 · 장기 종합발전 계획'을 발표하였다. 2002년 3월에는 보육 관련 3개부처, 즉 보건복지부, 노동부, 여성가족부가 공동으로 보육의 공공성 확립, 보육대상 유형의 다양화, 보육서비스의 질적 수준 향상을 제시한 '보육사업 활성화 방안'을 제안하였다.

보육시설 및 보육아동의 현황을 보면 1990년 1,919개 보육시설에서 4만8천명의 아동을 보육하고 있었으나 2004년에는 영유아보육법상 보육대상 연령 아동(6세 미만 아동)은 약 350만 명 미만, 보육시설을 이용하는 아동은 25%인 898,533명이다(2004, 보육통계). 국 · 공립을 제외한 민간보육시설인 전체 보육시설의 약 80%를 차지하는 특성을 보이고 있다. 따라서 보육시설은 민간시설의 빠른 증가세에 힘입어 전체적으로 10배 이상 확대되었다. 그러나 급격한 보육시설의 양적 확충에 따른 부작용도 많다. 즉 시설운영의 부실, 보육프로그램의 미비, 보육교사의 전문성 등이 문제점으로 지적되고 있다. 따라서 다양한 보육프로그램의 개발과 보급, 보육교사의 자질 향상, 보육시설의 질적인 향상을 위한 평가인증제도 도입이 제기되었다.

영유아보육법 제1시기의 보육사업의 내용을 살펴보면 다음과 같다.

- 1995. 5. 19 : 영유아보육법 시행령 개정
  보육교사 양성교육 시간 강화(800시간~1,000시간)
  직장보육시설 설치 의무대상 확대 등
- 1997. 12. 14 : 영유아보육법 일부 개정
  초등학교 취학전 1년 유아의 무상보육 실시 근거 마련
- 2001. 12. : 보육사업 중 · 장기 종합발전 계획
- 2002. 3. 6 : 보육사업의 활성화 방안
- (설치기준 변천) 법 제정당시('91.1)에는 인가제(가정보육시설은 신고제)였으나, '98. 7월 신고제로 완화하고, '04. 1월 인가제로 다시 강화('05. 1월 시행)

(2) 영유아보육법 제2시기 : 2004년~2008년

영유아보육법 제2시기는 2004년 6월 12일부터 보육의 담당부처가 보건복지부에서 여성가족부로 이관된 시기이다. 참여정부는 보육업무를 보건복지부에서 여성가족부로 이관하고, 영유아보육과를 1국(보육정책국) 3과(보육정책, 보육재정, 보육지원)로 개편하여 추진하였다. 2004년 1월 29일 영유아보육법을 전면 개정하여 2005년 1월 30일부터 시행하였다. 정부의 개정 이유는 여성의 사회참여 확대, 가족구조의 변화 등으로 인해 영유아보육에 대한 수요가 증가함에 따라 어린이집 보육교직원의 자격기준을 강화하고 어린이집 설치 · 운영을 종전 신고제에서 인가제로 전환하는 등 영유아보육에 대한 공공성을 강화하도록 하는 한편, 영유아보육제도의 운영상 나타난 미비점을 개선 · 보완하려는 것이었다. 이 안이 공포됨으로써 보육서비스의 다양화와 질적인 수준의 향상, 보육에 대한 공적 책임 강화를 통해 보육사업이 더욱 발전할 수 있는 계기가 마련되었으며 주요 개정 내용은 〈표 2-3〉과 같다.

표 2-3 2004년 개정 영유아보육법의 주요 내용

구분	주요 내용	
보육이념	대상 (제1조)	· 선별적 보육 → 보편적 보육 (모든 영유아 대상)
	이념 (제3조)	· 아동권리의 기본 원칙 명시 : 아동 이익 최우선의 원칙과 무차별의 원칙
보육의 질적 향상	보육교사의 전문성 제고 (제21, 22조)	· 보육교사 자격 : 관련학과 졸업에서 관련 교과목 및 학점 이수제로 변화 · 보육교사 자격증 : 인증 → 자격을 검증하고 자격증 교부
	보육과정 실행(제29조)	· 정부는 표준보육과정을 개발, 보급
	어린이집 평가인증 (제30조)	· 보육서비스의 질적 수준 향상을 위하여 어린이집 평가인증제 도입

정부의 책임 강화	보육정책조정위원회 신설(제5조)	· 보육정책에 관한 관계부처간의 의견을 조정하기 위해 신설 · 보육은 단일부처의 과제가 아닌 범정부적으로 지속적 관심의 필요성 인식
	보육개발원 설치 (제8조)	· 보육에 관한 정책 연구, 프로그램 및 교재 개발, 평가척도 개발 및 보육교직원 연수 등의 업무 수행
	보육실태 조사 (제9조)	· 정부는 5년마다 보육실태 조사를 실시
	공보육 기반 조성	· 중장기 수급계획에 따른 보육시설 확충 · 부모의 육아부담 경감을 위한 보육비용 지원 확대 · 민간시설의 서비스 수준 향상을 위한 기본 보조금 제도 도입 · 보육시설의 투명성 확보를 위한 보육행정전산망 구축

2005년도 12월에는 영유아보육법과 동법 시행규칙 일부 개정으로 원장의 국가자격증 도입과 보육시설운영위원회 설치 의무화로 보육시설 운영의 책임성과 투명성을 강화하게 되었고, 보육시설 설치 사전상담제를 실시하여 시설 설치에 따른 민원 불편을 해소하는 데 중점을 두었다.

2006년 11월 10일 영유아보육법 시행규칙 개정을 통해 표준보육과정을 마련함으로써 영유아가 건강하고 안전하며, 바르게 생활하는 데 필요한 생활과 신체, 정서, 언어, 인지, 정서 등의 전인적인 발달을 위해 영유아가 갖추어야 할 지식, 기술, 태도를 제시하는 등 영유아가 조화로운 사회구성원으로 성장할 수 있도록 보육환경의 질을 높였다.

여성가족부는 공보육 강화를 위해 중장기보육계획인 '새싹플랜(2006~2010)'을 발표하여 추진하였으며, 고령화 및 미래사회위원회에서는 '육아지원정책'을 수립하였고, 저출산고령사회위원회에서는 세계최저의 저출산 문제해결을 위해 '새로마지플랜 2010' 정책을 시행하였다. 여성가족부에서 정부의 예산 확충과 집중적이고 다각적인 정책을 통해 새롭고 종합적인 보육정책이 제고되었다. 보육서비스에서도 보육의 공급자 중심에서 수요자 중심으로 전환하였으며, 저소득 자녀위주의 선별적 보육에서 아동, 가족, 노동, 가정양육 문제와도 연계한 포괄적 보육의 방향으로 추진되었다.

이 시기에 개정된 보육사업 내용을 중심으로 보육의 연혁을 정리하면 다음과 같다.

- 보육업무를 보건복지부에서 여성가족부로 이관하고, 영유아보육과를 1국(보육정책국) 3과(정책 · 재정 · 지원)로 개편
- 2004. 1. 29 : 영유아보육법 전면 개정
- 2005. 1. 30 : 전면 개정된 영유아보육법의 시행
- 2004.6~2005. 5 : 참여정부 고령화 및 미래사회위원회에서 제1차, 제2차 육아지원정책을 수립 발표
- 2005. 12 : 영유아보육법과 동법 시행규칙 일부 개정
- 2006. 11. 10 : 영유아보육법 시행규칙 개정
- 2006. 7 : 여성가족부에서 공보육 강화를 위한 중장기보육계획인 새싹플랜('06~'10)을 발표
- 2006. 8 : 저출산고령사회위원회에서 세계최저의 저출산문제 해결을 위해 새로마지플랜 2010을 발표

여성가족부로 이관된 이후의 변화된 2007년도 보육사업 내용을 살펴보면 다음과 같다(여성가족부, 2007 : 20-24). 그 동안 보육정책의 주요 성과로는 법 제도의 정비, 보육시설과 이용 영유아 증가, 보육예산의 증가, 보육서비스 수준의 향상 등으로 볼 수 있다(유희정, 2008).

1 보육서비스 질적 수준 개선

① 표준보육과정에 맞는 다양한 프로그램 개발 · 보급

② 보육시설평가인증 확대

③ 보육시설 종사자의 자격관리 강화 및 전문성 향상

④ 보육시설의 안전관리를 강화

⑤ 시설운영의 투명성 확보

2 보육비용 지원 확대

① 영아반 기본보조금 도입

② 차등보육료 지원 확대
③ 만 5세아 무상보육 확대
④ 장애아 무상보육 확대
⑤ 두 자녀 이상 보육료 감면 확대

3 보육서비스 이용 기회 다양화

① 국 · 공립보육시설의 확충
② 장애아동의 보육시설 이용기회 확대
③ 시간연장 보육시설 확대
④ 24시간 보육서비스의 운영 및 지원기준 마련
⑤ 직장보육서비스의 의무 사업장 범위 확대

4 기본보조금 제도

표준보육 비용을 반영한 기본보조금 제도의 지원을 확대한다. 민간보육시설의 서비스 수준을 개선하고 부모의 비용부담을 경감하기 위해 표준보육 비용과 부모부담 보육료의 차액을 정부가 부담하는 기본보조금 제도를 도입한다. 2007년에는 영아(1~2세)의 기본보조금 지원을 확대하였다. 표준보육 비용이란 양질의 보육서비스를 제공하기 위한 적정 비용으로 인건비, 운영비, 급식비 등으로 구성된 비용을 말한다.

(3) 영유아보육법 제3시기 : 2008년~현재

정부조직법 개정으로 2008년 3월부터 보육업무는 여성가족부의 보육정책국에서 보건복지부의 보육정책관실로 이관되었다. 정부의 보육정책은 '능동적 복지'를 구현하기 위해 보육에 대한 국가의 책임을 강화하고 양적으로 성장을 이룬 보육정책을 질적 수준 향상과 수요자 중심 정책으로 개편하였다.

제1차 중장기 보육계획(새싹플랜 2006~2010)을 보완 · 수정하여 아이사랑플랜(2009~2012)으로 추진방향을 재설정하여 시행하였다. 아이사랑플랜은 "아이와 부모가 행복한 세상"을 위한 부모, 어린이집, 정부가 함께 하는 전략이다. 참여정부의 공보육에서 진일보한 '국가책임보육'으로 발전하였다. 2012년 3월부터는 만 5세 아동에게 통합과정인 '5세 누리과정'을 실시하게 되었고, 0~2세까지 보육지원을 하게 된다. 가정양육은 보육지원대상에서 제외되었는데 가정양육과 주로 어린이집에 다니는 3~4세가 보육지원대상에서 제외되어 형평성에 문제가 있다는 지적에 전면 무상보육 시기를 2013년에 시행하고 양육수당지원도 대폭 확대하여 실시하였다.

제2차 중장기 보육계획(2013~2017)은 "아이는 행복하고 부모는 안심할 수 있는 세상"이라는 비전을, 3대 전략으로 '아이의 건강한 성장발달', '국가 책임 실현', '참여와 신뢰 증진'을, 6대 추진과제로 '부모의 보육 · 양육 부담 경감', '수요자 맞춤형 보육 · 양육 지원', '공공성 확대와 품질 관리 강화', '양질의 안심 보육 여건 조성', '신뢰가 있고 투명한 보육 생태계 구축', '보육서비스 재정 및 전달체계 개선'을 수행하고 있다.

1 2008년 개정 영유아보육법

2008년 12월 영유아보육법 일부개정에서 어린이집 미이용 아동의 양육비 지원을 위한 양육수당제도, 어린이집 이용부모의 편의를 증진하고 보육행정을 효율화하기 위한 보육서비스 이용권 제도 및 어린이집 안전사고 예방과 보상의 제도화를 위한 어린이집 안전공제사업 제도의 도입 근거를 마련하고 보육비용 지원대상자 선정에 필요한 신청, 조사, 금융정보 조회 등과 관련된 근거 규정을 마련하고, 그 밖에 현행제도의 운영상 나타난 미비점을 개선 · 보완하였다(박찬옥 외, 2013:86~88).

표 2-4 2008년 12월 개정 영유아보육법의 주요 내용

구분	주요 내용
취약보육대상 확대	· 다문화가족 아동을 우선적으로 실시해야하는 취약보육의 대상에 포함

어린이집 안전공제사업	· 법 제31조의2 신설 · 어린이집의 안전사고를 예방하고 안전사고로 인하여 피해를 입은 영유아 및 보육교직원 등에 대한 보상을 위하여 보건복지부장관의 허가를 받아 어린이집안전공제회를 설립
다자녀 가구 보육지원	· 제34조 제3항 신설 · 두 자녀 이상 보육료 지원사업에 대한 법적 근거 마련
양육수당	· 제34조의 2 신설 · 어린이집이나 유치원 미이용 영유아에 대하여 양육에 필요한 비용 지원
보육서비스	· 제34조의3 신설 · 보육료를 보호자가 아닌 어린이집으로 지원하고 있어 부모의 보육료 수혜 체감도가 낮고 어린이집과 보호자 간 소통이 약화되며, 보육료 신청 · 지급 · 정산업무가 복잡하므로 개선이 필요 · 보육서비스 이용권 제도를 도입하여 보육비용을 지원 · 보육비용의 신청 및 지원 절차(제34조의4부터 제34조의6까지 신설)

2 2011년 개정 영유아보육법

2011년 6월에 영유아보육법을 개정하였는데 주요 개정 내용은 〈표 2-5〉와 같다.

표 2-5 2011년 6월 개정 영유아보육법의 주요 내용

구분	주요 내용
명칭변경	· 기존의 보육시설이라는 명칭을 어린이집으로 통일 · 보육시설 종사자를 보육교직원으로, 시설장을 원장으로 변경 (보육종사자들에 대한 사회적 인식 제고)
실태조사	· 보육실태조사기간을 기존의 5년→3년으로 변경(변화하는 사회적 환경을 보다 신속하게 반영하기 위함)
보육교직원 자격	· 학점은행 수료 시 2급 취득을 위한 교과목과 학점수를 기존의 12과목 36학점→17과목 51학점으로 변경

놀이터	· 어린이집의 설치 운영자는 놀이터를 설치하도록 하되, 보육정원이 50인 미만인 경우와 100미터 이내에 보건복지부령으로 정하는 기준을 충족하는 놀이터가 설치되어 있는 경우에는 놀이터를 설치하지 않도록 함
다문화 자녀 무상특례	· 다문화가족의 자녀에게 국 · 공립어린이집 등을 우선 이용할 수 있도록 하고, 무상보육의 특례를 부여함
보육비용의 환수	· 보호자가 거짓이나 부정한 방법으로 보육료 및 양육수당을 지원받은 경우에는 그 비용의 전부 또는 일부를 환수할 수 있도록 함
벌칙금	· 어린이집 설치 운영자가 보조금 횡령 또는 유용을 하여 어린이집 운영 정지를 명하여야 하는 경우에 이를 갈음하여 2천만원 이하의 과징금을 부과할 수 있도록 함

3 2013년 개정 영유아보육법

2013년 1월 영유아보육법을 개정하여 0~5세 영유아 전 계층 지원에 대한 법적 근거를 마련하였고, 2013년 6월 개정에서는 부모모니터링단 운영과 일시보육서비스 제공, 어린이집 정보공시제 및 위반사실의 공표 시행의 법적 근거를 마련하였으며, 2013년 8월 개정에서는 어린이집 설치 · 운영 결격사유를 추가 강화, 아동학대 방지를 위한 교육명령제 마련, 어린이집 차량안전관리를 위해 통학차량 운영 시 관할 경찰서에 신고토록 하였고 어린이집 평가인증 결과 공개에 따른 법률에서 위임된 사항과 그 시행에 필요한 사항을 규정하였다. 2013년 12월에는 영유아보육법 시행령을 개정하여 어린이집 정보 공시의 범위 · 횟수 및 시기와 공시 방법 등을 구체적으로 규정하고, 위반 사실의 공표 사항의 상세 내용과 절차 및 방법을 규정하였다. 2013년 12월에 시 · 도지사 또는 시장 · 군수 · 구청장이 부모모니터링단을 구성 · 운영할 수 있도록 하고 무상보육 및 무상교육 지원을 받지 아니하는 영유아에게 일시보육 서비스를 지원할 수 있도록 법률에서 위임된 사항과 시행에 필요한 사항을 규정하였다.

4 2015년 개정 영유아보육법

2015년 5월에 영유아보육법을 개정하여 모든 어린이집에 폐쇄회로텔레비전(CCTV) 설치 의무화, 아동학대 행위자에 대한 처벌, 법 위반 어린이집에 대한 명단 공표 의무화, 보조교사 및 대체교사 배치, 육아종합지원센터에 상담요원 배치,

90일 이상 해외체류 아동에 대한 양육수당 지급 정지 등의 규정을 마련하였다. 그 내용은 〈표 2-6〉과 같다. 2015년 12월 개정에서는 천재지변이나 감염병 발생 등 긴급한 사유로 정상적인 보육이 어렵다고 인정하는 경우 어린이집에 휴원을 명할 수 있도록 하였다.

표 2-6 2015년 5월 개정 영유아보육법의 주요 내용

구분	주요 내용
CCTV설치 의무화	· 모든 어린이집에 CCTV 설치 의무화(설치비는 정부가 지원) · 녹화된 영상은 60일간 보관의무 · 영상의 열람은 특정 경우를 제외하고는 불가능(특정 경우란 보호자가 자녀의 안전을 확인할 목적으로 열람시기, 절차 및 방법 등에 따라 요청하는 경우, 개인정보보호법 또는 아동복지법 법령에서 정하는 영유아의 안전업무 수행을 위해 요청하는 경우, 범죄의 수사와 공소 제기 및 유지, 법원의 재판업무 수행을 위해 필요한 경우를 말함) · 설치목적과 다른 목적으로 CCTV를 임의 조작하거나 다른 곳을 비추고 저장장치 이외 장치에 영상정보를 저장하는 경우 등의 행위를 할 경우 3년 이하의 징역 또는 3,000만원 이하의 벌금형에 처함
보조교사, 대체교사 확대	· 어린이집 교사의 업무분담을 경감할 수 있는 보조교사를 두고, 휴가나 보수교육 등으로 보육교사의 업무에 공백이 생기는 경우 대체교사를 배치함 · 만 3~5세 반에 1명씩 두던 보조교사를 만 0~2세반에도 같은 수준으로 보조교사 배치
아동학대 처벌 강화	· 아동학대 관련범죄로 금고이상의 형을 선고받거나 집행유예를 선고받은 자는 20년간 보육업무에 종사 금지 · 아동학대의 경우 자격정지 2년으로 강화 · 내부 고발한 보육교직원에게 불이익조치를 한 원장 자격정지 1년 · 위반사실 정보는 지자체 홈페이지에 정보공개 · 보육교직원은 영유아를 보육하면서 신체적 고통이나 고성, 폭언 등의 정신적 고통을 가할 수 없음을 보육교직원의 책무로 명시

5 2016년 개정 영유아보육법

2016년 2월 부모협동어린이집을 협동어린이집으로 변경하여 보호자와 보육교직원이 조합을 결성할 수 있도록 하고(제10조 6항), 보육의 우선 제공 대상에 제1형 당뇨를 가진 영유아를 추가(제28조 6항)하였다.

2. 외국 보육사업의 역사

외국의 여러 나라의 독특한 제도를 발전시키게 된 역사적, 사회적, 정치적 배경과 이러한 제도를 유지하기 위한 사회적 지원체계와 보육 현황을 정리해 보았다. 우리나라의 모든 정책에 가장 많은 영향력을 미친다고 할 수 있는 미국, 전통적인 보육 체제를 고수하고 있는 영국, 진보적 체제를 바탕으로 세계 최고의 보육 체제를 자랑하는 스웨덴, 우리나라와 인접해 있는 일본을 살펴보았다. 그리고 남북 경제 협력, 이산가족 찾기 등 한반도의 분단 극복과 평화 통일에 대한 염원이 고조되고 있는 이 때에, 우리 보다 앞서 통일을 이룩해서 조율의 과정을 거치고 있는 독일과 북한의 보육 체제를 살펴보았다.

1) 미 국

(1) 보육사업의 역사

미국은 영국에서 건너온 청교도들의 가족 중시 사상, 독일에서 전파된 프뢰벨 사상 등 유럽의 전통적 보육 제도에 영향을 받아 보육은 가족의 책임 하에 이루어져야 하며 여성은 가정에서 육아와 가사의 역할을 담당해야 한다는 생각이 지배적이었다. 따라서 미국의 아동보육서비스는 1930년대의 경제 공황으로 말미암아 연방 정부가 직접적인 역할을 맡기 전까지는 자선 사업가가 빈곤아동을 대상으로 보육서비스를 제공하는 정도에 지나지 않았다.

1933년에는 경제 공황에 따른 실업 문제를 해결하기 위한 고용 촉진의 일환으로 긴급 탁아소가 전액 국고 부담으로 증설되기도 하였으나 경기가 회복되자 바로 폐쇄되었다.

2차 세계 대전 중 연방 정부는 다시 보육시설의 공급에 개입하게 되었는데, 그 이유는 징병으로 남성 노동력이 줄어든 방위 산업체를 가동시키기 위해 여성 노동자를 동원하는 것이 필요했기 때문이다. 이 시기에 통과된 랜함법(Lanham Act)은 각 주에 보육시설을 설치, 지원하도록 하는 것이었다. 이로써 새로운 경제 지원이 이루어지고 직업여성에 대한 편견도 사라지면서 보육시설이 번창하였다. 그러나 경제 공황기에 설립된 긴급 탁아소가 경제 회복 후 바로 폐쇄되었던 것과 마찬가지로 전쟁이 승리하자 랜함법에 준한 기금은 즉시 중단되었다. 게다가 시설 수용이 아동에게 미치는 영향에 대한 우려의 목소리가 높아지고, 볼비(Bowlby)가 모성 박탈에 대한 연구 결과를 발표하면서 가정 양육의 필요성이 다시 강조되었다. 결국, 전후 취업 여성들은 가정으로 돌아가도록 권장되었고 랜함센터들은 문을 닫고 말았다. 이것은 한 나라의 경제적, 사회적 상황에 따라 여성 노동력에 대한 국가의 대응 내용이 얼마나 달라질 수 있는지, 또 아동보육정책에 어떻게 영향을 미치는지를 단적으로 보여주는 예이다.

그 후 1965년까지 보육사업은 가난한 사람들을 위한 사회사업이나 문제 가정을 위한 사업 정도에 머물렀다. 취업하는 주부들은 계속 늘어났고, 이들은 공립 · 민간 보육시설을 이용하거나 친지와 이웃에 자녀를 맡길 수밖에 없는 형편이었다.

1965년 보육시설에 대한 인식이 긍정적으로 바뀌면서 연방 정부의 기금으로 저소득층 자녀를 위해 헤드스타트 프로그램(Head Start Program)을 전개하는 등 정부 차원에서 보육 책임을 맡고 보육서비스를 주도하게 되었다. 헤드스타트는 저소득층 유아를 위한 보상 교육으로서 연방 정부의 주도하에 종합적인 유아교육 프로그램을 실시한 것이다. 이는 교육이 모든 아동에게 똑같이 중요하다는 생각을 공동 관심사로 불러일으키게 하였고, 교육적 보육에 대한 정부의 지원 가능성을 실현시켰으며 여러 가지 연방 프로그램을 통하여 보육시설에 대한 공적 지원을 가능하게 했다는 점에서 중요한 의의가 있다고 볼 수 있다. 그러나 헤드스타트는 유치원 모델을 따라 만들어져서 단 10%만이 전일제로 운영되었고 시설 활동에 부모를 참여시키는 방식으로 계획되어 취업모들이 참여하기 어려운 한계점을 지니고 있었다.

아동보육서비스에 대한 욕구가 계층과 소득에 관계없이 계속적으로 증가하였으나 1980년 정부는 오히려 보육에 대한 연방 정부의 개입을 줄이는 반면 보육비에 대한 세금을 공제해 주는 정책을 실시하였다. 연방 정부의 개입이 줄자 주정부들 중에서는 그나마 최소 수준에서 운영하던 보육프로그램을 아예 종결지어 버리는 곳도 있었다. 또 세금 공제는 소득이 적은 저소득층보다는 오히려 고소득층에게 유리한 것이어서 보육에 대한 요구와는 상반되는 것이었다.

1990년에는 아동보호법이 제정되어 연방 정부가 종합적인 보육 시책을 강구하게 되었다. 클린턴 정부는 의회의 승인을 얻어 저소득층 육아 및 어린이 조기교육의 질을 개선하기 위해 '조기교육 신탁기금'을 설립하였고 이 기금은 저소득층 아동의 보육서비스에 상당히 기여하였다. 그러나 부시 행정부에 이르러서는 학교개혁이라는 슬로건 하에 5세 이하 영아보육에 대한 예산이 삭감되기도 하였다. 현재 미국은 여성 인력의 사회적 진출이 계속해서 증가하고 있을 뿐 아니라 산업구조의 개편과 가치관 변화로 인해 보육에 대한 사회적 요구는 더욱 증대될 것이라 예상할 수 있다.

미국은 철저한 지방분권정책을 실시하는 나라이므로 영유아보육정책을 단일한 체제로 설명하기는 어렵다. 전체적으로 볼 때 미국은 아직까지도 영유아의 양육은 가족 내의 사적인 것이라는 전통적인 가치관을 고수하고 있기 때문에 보육사업에 여러 가지 미비한 점이 많고, 행정부의 정책에 따라 예산이 증감이 거듭되는 등 여러 가지 문제점을 가지고 있다. 그러나 보육사업이 미래를 위한 투자라는 인식 하에 연방적 차원 또는 각 주마다 특색 있는 프로그램을 마련하고 있으며, 보육의 전문화와 질적인 혁신을 위해 노력을 기울이고 있다.

(2) 보육현황

미국의 조기 아동교육은 주로 유치원, 유아원, 아동보호센터를 중심으로 이루어지고 있다. 5세 이상의 아동은 유치원(kindergarten)이나 공립학교 1학년에서 교육을 받는데 일반가정의 아동을 대상으로 반일제를 원칙으로 운영되고 있다. 3~5세의 아동은 공립·민간보육시설(day care center)이나 유아원(nursery school)에 다니는 데 공립시설은 주로 저소득층을, 민간시설은 중산층을 대상으로 하여 운영된다. 이외에도 부모가 돌볼 수 없는 아동을 위한 아동보호센터, 빈곤아동을 위한 헤드스타트센터, 가정 내 탁아시설인 가정보육시설(family day care center) 등이 있다(공인숙 외, 2005).

미국은 이원병행체제 보육 모형을 채택한 나라로서 보호 기능을 강조하는 보건복지부 관할의 보육 제도와 교육 기능을 중시하는 교육부 관할의 유아교육 제도를 병행하고 있다. 최근 보호와 교육을 구분하는 전통적인 이분법적 입장에서 이를 통합하려는 방향으로 기울어지고 있다. 즉 보호시설은 아동보호 뿐 아니라 전인적 성장 · 발달을 도모하는 교육을 담당하는 한편, 유아원과 유치원은 교육위주의 입장을 탈피하고 부모들의 근무시간에 맞추어 운영 시간을 연장하는 경향을 보이고 있다.

보육서비스에 대해서도 연방 정부는 보육시설의 설치 운영에 관한 일반적 기준이나 지침을 마련하고 주정부나 지방 정부는 그것을 설치 운영 감독하는 형태로 책임을 분담하고 있다. 보육시설의 운영 주체와 재정 부담의 경우, 대부분의 보육시설은 민간 비영리 단체와 민간 영리 단체에서 운영되고 있으며 비영리 단체의 보육시설에 대해서는 연방 정부나 주정부에서 보조금을 지급하고 있다. 민간 영리 단체의 보육시설은 전체 보육시설의 50% 이상을 차지한다.

2) 영 국

(1) 보육사업의 역사

미국의 보육 제도에 끼친 영국의 영향을 보면 알 수 있듯이 영국은 수세기에 걸쳐 전통적 보육 방식을 고집해 왔다. 즉 영유아는 부모의 보호 아래 가정에서 키우는 것이 바람직하며 기관에서 이루어지는 보육은 오히려 아동에게 해가 될 수 있다는 생각이 지배적이었던 것이다. 물론 다른 나라들과 마찬가지로 산업혁명과 두 차례에 걸친 세계 대전 당시 여성의 인력이 급격히 필요해지자 잠시 변화를 보이는 듯하였으나 2차 세계 대전이 끝나고 여성 인력에 대한 수요가 감소하게 되자 다시 이전의 상태로 돌아가게 되었다. 이후 베버리지 보고서(1942년),

플라우덴 보고서(1967년), 시봄 보고서(1968) 등 많은 연구들이 영국의 전통적 보육정책을 뒷받침하였다(양옥승, 1999).

1980년대 후반과 1990년 초반에는 보육에 대한 수요가 급격히 증가하였는데 이는 영국이 1980년대 후반까지의 오랜 경기 침체에서 벗어나 경제 상태가 호전되었을 뿐 아니라 1960년대 중반부터 나타나기 시작한 출산율의 저하로 학교 졸업 후 경제로 유입되는 청년층이 감소하였기 때문이었다(양옥승, 1994).

그러나 정부는 고용주들과 민간 보육시설에 의존함으로써 최소한의 개입이라는 정책을 고수했다. 1989년 제정된 아동복지법은 지금까지의 보육정책, 즉 자녀를 위한 보육은 시설보육 중심보다는 가족중심이 되어야 한다는 입장을 또 한번 재확인하면서 취업모를 위한 보육서비스의 욕구는 부모 자신의 문제임을 강조하고 있다. 이에 따라 지방 정부는 보육서비스에 대한 공적 지원을 점차 철수하고, 민간과 비영리 부분에서 제공하는 보육서비스에 대한 공적 규제를 위한 법적 틀을 확대하고 있다.

현재까지도 영국 정부는 5세 미만의 아동을 가진 어머니는 가정에 머물면서 자녀의 양육을 책임져야 한다는 보수주의적 사고를 고집하고 있다. 또한 보육문제는 고용주와 시장 기능에 의해 제공되는 것이며 국가는 최소한으로 개입해야 한다는 정책을 고수하고 있다. 영국은 부족한 보육시설과 육아제도 때문에 미취학 아동을 가진 여성의 경제활동참가율이 미국이나 다른 유럽 국가들보다 낮은 실정이다(박정선, 1998).

(2) 보육현황

영국의 보육서비스의 형태는 보육시설(day nursery), 유아학교(nursery school), 유아학급(nursery class), 놀이집단(play group), 가정보육모(childmother)로 구성된다. 보육시설과 유아학교, 유아학급은 공립시설과 사립시설이 있는 데 공립시설은 보육비가 싸고 종일제로 운영되는 반면 그 대상이 주로 빈곤층이고, 사립시설은 누구나 이용할 수는 있으나 보육비가 비싸고 하루 2~3시간 운영되므로 취업모의 육아 문제를 크게 돕지는 못하는 실정이다(박경자, 1994).

놀이집단은 1960년대 초반 가족 규모가 작아지고 2차 대전 후 보육시설 수의 감소와 정부 지원의 감소로 인하여 보육서비스를 공급하는 시설이 부족해지자아동의 보호와 교육의 중요성을 인식한 어머니들이 자발적으로 만든 기관이다. 1940년대 이전까지 영국의 상류층에서 가장 많이 통용되던 보육 방법은 보모를 고용하거나 놀이집단을 이용하는 것이었는데, 2차 세계 대전 이후 중류층 가정에서 이에 대한 흥미를 보이기 시작하면서 다양한 형태의 놀이집단이 형성되게 된 것이다.

현재 3~5세 아동들이 가장 많이 이용(40~60%)하고 있는 형태로써 보육비가 매우 저렴하다는 장점은 있으나, 운영 시간이 짧고 어린 유아를 포함시키지 못하고 있어 취업모의 욕구를 완전히 충족시키지는 못하고 있다.

아동 보육모는 자신의 가정에서 아동을 보육하는 형태로써 비공식적 보육 형태인 가정부나 베이비시터, 유모와는 구별되는 것이다(공인숙 외, 2005). 아동 보육모는 대개 자신의 어린 자녀와 함께 자신의 가정에서 광범위한 시간대 동안 비교적 저렴한 비용으로 돌보고 있다. 아동 보육모는 지방 정부에 등록하도록 되어 있지만 지방 정부로부터 실질적인 원조는 전혀 받지 못한다. 가정적인 환경을 선호하는 부모들에게나 아주 어린 아동에게 보다 좋은 보육환경을 제공하는 장점이 있으나 사람에 따라 보육의 질적 수준의 차이가 심하고 훈련되지 않은 사람에 의해 이루어진다는 단점이 있다.

영국은 보육과 교육으로 구분하는 이원병행체제 모형의 보육 제도를 채택하고 있다. 즉 0세~4세 아동을 대상으로 하는 보육시설과 가정 보육모는 보육을 중심으로 보건사회부가 담당하고 있고 3~5세 아동을 대상으로 하는 유아학교와 유아학급은 교육을 중심으로 교육과학부가 담당하고 있다(임재택, 1990).

영국의 보육사업은 영리를 목적으로 하는 사립보육시설이 주도하고, 공립보육시설은 발달적 문제를 갖고 있는 아동, 사회 · 경제적 어려움이 있는 아동, 위험상태에 있다고 간주되는 아동 등, 매우 특수하고 제한된 목적으로 사용된다.

3) 스웨덴

(1) 보육사업의 역사

스웨덴의 아동보육제도는 영유아를 위한 보육 제도가 비교적 선진화된 서구의 국가들 가운데서도 가장 진보적인 제도를 갖춘 것으로 알려져 있다. 때문에 국내외를 막론하고 한 국가의 보육정책 수립과 보육 제도의 발전을 위한 논의에서 스웨덴의 보육 제도는 항상 그 비교 대상이 되어 왔다.

스웨덴의 보육정책은 아동보육의 기본적 책임은 부모에게 있지만 국가가 공동의 책임과 역할을 수행해야 한다는 기본 입장을 취하고 있으며 따라서 보육은 사회 정책의 일환으로 국가적 수준에서 시행되고 있다(이옥, 1994). 하지만 산업화 이전에는 스웨덴도 조건이 유사한 다른 서구 국가들의 경우와 같이 아동양육은 완전히 가족만의 책임이었다. 산업화 과정에서 여성의 노동력 증가와 이에 따른 양육의 문제가 부상된 것 역시 다른 나라와 크게 다르지 않았다. 1940년대부터 1970년대까지 국가는 노동력 확보를 위하여 보육의 책임을 맡을 수밖에 없었다. 이에 따라 아동 양육비의 지급(1948년), 출산 수당 지급(1955년), 아동복지사업에 대한 공적 지원의 공식화(1960년) 등의 방안들이 마련되기 시작했다(유가효 외, 1997; 양옥승, 1999).

1973년에 제정된 '취학전 교육법'은 공립보육시설의 설립을 가속화시켜 유치원이 보육소로 통합되는 형태로 일원화되었다. 1980년대 이후에도 다른 서구 국가들이 경제 성장이 점차 둔화되고 실업률이 증가함에 따라 앞을 다투어 복지 관련 예산을 삭감했음에도 불구하고 스웨덴은 꾸준히 복지정책을 발전시켜(이옥, 1994), 현재 6세 이하의 자녀를 둔 여성 중 80%가 유급 취업 중이며, 공립은 물론 사립까지 재정 지원과 질적 보육을 위한 감독이 철저하게 이루어지는 등 가히 세계 제일의 수준이라고 말할 수 있다(공인숙 외, 2005).

이처럼 스웨덴의 보육정책이 지속적으로 발전할 수 있었던 것은 다음의 여러 가지 이유에 기인한다고 할 수 있다(이옥, 1996). 우선 여성의 정치적 영향력을 한 가지 요인으로 지적할 수 있다. 스웨덴이 사설기관이나 자선 단체에 의존하는 선별주의적 보육 제도에서, 유치원과 탁아소, 고아원 등 다양한 시설들을 통괄하는 보편주의적 보육 제도로 발전된 것은 최근 30년간에 일어난 일이다. 이 시기는 바로 스웨덴에서 남녀평등 및 여성의 정책적 영향력이 증대된 시기이기도 하다. 스웨덴에서는 지난 20년간 여성 국회의원의 수가 2배 이상 증가하였으며 전체 국회의원의 30%~40%에 이른다. 다시 말해서 스웨덴에서의 정치 · 사회적 남녀평등의 실현 과정이 아동보육제도의 발전과 병행하였다고 평가할 수 있다.

둘째, 낮은 출산율에 대한 적극적인 대처를 들 수 있다. 스웨덴에서는 한때 여성 취업의 증가에 따른 자녀의 출산율 저하가 심각한 사회문제로 대두되었다. 이 때 정부는 이 문제를 보편주의 아동보육제도의 마련을 통해 해결하고자 하였다. 현재 스웨덴의 출산율은 상당히 증가하여 여성들은 평균 두 명의 자녀를 낳고 있다.

셋째, 모든 학령전 아동에 대해 교육과 보호를 담당하는 행정부서가 보건사회부로 일원화되어 있다는 점을 들 수 있다. 서구의 국가들 가운데 학령전 아동보육 행정이 명실상부하게 일원화된 국가는 거의 없다. 이는 분명히 30년이라는 비교적 짧은 기간에 아동보육제도가 효과적으로 발전하는 데 큰 몫을 담당했을 것이다.

넷째, 연령의 특성에 따라 다양한 제도를 채택하였다. 스웨덴은 어린 영아에 대해서는 가정에서의 양육을 적극적으로 지원하는 프로그램을 확대하고 유아에 대해서는 각종 시설에 의한 보육서비스를 확대하였다. 즉 아동의 연령별 보육서비스를 다양화하면서도 영아 보육시설의 확대보다는 가정에서의 양육을 지원하는 부모휴직제도와 같은 양육지원 프로그램을 발달시킨 것이다.

다섯째, 스웨덴에서는 1970년 이후 20년간 공립보육시설을 중점적으로 확충하였다. 이와 같은 정책이 현재의 보편주의적인 보육제도로 발전할 수 있었던 것이다.

마지막으로 보육제도의 발전에 가장 중요한 배경이 될 수 있었던 것은 국민들의 진보적인 의식이었다. 즉, 여성에게 가사일과 유급 직업 가운데에서 선택할 수 있는 권리를 주어야 한다는 여성 취업권에 대한 생각, 모든 아동은 단순한 보호뿐 아니라 적절한 교육을 받을 권리가 있다는 아동관 등이 일찍부터 자리잡았던 것이다.

한 마디로 말해서 스웨덴의 진보적 보육제도의 발전은 그것이 가족과 여성, 그리고 국가의 다양한 이해관계에서 비롯된 것이었지만 결국은 아동은 가족 뿐 아니라 사회적 책임이라는 아동 양육관을 수용한 시민과 사회 그리고 아동보육의 중요성에 대한 합의된 국민적 인식으로 이루어진 것이라 하겠다.

(2) 보육현황

스웨덴의 보육시설은 시립보육시설, 공립보육시설, 사립보육시설로 나뉘며, 운영의 유형은 종일제 보육시설, 시간제 보육, 개방보육시설(open pre-school 혹은 mother's club) 등을 지칭하는 유아학교(preschool)와 6~7세부터 12세를 대상으로 하는 방과후 보육시설, 그리고 가정보육시설 등의 형태로 운영된다. 이중 독특한 것이 개방보육시설인데, 이는 일시적인 보육시설로 단기적으로 이용할 수 있으며, 누구나 자유롭게 이용할 수 있다. 지방자치단체에서 건물이 딸린 토지를 여러 곳에 제공하면, 교사는 일정한 건물을 정하지 않고 공원이나 다리 옆 같은 곳에서 부모 및 아동과 함께 일주일에 3회 정도 모인다. 이는 집밖으로 산책이나 놀이를 통해 양육하는 유아교육기관의 특별한 형태로 현재 발전을 거듭하고 있다(문연심, 1996). 이 유형은 가정에서 자녀를 돌보고 있는 부모를 지원해 주기 위해 공공차원에서 법률적 지원과 보육교사가 채용되어 보급되는 형태이며, 아동들이 또래를 만남으로써 사회적응 훈련을 제공받고 학교가기 위한 준비를 돕는다.

스웨덴 정부의 견해는 만약 부모들이 원한다면 모든 부모들이 보육시설을 이용할 수 있는 권리를 가져야 한다는 것이다. 따라서 각 가정의 탁아비용은 가족이 지불할 수 없는 고액이어서는 안 된다. 국가 차원에서 총괄적으로 보면 정부와 지방자치단체들의 보육비용의 절반 이하를 담당한다. 정부는 비용의 1/3을 담당하고, 지방자치단체는 반 이상을 담당한다(문연심, 1996). 따라서 부모가 부담하는 보육료 비용은 전체 보육료의 10% 정도에 불과하다. 또 이 조차도 지불할 수 없는 경우에는 국가가 일정 기간 대여해 주기도 한다. 따라서 비용 문제로 보육서비스에 대한 권리를 포기하는 일은 거의 없다(공인숙 외, 2005).

가장 전형적인 보육시설은 공립보육시설이라 할 수 있는데 여기에는 종일제로 운영되는 기관 보육시설과 시간제 유아 집단, 그리고 가정에서 자녀를 돌보고 있는 부모와 그 자녀들을 지원하는 개방 유아학교, 베이비시터 자신의 집에서 아이들을 돌보는 가정보육시설, 방과 전후 보육서비스를 제공하는 레저타임센터, 레저클럽 등이 있다(이옥, 1994).

이러한 다양한 시설에도 불구하고, 수요에 공급이 미치지 못하는 것을 줄이기 위한 정부의 노력으로 스웨덴에서는 사립보육시설도 확대되고 있다. 사립보육시설의 가장 보편적인 형태는 가정보육이다. 부모들이 직접 가정 보육모에게 비용을 지불하는 경우는 지방자치단체가 보육의 질을 규제하지 않지만, 비영리기관이나 부모협의체에 의해 운영될 경우 중앙정부로부터 지원금이 제공되고, 지방자치단체로부터도 보조를 받으며 보육의 질을 관리받게 된다. 스웨덴의 보육 현황은 세계 제일의 수준이라고 자부하고 있으며 공립보육은 물론 사립보육에 대한 재정적 지원과 질적 양육을 위한 감독을 철저히 시행하고 있다. 보육시설의 부족이나 원거리 통학으로 불편할 경우는 가정보육 등 아동을 보육할 수 있는 다양한 제도를 마련하고 있으며, 부모의 유급 휴직제도를 마련하여 가정에서의 자녀양육을 지원하고 있다(양옥승 외, 1996).

4) 일 본

(1) 보육사업의 역사

일본 최초의 유치원이 상류층 자제의 조기교육을 담당하는 국가적 시범사업이었던 데 반해, 보육시설(일본은 '보육소'로 칭함)은 빈민구제를 위한 자선사업적 의미가 뚜렷이 강조되었다. 즉, 일본의 보육은 우리나라와 같이 유치원과 보육소의 이원화 체제로 운영되어 왔다. 보육소는 사회적 재난과 국가적 위기상황, 특히 전쟁기에 기혼 여성 인력을 동원하기 위한 사회적 장치로 대규모로 활용되었고, 특히 군국주의적 이데올로기의 극성기인 제2차 세계대전 중에는 범국민적 단합을 위해 상류층 지향의 유치원의 발달이 억압되고 보다 보편적 사회계층을 대상으로 하는 '전시탁아소' 제도가 급격히 팽창하게 되었다(정병호, 1999 : 10~11).

전시탁아소에서는 국가 이데올로기의 적극적 주입 및 지배적 가치관의 내면화가 추진되었는데, 국가신도(國家神道)의 종교적 의식, 천황에 대한 공경, 군대와 전쟁에 대한 일체감 조성 등의 시대적 특성을 보여주는 프로그램과 더불어, 보다 본질적인 집단적 생활훈련을 강조하였다. 패전 후 뉴딜(New Deal) 정책론자들이 주류를 이룬 연합국 점령 정부는 미 본토에서보다 더욱 진보적인 포괄적 아동복지법을 제정토록 일본정부에 영향을 미쳤는데, 그 결과 최소한 법규정에 있어서는 보호가 필요한 영유아를 위한 보육시설의 설비와 운영에 대한 지방자치단체장의 의무와 중앙정부와 지방정부의 재정부담률이 명문화되었다. 그럼에도 불구하고, 보육소의 환경은 여전히 많은 아이들을 좁은 공간에서 장시간 보호하며 집단적 가치를 여전히 중요한 교육내용으로 선정하였다(정병호, 1999 : 11).

1960년대 중반부터 산업이 팽창하여 단순 저임금의 노동력이 부족해지면서, 일본정부는 기혼여성집단을 인력으로 재순환하는 방안을 모색하기 시작하였다. 뿐만 아니라 이 시기의 일본사회에서는 보다 포괄적인 보육제도 건설을 요구하는 정치적 투쟁과 공공집회가 많았다. 많은 여성단체들, 특히 혁신적 정치성향을 가진 주민운동 단체들은 국가차원의 정책결정 과정부터, 지역차원의 실천까지 보육제도의 진화과정에 큰 영향을 미쳤다. 주민운동의 요구는 시기에 따라 크게 두 가지 주제로 나누어 생각할 수 있다. 첫째는 '우체통 수만큼 많은 보육소 설립'을 요구하는 보육소의 양적 팽창을 요구하는 운동이고, 둘째는 보육소에 있는 취업여성의 아동이 유치원에 있는 전업주부의 아동에 비해 결코 열악한 물리적 환경, 교육적 조건에 있어서는 안 된다는 보육소의 시실과 내용의 질적 향상을 도모하는 운동이었다. 오랜 기간 동안 너무 어린 아동들을 단순히 보호하는 곳으로 여겨짐으로서 교육적 의미가 경시되었지만, 결국 고도의 산업 성장과 더불어 보육소는 대규모로 확대되어 맞벌이 부부의 만 5세 이하의 영유아를 보호하고 교육하는 기관이 되었다.

한편 법적인 측면에서 살펴보면, 보육관련 최초의 법령으로는 1938년에 제정된 사회사업법인데, 당시에는 시설의 명칭을 탁아소로 통일하고 그 근거만을 명시하였을 뿐 그외 운영 등에 관한 구체적인 규정은 마련되지 않았다(김인아, 2000 : 49). 이후 1947년 아동복지법 제정에 따라 기존의 탁아소라는 명칭을 보육소로 변경하였으며 현재까지 동법의 적용을 받고 있다. 이와 같이 현재 일본의 유치원은 학교교육법, 보육소는 아동복지법에 따라 적용되고 있다.

1948년 문부성에서 발표한 보육요령에는 유치원과 보육소의 교육내용이 함께 제시되었다. 당시 문부 · 후생 양성의 협조적인 관계 속에서, 적어도 교육내용에 있어서 만은 유치원이나 보육시설이나 공통적이어야 한다는데 의견이 일치되었기 때문이다. 그러나 문부성과 후생성이 대립하기 시작함으로써 1952년 후생성에서 별도로 보육지침을 마련한데 이어 1953년 문부성에서는 보육요령을 유치원 교육요령으로 명칭을 바꾸도록 하였으며, 1956년 내용을 대폭 수정하여 유치원

교육요령으로 간행하였다.

이와 같은 대립 관계 이후 1963년 문부 · 후생 양성 공동으로 발표한 '유치원과 보육소 관계에 대하여'를 통하여 후생성에서는, 보육소의 보호 · 교육기능을 통합적으로 운영하도록 하는 한편 3세 이상의 교육내용에 있어서는 유치원 교육요령에 준하도록 하였다. 이를 계기로 교육내용의 일원화가 추진되었으나 보육계의 반발로 이루어지지 않았다. 당시 보육계는 유치원과 보육소 기능의 차이를 강조하면서 유치원의 교육과정을 그대로 적용하는 것은 옳지 않다고 주장하였다.

그러나 1964년 유치원 교육요령이 처음으로 고시된 이듬해인 1965년에 보육소 보육지침이 간행되었고 이후 보육지침은 유치원 교육요령이 1989년, 1998년에 개정될 때마다 그 이듬해에 차례로 개정되었다. 보육소 보육지침은 3세아 이상에 대해서는 유치원 교육요령의 구성과 마찬가지로 '기본적 사항', '건강', '인간관계', '환경', '언어', '표현'으로 세분화되어 있다(현정환, 2002 : 553).

(2) 보육현황

유치원의 대상은 '만 3세 이상 취학할 때까지의 유아'인데 비하여, 보육소는 '보육이 부족한 1세 미만의 영아부터 학교에 다니는 아동에 이르기까지'로 정의되어 있다. 따라서 3세 미만의 유아는 보육소에 다니며, 2세 유아의 약 15%, 1세 미만의 영아 약 3.8%가 종일보육시설에서 생활한다. 4~5세 유아들의 65%는 유치원에서, 33%는 보육원에서 생활한다.

보육료에 있어서도 유치원은 부모의 직업과 소득수준에 관계없이 교육비를 받고 있는데 비해, 보육소는 부모의 소득과 대상 아동의 연령, 추가적 보육기간 등에 따라 무료에서 유치원 교육비의 3~4배까지 차등적으로 지방자치단체가 직접 부모에게 보육료를 징수하고 부모들이 낸 보육료의 총액으로 충당되지 못한 부분(지방에 따라 차이가 크나 대개 보육제도 유지비용의 약 반 정도)을 중앙정부와 지방자치정부가 함께 담당하도록 법으로 정하고 있다(정병호, 1999 : 14~15).

일본의 보육원은 사회복지적 측면의 종일보육을 전제로 하고 있어, 반일제나 시간제 취원을 원칙적으로 받아들이지 않는다. 따라서 그 대상 아동의 부모, 특히 어머니가 일정 시간 이상의 취업 혹은 그에 상당하는 사회적 노동(자영업, 농업, 어업)을 하고 있다는 사실을 객관적으로 지방자치단체에 의해 인정받아야 한다. 다만 어머니의 다양한 근무시간과 형태로 인한 자녀양육지원책으로서 특별보육도 실시하고 있다(신덕순, 1999 : 100).

5) 독 일

(1) 보육사업의 역사

통일되기 전 동독과 서독은 사회 정치적으로 오랫동안 각기 다른 길을 걸어왔기 때문에 보육 제도나 정책면에서도 큰 차이점을 보여 주었다.

구동독에서는 일찍부터 아동에게 집단 교육을 시켰다. 이는 유아기의 집단 교육이 아동의 의식 및 행동 발달에 크게 영향을 미친다는 이념에서 비롯되었다. 아울러, 국가적으로 2차 세계 대전 이후 경제 재건을 위해 기혼 여성의 취업을 적극 장려하면서 보육시설에 대한 사회적 관심 및 개입 수준이 높아지게 되었다(윤선영, 1998).

동독과는 달리 서독에서는 가정에서의 자녀 양육을 중요시 여겼다. 때문에 기혼 여성의 취업률이 낮았고, 3세 미만 아동을 위한 보육시설의 보급 수준도 매우 저조했다. 3세 미만의 경우에는 단지 어려운 상황에 있는 가정을 돕기 위한 목적에서 출발했기 때문에 제한된 수의 아동만이 이러한 시설을 이용하였다(이명환, 1999).

통일 이후 보육시설에 대한 요구도 변화하고 있다. 서독의 경우, 가족구조의 변화로 자녀수가 적어지자 또래와의 상호작용 기회를 제공해 줄 수 있는 사회기관이 필요해지는 한편 여성의 취업도 증가하면서 보육시설에 대한 부모의 요구도 점차 커지게 되었다. 따라서 경제적 난관에도 불구하고 교육적 투자를 끊임없이 계속하였고 그 결과 3~6세 유아 중 85% 이상이 유치원에 취원하고 있다. 반면 통일 전 100% 가까운 취원율을 보이던 구동독의 경우에는 기혼 여성의 실직률이 증가하고, 보육시설에 대한 재정 지원이 감소하여 부모의 보육비 부담이 커지면서 보육시설에 대한 요구가 줄어들었다. 오랫동안 이념적으로 대립되었던 나라가 하나 되는 과정을 거치는 것이라 하겠다(공인숙 외, 2005).

(2) 보육현황

독일의 보육 체제는 3세를 기준으로 하여 3세 미만까지는 유아원과 가정 보육모에게 주로 보호 위주로 이루어지며 3세 이상은 유치원에서 교육을 위주로 이루어진다. 이외에도 초등학교 입학 전에 학업 성취도가 낮은 아동을 교육하는 초등학교 병설 유치원과 방과후 보육시설인 호르트가 있다(김현희, 1994).

옛 동독의 유아원은 교육, 보호, 위생을 다 관할하고 있지만, 정부에서는 보건부(Minister fur Gesundheitwesen)의 책임 하에 있으며, 국가적, 지역적, 그리고 지구별(district) 수준에서 각각 조직을 가지고 있다. 그리고 각각의 수준마다 유아원은 분리된 부서(ministerium) 안에서 지도, 감독하고 있다. 독일 행정부의 조직을 보면 국방부, 내무부, 정의부, 재무부, 경제부, 음식, 농업 및 산림부, 노동부, 교통부, 체신부, 국내관계부, 환경 계획 건축 및 도시계획부, 청소년, 가족, 여성과 보건부, 교육과학부, 경제협력부, 연구와 공학부, 환경과 자연보호부 등 18개부서가 있다. 이 중 보육관련 업무는 청소년 · 가족 · 여성 복지부(Bundesmini- sterium für Jugend, Familie, Frauen und Gesundheit)에서 감독 · 담당한다. 그러나 3~6세 아동을 위한 시설인 유치원은 교육과학부(Bundesministerium für Bildung und Wissenschaft)에서 관할하고 관계법률은 아동 · 청소년복지법(Kinder und Jugendhilfegesetz)이다.

6) 북 한

(1) 보육사업의 역사

북한의 보육사업은 소련의 영향을 받아 6 · 25전부터 시도되었다. 1947년에 탁아소 규정을 제정하였고, 1959년에 설립의 주체를 더욱 구체화하고 아동의 집단생활을 보다 강조하는 탁아소 규칙으로 개정되었다. 특히 6 · 25전쟁 후 복구시기부터 더욱 탁아정책을 중시해 오다가, 1970년대에 들어서 본격적으로 국가의 지원 정책이 수립되는 과정상의 특징을 보이고 있다. 북한이 이렇듯 일찍부터 보육에 강조를 두게 된 배경에는 한국 전쟁 후 국가 재건을 위해 더 많은 노동력을 확보해야 할 필요가 있었고, 따라서 여성 노동력을 보다 적극적으로 활용하고자 하는 목적에서 어린이에 대한 보육을 국가가 지원하는 정책을 수립하였다. 또한 사회주의 원리에 입각한 집단주의적 사상 교육을 조기 연령에서부터 제공하고자 하는 목적이 있었다(성영혜, 2001). 따라서 북한의 보육정책은 남한의 보육정책처럼 아동-여성-가족을 연결하는 넓은 의미의 사회정책이지만, 남한보다 훨씬 더 강도가 높은 국가정책이라는 점에 뚜렷한 차이가 있다(이소희, 2000).

1970년대에 들어서면서부터는 더욱 늘어나는 노동 수요에 부응하여 집단 양육제가 적극 추진되어 모든 어린이들을 사회적으로 양육할 것을 결정하였고, 이 결정은 1976년 공포된 '어린이보육교양법'에 의해 법적으로 제도화되었다. 이 법의 골자는 학령 전 어린이들을 무조건 탁아소 또는 유치원에 수용할 것과 이들을 혁명위업의 계승자로 키울 것을 강조하는 것이었다. 이외에도 어린이를 가진 여성 보호를 위해 산전 · 산후 휴가, 건강 보호, 노동 시간에 젖먹이는 시간을 보장하고 있다(유가효 외, 1997).

1984년 이후 시기의 북한 보육정책 변천 배경은 사회 경제적인 조건에서 비롯되었으며, 여성노동수급 정책과 밀접하게 관련이 있었다. 어린이보육교양법의 세칙이 제정(1993. 3)된 시기부터 1999년 3월 '어린이보육교양법'의 수정 보충을 거쳐 현재까지 이루게 되었다.

북한은 1990년에 들어오면서 급격한 대내외적 환경변화에 따라 정책적 변화를 시도하였다. 1994년 7월 김일성의 사망을 계기로 정치체계 뿐만 아니라 사회전반에 걸친 변화를 모색하게 되었다. 1993년 2월에 6장 63조에 달하는 '어린이보양교육법 세칙'이 출산 · 유가 등에 대한 여성 권익강화로 제정되고, 이후 유아 영양관리를 위해 1994년 11월 '어린이영양관리연구소'가 건설되었으며, 1996년 4월에는 어린이보육교양법 발표 20주년 기념대회를 개최하였다. '전국어머니대회'를 1998년에 제2차, 2005년에는 제3차로 개최하면서 다산운동을 전개하였고 여성들의 역할을 강조하였다. 2002년 보건성에서 '탁아소용 건강체조'를 보급하는 등 보육과 관련하여 법적 · 제도적 정비가 대대적으로 이루어졌다.

남북한의 보육제도를 비교한 것이 〈표 2-7〉에 제시되어 있다.

표 2-7 남북한 보육제도 비교

구분	남 한	북 한
기본이념	· 영유아의 이익을 최우선적으로 고려 제공 · 안전하고 쾌적한 환경에서 건강하게 성장 · 어떠한 종류의 차별도 받지 아니하는 보육	· 주체형의 혁명적 인간 육성 · 김일성 주체사상 지도 · 공산주의 혁명의 후대 양성 · 여성을 그들의 자녀양육과 가정에서 해방시켜 노동시장에 동원
서비스 유형과 내용	· 대상 : 만 12세까지 아동 중 희망자 (방과후 서비스 포함) · 내용 : 신체, 인지, 도덕성 등 전인적 발달지원 · 세부 프로그램 시설의 자체 계획하에 실시	· 대상 : 만 3세 아동까지 아동 전원 · 내용 : 신체, 인지발달과 아울러 주체사상교육 및 혁명적, 전투적 정치의식 배양 · 세부 프로그램 중앙기구 관리감독
교원양성 과정	· 2년제 · 4년제 학제(보육교사 2급) · 1년 단기 양성과정(3급) · 통신교육(방송통신대학), 평생교육원 · 보수교육훈련	· 3개월 · 6개월 양성과정 · 통신교육 · 이동강습소(교사 재교육)
시설현황 및 실태	· 1991년 영유아보육법의 제정으로 어린이집 및 이용 아동 증가 · 2011년 영유아보육법 일부내용 개정으로 어린이집 및 이용 아동 증가	· 1976년 조선 민주주의 인민공화국 어린이 보육교양법 제정으로 보육원 수 급증

* 출처 : 성영혜(2000) 재구성.

(2) 보육현황

보육서비스는 만 3세까지의 아동만을 대상으로 탁아소에서 이루어지고 만 4세부터는 유치원에서 교육하는 이원적 운영체계로 이루어져 있다. 북한의 탁아소는 운영 시간에 따라 일탁아소(아침에 맡겼다가 저녁에 데려가는 형태), 주탁아소(월요일에 맡겼다가 토요일에 데려가는 형태), 월탁아소(1개월간 맡겨두는 형태)로 구분할 수 있으며 각각의 탁아소는 중앙에서 제시하는 각각의 일과표에 따라 운영되게 된다.

북한의 탁아소는 중앙의 '보건부 탁아소 지도국'과 지방의 '도시군 보건부서'에서 담당하며 농촌 지역의 탁아소는 중앙의 '농업위원회'와 '군농협 농장경영위원회'에서 담당한다. 즉 재정 지원에 있어서도 공동 농장의 탁아소와 일반 탁아소를 구분하여 재정 지원하고 있다. 중앙의 탁아소의 경우 중앙 예산으로 지원하고 시 · 도 · 군의 탁아소는 지방 예산으로 지원하며 농업 부문의 협동 농장의 탁아소는 공동 소비 자금으로 지원한다(최민수, 1996).

자녀를 탁아소에 맡기는 것은 규정상 강제는 아니다. 그러나 가정에 유휴 노동력이 있는 경우를 제외하고는 탁아소에 아기를 맡기는 것이 일반적인 현상이다. 정확한 통계 자료는 존재하지 않지만, 1975~1985년까지 간간히 발표한 자료에 의하면 탁아소와 유치원의 수는 6만개소이고 수용된 아동의 수는 350만 명이라고 한다(성영혜, 2001).

앞에서 언급한 국가들의 보육제도를 비교해 보면 〈표 2 - 8〉과 같다.

표 2-8 각국의 보육제도 비교

준거 \ 국가	미 국	영 국	스웨덴	일 본	독 일	북 한
보육 체계	· 이원병행체제 보육 · 보호: 보건복지부 관할 · 교육: 교육부 관할	· 이원병행체제 보육 · 0~4세 보건사회부 관할 · 3~5세 교육과학부 관할	· 보호와 교육의 일원화 · 보건사회부로 일원화	· 이원병행체제 보육 · 0~5세 후생성 관할 · 3~5세 문부성 관할	· 이원병행체제 보육 · 0~3세 보건부 관할 · 3~5세 교육과학부 관할	· 이원병행체제 보육
보육 관계법	· 1990 아동보호법 종합적인 보육시책 수립 · 저소득층 아동의 보육서비스에 중점을 둠	· 1989년 아동복지법 시설보육 중심보다는 가족중심 보육 강조	· 1981년 사회복지법 아동 및 청소년에 관한 보호로 일관성 있는 체계 만듦	· 1947년 아동복지법 제정, 40회가 넘는 부분 개정 · 1997년에 대폭적인 개정, 이에 의하여 현재까지 적용되고 있음	· 아동 및 청소년 지도법	· 1976년 어린이 보육교양법 · 학령전 아동은 무조건 탁아소와 유치원에 수용할 것

보육 기관 및 보육 서비스 형태	· 공립(저소득층), 민간(중산층), 아동보호센터, 헤드스타트센터, 가정보육시설	· 사립보육시설이 일반적 · 공립보육시설은 요보호 아동중심 · 보육시설 · 유아학교 · 유아학급 · 놀이집단 · 가정보육모로 구성	· 공립보육시설 기관보육시설과 시간제 유아집단 · 개방유아학교 · 가정보육시설 · 레저타임센터 · 레저클럽	· 국 · 공립보육시설에서 60% 정도 보육됨 · 여성의 다양한 근무시간과 형태를 고려한 특별보육실시	· 사립기관중심 · 유아원 · 보육시설 · 가정보육모 · 유치원 등	· 중앙탁아소, 시 · 도 · 군의 탁아소, 협동농장 탁아소로 구분하며 운영시간에 따라 일탁아소 · 주탁아소 · 월탁아소로 나뉨
보육 대상	· 5세 이상의 아동 유치원, 공립학교 · 3~5세 아동 공립, 민간보육시설, 유아원	· 0~5세 아동 · 0~4세 보육시설과 가정보육모 · 3~5세 유아학교와 유아학급	· 0~14세 아동 · 0~12세 종일제 탁아기관 · 4~6세 시간제 탁아 · 7~14세 방과후 탁아 · 1~2세 가정 탁아	· 0~5세 보육소 · 3~5세 유치원 · 취학아동을 위한 방과후 아동보육	· 3세 기준 · 0~3세 유아원 보육시설, 가정보육모(보호위주) · 3세 이상 유치원(교육위주) · 학령전 특수아동교육 초등학교 병설유치원 · 방과후 보육시설 호르트	· 0~3세: 탁아소 · 4세 이상 유치원
특징	· 단일한 체계가 아님(일반적 기준이나 지침은 연방정부, 설치운영 감독은 지방정부) · 민간영리단체의 시설이 전체의 50%를 차지함	· 국가는 최소한의 개입정책 · 5세 미만 아동의 어머니는 양육을 책임져야 한다는 보수주의적 사고	· 가정과 국가 공동책임 · 보육료는 공공기금에 의존 · 부모부담비용 전체의 약 10% · 모의 취업률이 가장 높음 · 연령의 특성에 의거한 다양한 제도 및 프로그램으로 서비스 확대	· 빈민구제와 전쟁시의 대책 마련으로 시작된 보육소가 고도의 산업성장과 더불어 보호와 교육을 병행하는 질적인 보육시설로 정비 · 차등없는 유치원 교육비에 비해 보육료는 부모의 수입 등을 고려해 차등 적용	· 동독의 경우 통일 후 기혼여성의 실직률이 증가하여 보육시설에 대한 요구 감소 · 서독은 부모의 요구도가 나날이 증가하는 상태. 3~6세 유아 중 85%가 유치원에 취원	· 1970년에서부터 집단 양육제 추진

【TIP】

외국의 취업부모 지원정책

☯ 스웨덴

• 고용연계 육아지원 : 부모보험제도(parental insurance)
  – 취업부모가 출산, 자녀의 질병 등으로 인해 휴가 사용시 예상 손실액의 일정부분(최고 80%)을 현금으로 지급

• 보육서비스 공급
  – 취업부모 가정의 아동은 전일제로 운영되는 가정보육 및 푀르스콜라 이용, 비취업부모 가정 아동들은 시간제로 운영되는 개방형 푀르스콜라 이용
  ※ 푀르스콜라 운영시간 : 오전 7시에서 오후 6시까지(11시간)를 기본으로 하며, 일부 지역에서는 정규 운영시간 외에 추가로 운영되는 시설도 있음

☯ 영국

• 보육료 지원
  – 저소득층 취업부모가 승인된 어린이집이나 가정어린이집 이용시, 근로세액의 일부를 돌려주는 근로세액공제제도(working tax credit) 실시
  ※ 요건 : 부모가 각각 주당 16시간 이상 근로, 지원수준 : 보육시설 이용료의 70% 수준

☯ 호주

• 보육서비스 공급
  – 종일보육, 가정보육, 학교 밖 보육서비스 등 사용시 부모가 취업, 직업훈련, 학업 중인 경우 우선권 부여
  – 구직 중 부모를 위한 일시보육서비스, 취업부모를 위한 긴급보육프로그램

• 보육료 지원
  –취업부모(직업훈련, 학업 등 포함)의 경우 소득수준에 따라 어린이집 이용보조금제도 및 세금환급제도 등 혜택

☯ 일본

• 보육서비스 제공
  – 취모(구직, 학업 등 포함)에 대해 보육소 입소 우선순위 부여

• 보육료 지원
  –취업부모가 보육소 이용시 소득, 자녀연령, 자녀수에 따라 보육료 지원

* 출처 : 보건복지부(2010). 아이사랑플랜

아동발달과 보육경험

03

CHAPTER

보육사업은 아동, 여성, 가정 및 지역사회의 복지를 추구하는 아동복지서비스이다. 이러한 보육서비스의 양질의 변화는 21세기가 원하는 건전한 사회구성원의 육성이라는 측면과 부모의 육아부담을 경감시킨다는 목적 달성이 추구되는 것이다. 무엇보다 중요한 것은 보육서비스의 변화로 인해 보육의 대상인 아동이 행복해지고 있다는 것이다.

이 장에서는 영아기, 유아기, 아동기의 발달특성을 살펴보고 발달시기에 적합한 어린이집에서의 다양한 교육적 활동과 따뜻한 보살핌의 경험이 아동의 발달에 영향을 미친다는 연구결과를 고찰하여, 어린이집에서의 보육경험 내용과 발달시기별 보육경험의 중요성을 강조하였다.

1. 아동의 발달특성

아동의 발달에 대한 체계적인 이해를 돕기 위해 영아기, 유아기, 아동기의 발달특성을 정신역동이론(심리성적이론, 심리사회적이론), 학습이론, 인지이론의 측면에서 정리해 보고 각 단계별 신체, 언어, 인지, 사회, 정서발달의 특징을 살펴보았다.

1) 영아기의 발달특성

(1) 발달이론적 특성

1 심리성적이론

프로이드(Freud)에 의하면, 각 단계마다 영아가 추구하는 욕구를 만족시키게 될 때 다음 단계로 넘어갈 수 있다고 보았다. 각 단계마다 욕구가 좌절되거나 지나친 만족은 다음 단계로 넘어가지 못하고 그 시기에 고착하게 된다는 것이다. 즉 과식이나 과음, 과도한 흡연, 수다, 입맞춤 등은 구강기에 고착된 성격으로 나타나며, 청결이나 질서에 대한 강박적 욕구나 지저분하고 심한 낭비벽의 행동 등은 항문기에 고착된 성격으로 나타난다.

2 심리사회적이론

에릭슨(Erikson)에 의하면, 각 단계마다 갈등을 겪게 되는데, 갈등상황은 긍정적인 결과와 부정적인 결과를 초래하며, 최상의 해결책은 긍정 · 부정의 측면이 균형을 이루는 것이라고 보았다. 영아들은 신체적 · 심리적 욕구를 잘 충족시켜 주면 신뢰감을 형성하게 되지만, 건강한 자아발달을 위해서는 최소한의 불신감도 필요하다. 따라서 영아기는 부모와의 긍정적인 초기경험이 매우 중요한 시기이다.

표 3-1 Freud의 심리성적이론

단계(연령)	발달특성
구강기 (oral stage) 출생~1세	· 쾌감의 부위 및 원천 : 입술－젖빨기, 먹는 것, 손가락 빨기 등 · 수유를 통한 영양 공급과 배고픔의 충동을 만족시키며 입을 움직여 기쁨을 얻는다. 즉, 빨고 깨물고 삼키는 것에서 충동적이고 즉각적인 만족을 얻는다.
항문기 (anal stage) 1세~3세	· 쾌감의 부위 및 원천 : 항문근육－대변의 배설과 보류, 대 · 소변을 보유하거나 배출하는 것에서 만족을 얻는다.

표 3-2 Erikson의 심리사회적이론

단계(연령)	발달특성
신뢰감 대 불신감 (basic trust : basic mistrust) 출생~18개월	· 양육자로부터 적절하고 일관성 있는 생리적 · 심리적 욕구를 충족하게 되면 신뢰감이 형성된다. · 영아의 요구에 일관성 없는 반응은 불신감과 무기력감을 갖게 된다.
자율성 대 수치심 (sense of autonomy : shame) 18개월~3세	· 대 · 소변의 통제 및 근육의 발달로 행동이 자유로워지며, 부모로부터 독립된 자신을 개체로 인식하게 된다. · 자신의 신체적 통제와 자유로운 탐색행동이 어렵게 되면 사회적 기대에 미치지 못해 수치심을 갖게 된다.

3 학습이론

행동주의에 바탕을 두는 대표적인 학습이론인 고전적 조건화와 조작적 조건화의 적용은 유아기보다는 영아기에 많이 적용되는 시기라고 볼 수 있다. 조건화 없는 반응에 계획된 자극이 연합할 때 나타나는 반응 사이의 연합이 학습된 것으로 보는 고전적 조건화와, 강화 또는 보상이라는 자극을 통해 행동의 결과가 달라진다고 보는 조작적 조건화는 영아기의 기본생활습관 지도 및 놀이지도에 적용되고 있다. 특히 영아들의 바른 식습관 태도형성이라든가 안전의 측면에서 접근해야 하는 또래를 향한 공격적 행동 및 위험한 행동 등은 이러한 행동주의적 지도방법에서 계획이 용이하다. 한편 반두라(Bandura)의 사회학습이론의 측면에서 보면, 영아 자신이 좋지 못한 경험이나 벌을 통해 바람직한 행동을 학습하기 보다는 또래가 부모 또는 담임교사로부터 칭찬받는 행동들을 관찰함으로 인해 변화되는 학습의 결과를 기대하는 것이 바람직하다고 볼 수도 있다.

4 인지발달이론

피아제(Piaget)에 의하면, 인지발달은 아동을 둘러싼 환경과의 상호작용을 통해 질적 변화를 이루며 이는 단계적으로 성취된다고 보았다. 영아기는 감각운동기(sensorimotor stage, 출생~2세)에 해당되며, 이 시기의 행동은 자극에 대한 반응이며 운동이 된다.

피아제의 인지발달 단계의 특성은 다음과 같다.

- 반사행동의 단계로부터 의도적인 반복행동을 할 수 있는 단계에 이르기까지 6단계의 과정을 거친다.
- 타인을 모방한다.
- 환경을 탐색하기 위해 감각과 운동기술을 사용한다.
- 상징적 표현이 발달하며, 상징의 사용이 시작된다.
- 지연모방을 보인다.

한편 1970년대 중반부터 피아제가 영아의 인지능력을 과소평가했다는 지적이 되고 있다. 많은 연구자들은 아동의 논리적 조작의 실패 원인을 단순히 인지능력이 부족해서이기 보다는 과제의 부적합성, 과제를 설명하는 언어의 복잡성, 아동의 기억량의 한계 등에서 찾고 있다(김희연, 2001).

(2) 영역별 발달특성

1 신체·운동발달

영아기의 신체발달은 위에서 아래로, 중심부에서 말초부로 진행되며 생애 가장 급격한 변화가 나타난다. 18개월경까지는 사람이 살아가는 데 가장 필요한 기본적인 능력으로써 보행기능이 완성된다.

① 키와 몸무게의 증가 등의 외형적인 변화가 두드러진다.

② 기어다니기, 앉기, 서기, 걷기 등의 운동기능이 빠른 속도로 진행된다.

2 사회 · 정서발달

영아기의 초기에 양육자가 안전한 신체보호와 생리적 욕구를 충족시켜 줄 때, 심리적 안정감과 주변 환경에 대한 신뢰감을 갖게 된다.

① 기쁘고, 슬프고, 놀란 표정 등의 표정과 소리, 미소, 울음, 웃음 등 다양한 표현이 발달한다.

② 사람과 사물을 구분하게 되고, 또래에게 반응하며 관계형성이 점차 시작된다.

3 언어발달

영아들은 비언어적인 행동을 통해 의사소통을 하다가 점차 음성언어를 사용하여 의사소통을 하기 시작하며, 언어발달이 점진적으로 발달한다.

① 울음과 옹알이를 시작으로 언어가 발달한다.

② 소리를 모방하고 반복음을 내면서 점차 단어를 사용하고 짧은 문장을 통해 의사소통을 하게 된다.

③ 그림책 읽기에 관심을 보인다.

4 인지발달

영아들은 많은 호기심을 갖고 있으며, 감각기관을 통한 탐색적인 활동이 계속 증가하게 되며, 문제해결력과 창의력, 지적 능력이 발달하게 된다.

① 대상에 대한 인식이 시작되면서 대상영속성의 개념이 발달하게 된다.

② 반사운동의 시기에서 1차 · 2차 · 3차 순환반응의 시기를 거쳐 사고능력이 발달한다.

2) 유아기의 발달특성

(1) 발달이론적 특성

1 심리성적이론

심리성적이론의 측면에서 보면, 유아기는 신체에 대한 성적 호기심과 주변세계에 대한 호기심으로 인해 탐색하는 과정에서 두려움과 죄책감을 경험하기도 한다.

호기심만큼 에너지도 넘치는 시기여서 활동반경이 넓어지며, 다양한 활동에 적극 참여하며 다른 사람들과 관계형성에서 즐거움을 느낀다.

2 심리사회적이론

유아기에는 자신의 주변 세계에 보다 적극적으로 도전을 하고, 새로운 과제나 기술을 습득하기 위해 계획하여 수행하고 처리하는 능력을 갖게 되며 목표달성을 위해 노력하는 주도성을 형성하게 된다. 이때 지나친 처벌이나 무시를 경험하면 죄책감을 느끼며 건전한 방향의 자아발달에 부정적인 영향을 미치게 된다.

3 학습이론

유아기는 영아기에 비해 언어적 의사소통이 원활하게 이루어질 수 있는 시기이므로 타인의 상황 및 행동 관찰을 통해 긍정적인 태도변화나 놀이방법 등을 습득하며, 성인과의 대화를 통해 또래와의 갈등상황을 해결해 나갈 수 있다. 또한 부모 또는 교사의 바람직한 언어와 행동의 모델링은 유아의 사회·정서발달 및 인지발달 등에 긍정적인 영향을 미치게 된다.

4 인지발달이론

유아기에는 급격한 언어의 발달과 상징적으로 사고하는 능력이 증가하게 된다. 즉 또래 및 성인과의 언어적 상호작용의 빈도가 증가하면서 다양한 어휘습득 및 문장구사 능력이 발달하며, 모방놀이, 상징놀이, 가상놀이 등의 놀이행동에 변화가 나타난다. 자아중심적 사고와 물활론적 사고, 도덕적 실재론 등이 이 시기의 특성이기 때문에 인지발달이론은 유아들과의 상호작용이나 놀이지도, 프로그램 개발 등에 중요한 기초이론이 된다.

(2) 영역별 발달특성

1 신체·운동발달

① 영아기에 비해 협응능력이 현저하게 발달한다.

② 다양한 신체활동을 숙달시키며, 행동할 때 민첩성과 속도감을 나타낸다.

③ 대 · 소근육 기능이 정교화되고 세련되어진다.

표 3-3 유아기의 학자별 발달이론

발달이론	단계(연령)	발달특성
Freud의 심리성적 이론	남근기 (phallic stage) 3세~5세	· 쾌감의 부위 및 원천 : 생식기의 자극 · 자신의 성기에 관심을 보이며, 출생과 성에 대한 관심을 갖는다. · Oedipus complex, Electra complex : 이성의 부모를 소유하고 싶은 욕망과 동시에 동성의 부모를 적대시하려는 무의식을 표현한다.
Erikson의 심리사회적 이론	주도성 대 죄의식 (sense of initiative : guilt fccling) 3세~6세	· 사회생활을 확대해 가면서 놀이나 학습을 통해 자발적인 행동과 양심이 발달한다. · 자기의 생각과 행동을 시험하기 시작한다. · 스스로 어떤 목표나 계획을 세우고 실행할 수 있다. · 지나치게 엄격한 훈육이나 윤리적 태도를 강요하면 죄의식을 느끼게 된다.
Piaget의 인지발달 이론	전조작기 (pre-operational stage) 2세~6세	· 정신적 표상이 가능해지기 때문에 행동을 하는데 있어서 감각운동 능력에 의존하는 정도가 줄어든다. · 정신적 표상에 의한 사고는 가능하나 개념적인 조직 능력이 충분히 발달하지 못한다. · 자기중심성을 보이며 상징적 활동이 증가한다. · 비가역적 사고를 하며 보존개념에 대한 이해가 부족하다. · 논리성이 결여된 사고를 한다.

2 사회 · 정서발달

① 초기에는 혼자 노는 것을 즐기지만 점차 친구들과 어울리기를 좋아한다.

② 사교적이지만 놀잇감에 대한 소유욕으로 다툼을 경험한다.

③ 유아들은 집단활동과 게임, 극놀이 활동 등에 적극적으로 참여하며 즐긴다.

3 언어발달

① 주의깊게 이야기를 듣는 것과 책읽기를 좋아한다.

② 유아들은 점차 시제에 적합한 단어와 문장을 사용하게 된다.

③ 영아기에 비해 현저하게 발전된 문장구조를 사용하게 된다.
④ 자신의 생각을 표현하는 데 있어서 언어의 유창성을 드러낸다.

④ 인지발달

① 직관적 사고 : 사물을 판단할 때 사물의 여러 가지 특성을 고려하지 못하고 보여지고 느껴지는 지각적 특성에 의해서만 판단한다.
② 물활론적 사고 : 모든 생물과 무생물이 살아있고 의지에 따라 움직인다고 생각한다.
③ 도덕적 실재론 : 규칙을 지키지 않으면 벌을 받게 되기 때문에 꼭 지켜야 하는 것으로 생각하며, 행위의 의도보다는 행위의 결과를 중요시한다.
④ 자아중심성 : 다른 사람의 관점에서 생각하지 못하고, 모든 것을 자기 입장에서 생각하며 다른 사람도 자신과 똑같은 생각을 한다고 믿는다.

3) 아동기의 발달특성

(1) 발달이론적 특성

① 심리성적이론

아동기에는 리비도가 무의식으로 잠복하기 때문에 성적 욕구를 일시적으로 잊어버리고 그 사회가 요구하는 기본 기술, 즉 학업이나 운동, 우정 등으로 에너지를 발산하게 된다. 따라서 이 시기에는 활발한 학교생활, 긍정적인 또래관계의 유지가 이루어지도록 돕는 것이 중요하다.

② 심리사회적이론

아동기는 학교교육을 통해 자신이 속한 문화권의 기본적인 기술을 습득하게 되는 시기이다. 이 시기에는 지적인 호기심과 함께 학습 및 놀이를 통한 자신의 능력을 통해 성취감을 느끼면서 근면성을 갖게 되며 그렇지 못한 경우에는 자신의 무능함을 확대 해석하며 열등감이 생기게 된다. 따라서 아동이 속한 영역에서 성공감을 느끼도록 하는 것이 중요하다.

3 학습이론

초등학교 저학년 아동들의 부적응행동 및 학습능력의 저하에 대한 해결방안으로 조건화 과정을 적용하기도 하지만 초기부터 아동에게 중요한 사람인 부모와 교사가 바람직한 행동의 모델을 보여줌으로써 학습태도나 교육관계, 학교 적응에 긍정적인 변화를 가져올 수 있을 것이다.

4 인지발달이론

초등학교 시기에는 아동의 사고가 급격한 진전을 보이게 되고, 유아기에 비해서는 논리적으로 사고하며 창의적인 문자언어의 표현과 뚜렷한 자신의 주장을 펼쳐나가는 것이 가능해진다. 또한 탈중심화가 이루어지며 자율적 도덕성이 발달하게 된다.

표 3-4 아동기의 학자별 발달이론

발달이론	단계(연령)	발달특성
Freud의 심리성적 이론	잠복기 (latency stage) 6~12세	· 성적 흥미나 관심이 일시적으로 억압되며 외부 세계에서 쾌락을 추구하는 시기이다. · 사회성의 발달과 일상생활에 적응하기 위한 지식, 기능을 습득하는 데 열중한다.
Erikson의 심리사회적 이론	근면성 대 열등감 (industry : inferiority) 6세~사춘기	· 학교생활을 통해 사회적, 지적, 신체적 기술을 익히며 자신이 근면하다는 자신감을 갖는다. · 학교 생활에서 계속적인 실패감의 경험은 열등감을 갖게 한다.
Piaget의 인지발달 이론	구체적 조작기 (concrete-operational stage) 6세~12세	· 보존개념을 획득하고 논리적인 조작을 통해 사물들 사이의 관계를 이해한다. · 자기중심성을 탈피하여 탈중심화가 이루어지고 서열화나 유목화를 할 수 있다.

(2) 영역별 발달특성

1 신체발달

① 신장과 체중의 변화가 유아기보다는 완만하며, 아동기 말에는 신장이 급격히 증가한다.
② 운동능력의 발달에 개인차와 성차를 보인다.
③ 소근육활동이 자유로우며 능숙하여 여러 가지 취미생활을 할 수 있다.

2 사회·정서발달

① 다른 사람의 느낌에 반응할 줄 알고 비판에 민감하다.
② 또래 및 성인들과 친하고 싶어하며 소속감의 중요성을 잘 안다.
③ 학업, 신체, 사회성의 측면에서 자아존중감을 형성한다.

3 언어발달

① 언어구사 및 쓰기활동을 통한 의사표현이 자유롭다.
② 타인과의 의사소통 기술이 대상과 맥락에 따라 세분화된다.
③ 문장의 오류를 수정하고 문법적으로 보다 복잡하고 긴 구문을 사용할 수 있다.

4 인지발달

① 자신의 흥미와 욕구를 지연시킬 수 있는 능력이 발달된다.
② 인과관계에 대한 이해가 가능하며 시간개념이 정교화되어 계획 및 목표달성이 가능하다.
③ 개인이 환경에 대해 인식하고 반응하는 수렴적·확산적 사고, 사려성·충동성 등의 인지양식이 나타나기 시작한다.

2. 아동발달에 영향을 미치는 보육경험

보육경험은 영유아가 출생 후 처음으로 타인의 양육을 시작하는 보육시작 시기,

어린이집과 보육경험 기간, 보육이용 시간 등으로 구분하여 연구되고 있다.

어린이집에서의 다양한 교육적 활동과 따뜻한 보살핌의 경험이 아동의 발달에 중요한 영향을 미친다고 하는 연구들이 있지만, 일반적으로 어린이집에서 경험해야 하는 주요 경험을 정리해 보고 발달시기별로 보육경험이 미치는 영향에 대해서 살펴보기로 하겠다.

1) 어린이집에서의 보육경험 내용

어린이집에서의 보육경험 내용은 표준보육과정 및 프로그램에 대한 소개로 충분할 수 있지만 발달시기별로 성취되어야 할 발달과업과 표준보육과정의 보육목표, 보육프로그램의 보육목표와 지도방법을 살펴보면, 보육경험이 아동의 발달에 미치는 영향을 쉽게 예측할 수 있을 것이다.

해비거스트(Havighurst, 1952)는 '발달과업과 교육'에서 사람의 일생을 6단계로 구분하여 제시하면서, 각 단계에 부모만이 아니라 교사와 교육학자에게 참고가 될 수 있는 내용을 제시하였다(교육학대백과사전, 1998). 그 중에서 유아기와 아동기의 발달과업을 살펴보면 〈표 3 - 5〉와 같다. 표에 제시된 발달과업을 보면, 발달의 내용이 보육과정의 영역별 목표에 포함되고 있음을 알 수 있다.

표 3-5 발달시기별 발달과업의 보육목표

구분		영유아기	아동기
발달과업의 보육목표	운동면	보행을 함, 말을 하게 됨, 배설을 통제할 수 있게 됨	신체적 기초 기능의 습득, 운동 기능 간의 협동
	정신면	사회적, 물리적 단순개념을 형성, 원초적 양심의 발달	신체적 기초 기능의 습득, 운동 기능 간의 협동
	사회면	부모, 형제와 정서적 관계 형성	동년배와 어울릴 줄 앎, 사회집단과 제도에 대한 태도의 발달

어린이집 프로그램에서의 보육목표 및 지도방법(조혜영 외, 2006; 김연진 외, 2006)을 살펴보면 〈표 3-6〉과 같다.

표 3-6 연령별 표준보육과정의 보육목표

영역	만0~1세 보육과정	만2세 보육과정	만3~5세 보육과정(누리과정)	영역
기본생활 영역	건강하고 안전한 일상생활을 경험한다.	건강하고 안전한 생활습관의 기초를 마련한다.	기본 운동 능력과 건강하고 안전한 생활습관을 기른다.	신체운동 · 건강 영역
신체운동 영역	감각 및 기본 신체운동 능력을 기른다.	감각, 신체조절 및 기본 운동 능력을 기른다.		
의사소통 영역	말소리를 구분하고 의사소통의 기초를 마련한다.	의사소통 능력의 기초를 기른다.	일상생활에 필요한 의사소통능력과 바른 언어 사용 습관을 기른다.	의사소통 영역
사회관계 영역	친숙한 사람과 관계를 형성한다.	나를 인식하고 다른 사람과 더불어 생활하는 경험을 한다.	자신을 존중하고 다른 사람과 더불어 생활하는 능력과 태도를 기른다.	사회관계 영역
예술경험 영역	아름다움에 관심을 갖는다.	아름다움에 관심을 가지고 예술경험을 즐긴다.	아름다움에 관심을 가지고 예술 경험을 즐기며, 창의적으로 표현하는 능력을 기른다.	예술경험 영역
자연탐구 영역	보고, 듣고, 만지면서 주변 환경에 관심을 갖는다.	주변 환경에 호기심을 갖고 탐색하기를 즐긴다.	호기심을 가지고 주변세계를 탐구하며, 일상생활에서 수학적 · 과학적으로 생각하는 능력과 태도를 기른다.	자연탐구 영역

2) 아동의 보육경험에 관한 연구

보육경험이 영유아의 신체 · 운동 발달에 미치는 영향에 관한 연구들은 대부분 긍정적인 것으로 보고되고 있다(Clarke-Stewart, 1982). 물론 여기에는 적절한 공간과 위생, 의료적 보호와 유지가 필수요건이 뒷받침된다고 볼 수 있다. 인지발달 측면의 경우, 발달적 접근방법으로 실시한 보육프로그램에서 1~2년을 지낸 아동이 전반적 발달이 크게 향상되었으며 지적, 언어발달에서 크게 향상되었다는 연구결과가 있다(이영 외, 1990). 또한 어린이집을 다닌 영유아는 지능지수가 높고 눈과 손의 협응을 잘하며 놀이에서 창의적이고 주변세계에 대해 탐구적이었으며 산수능력이 더 높은 것으로 나타났다(Clarke-Stewart, 1992).

한편 부모들이 자녀를 어린이집에 보내는 이유 중 하나는 또래와 어울려 지냄으로써 자녀가 사회적으로 유능해지고 공유하거나 협동하며 또래를 사귀는 것을 경험하게 한다는 것이다(김현희, 1991). 보육경험이 있는 아동은 보육경험 없이 부모하고만 자라는 아동보다 더 적극적이며, 덜 부끄러워하고, 덜 두려워하며, 더 협력적이었으며, 또래와의 상호작용이 더 복잡하고 상호교환적이었으며 성숙했다(양안나, 1990)고 한다. 이는 보육경험이 타인과 경험의 폭을 넓혀 주기 때문에 주위 성인과의 상호작용 측면에서 사회성 발달을 촉진시켜 준다고 볼 수 있으며, 연구결과는 부모를 만족스럽게 한다고 할 수 있다.

보육경험은 발달단계에 따라 또는 발달영역 및 사회계층에 따라 차별적인 효과가 있다는 연구가 계속 보고되고 있다. 즉 유아기 보다는 영아기가, 신체나 운동발달 영역보다는 사회 · 정서 및 인지발달영역에서, 중 · 상류 계층보다는 하류 계층의 영유아에게서 더 효과가 나타나는 것으로 정리되고 있다(이소희, 2005). 하류계층의 영유아에게 보육경험의 효과가 나타난다고 하는 것은 여러 가지 인종적, 정치적, 사회적, 문화적 조건의 차별 없이 보호 및 양육되어야 한다고 유엔 아동권리협약에서도 강조되었듯이 아동의 복지를 위한 고무적인 결과로 볼 수 있다. 이에 대한 실천으로 최근 국내에서는 저소득층 영유아를 위한 포괄적인 지원을 위해 포괄적 보육서비스의 프로그램을 개발하여 제공하고 있다.

보육의 경험은 가정의 계층에 따라 아동발달에 달리 나타날 수 있다. 이미 가정에서 풍부한 환경을 제공한 환경을 제공받는 중산층의 아동은 어린이집에 다닌다고 해서 별다른 효과를 나타내지 않으나 사회 · 경제적으로 혜택받지 못하는 아동은 신체적, 정서적, 지적, 사회성 발달에 모두 좋은 결과를 가져다 주는 것이었다. 이것은 보육경험이 불안정적이거나 어린이집의 질적 수준이 낮으며, 양육인이 전문적 훈련을 받지 않은 경우에도 긍정적 효과를 가져다주는 것은 아니라는 것을 염두에 두어야 한다(조복희, 1999).

카네기 보고서는 두뇌 기능과 조기 중재 프로그램에 관한 연구 자료에서 다섯 가지 중요한 발견을 강조하고 있다(Powell, 2001). 이는 어린 시기의 보육경험이 왜 중요한가를 지적한다고 볼 수 있다.

① 출생 후 첫해에 일어나는 두뇌 발달은 이미 인지된 것보다 더 빠르고 광범위하다.
② 두뇌 발달은 이미 알고 있는 것보다 환경적 영향에 더 취약하다.
③ 아동기 환경은 아동의 두뇌 발달에 오랫동안 지속적으로 영향을 끼친다.
④ 환경은 두뇌 세포의 숫자, 두뇌 세포간의 관계의 숫자, 관계의 망이 펴져가는 방식에도 영향을 끼친다.
⑤ 아동기의 스트레스는 두뇌 형성에 부정적인 영향을 끼친다.

한편 캐츠(Katz, 1980)가 제안한 부모와 교사의 역할 차이(Scarr, 1984; 현은자, 1992)를 통해 보육경험이 갖는 의미를 재확인할 수 있다.

표 3-7 어머니와 교사의 역할 차이

역할 차원	어머니 역할	교사 역할
기능의 범위	산만하고 무제한적	구체적이고 제한적
애정의 강도	높음	낮음
애착	최적의 애착	최적의 분리
합리성	최적의 비합리성	최적의 합리성
자발성	최적의 자발성	최적의 의도성
편파성	편파적	공정
책임의 범위	개인	전체집단

* 출처 : Katz(1980 : 49).

스카(Scarr, 1984)는 아동양육이 부모와 그들이 속해 있는 더 큰 사회집단에 의해 인정된 일과 가족생활의 양상에 들어맞아야 하나, 아동에게 꼭 해를 미치지 않는다는 것을 알 때 양육의 대안을 좀 더 폭넓게 생각할 수 있음을 제안하였다. 아동의 보육경험은 성장하는 아동들에게 매우 중요한 환경적 요인이 되며, 아동을 위한 긍정적인 대안들은 계속해서 요구될 수밖에 없다. 따라서 아동의 보육경험에 관한 연구는 보육을 담당하는 교사, 원장, 정책 입안자들이 보육운영과 보육정책의 방향을 잡고 추진해 가는데 중요한 이론적 근거가 될 것이다.

3) 발달시기별 보육경험의 중요성

(1) 영아기의 보육경험

영아기는 성인의 안전한 보살핌이 필요한 시기이며, 영아의 지적, 신체 · 운동적, 사회 · 정서적 발달을 자극하고 촉진시켜야 하는 시기이다. 또한 신체 · 운동, 언어, 인지, 사회 · 정서발달은 각각 분리되어 접근해서는 안 되며 조화로운 경험이 될 수 있는 통합적 원리에 입각한 보육이 필요한 시기이다. 따라서 영아기에는 보육의 보호적 관점, 발달의 통합적 관점에서의 보육경험이 중요하다고 할 수 있다.

저소득 계층의 영아는 운동발달 및 활동성이 증진되며, 신장과 체중이 더 많이 증가하였고 여러 가지 질병도 감소하였으며(Robinson & Robinson, 1971), 발달적 접근방식으로 실시된 보육프로그램을 1~2년 경험한 영아가 전반적으로 발달지수 및 신체발육 정도에서 크게 향상되었다(이영 외, 1990)고 보고하고 있다(이소희, 2005). 그럼에도 불구하고 사회의 변화 및 발전 속도와는 다르게 영아보육에 대한 사회의 긍정적인 인식변화의 속도는 매우 느리다. 이는 유아기의 보육경험보다 부정적인 측면에서의 보고가 많았기 때문이라고 하겠다.

영아기의 실내 보육경험

영아기의 실외 보육경험

이상과 같이 영아기의 보육경험은 발달에 긍정적인 영향을 미치는 것으로 알 수 있다. 물론 영아의 생리적인 저항력의 약화와 감기 등의 전염성 질환에 쉽게 노출될 수 있지만, 영아기의 보육은 영아에게 사랑받고 보호받고 있음을 느끼게 하며, 영아가 특정기술을 발달시키도록 도와 주며, 영아가 바깥세계에 대해 흥미를 느끼도록 해야 한다는 목적(White, 1993)을 제대로만 실천한다면 영아들은 행복한 생애 한

주기를 경험한다고 하겠다.

(2) 유아기의 보육경험

유아기는 독립된 자아에 대해 긍정적으로 인식하며, 또래 및 성인과의 상호작용을 통해 사회적인 관계를 경험하는 시기이다. 또한 다양한 활동과 놀이경험을 통해 창의적인 표현능력과 신체 · 언어 · 인지 · 정서발달을 통해 학습을 위한 기초능력을 준비할 시기이다. 따라서 유아기에는 발달의 통합적인 경험이 중요하다고 할 수 있다.

유아기 보육경험의 발달적 효과에 관한 연구는 사회 · 정서발달 영역에 치중되어 있으며, 특히 영아기로부터 누적된 경험이나 또래와의 상호작용의 질에 초점이 맞추어졌다. 그 다음으로는 유아교육에 대한 효과 검증 연구이며, 특별히 인지영역에 대한 비중이 높은 편이다(이소희 · 도미향, 1995). 유아보육과 발달에 대한 NICHD(1998)의 연구(MaCartney, 2004)에서는 유아의 인지 · 언어발달에 대한 보육의 효과를 살펴본 결과, 보육의 질이 높을수록 유아의 구술 언어능력과 학업준비 정도가 높은 것으로 나타났다.

유아기의 실내 보육경험

유아기의 실외 보육경험

무상교육이 시작되는 '5세 누리과정' 역시 유아시기가 인지 · 정서 · 사회 · 언어 영역 등의 기초능력이 집중적으로 형성되고, 유아기의 인적자원 투가 대비 회수비율이 가장 크게 나타났다는 연구 등에 의해 추진되는 정책이다. 이를 통해서도 보육경험에 대한 이론적 근거의 중요성을 확인할 수 있다.

보육경험이 아동의 발달에 영향을 미치는 양상에는 성차가 나타나기도 했다. 즉 남아가 여아보다 보육경험에 의해 더 부정적으로 영향을 받기 쉽다(김숙령, 1997; Belsky & Rovine, 1988)는 것이다. 또한 Howes와 Olenick(1986)은 남아의 경우 보육경험의 영향에 민감하여 보육의 질이 우수할 때 자기 조절을 잘 하고 실험과제

상황에서 덜 저항적이었다고 보고하였다. 하지영 · 박성연(2005)의 연구에서도 성인의 요구나 지시를 따르지 않는 무시행동과 언어 및 신체적 거부, 공격적 행위 등의 불순응 행동이 여아들의 경우, 양육행동 변인보다는 보육경험 변인들과 관계가 더 많은 것으로 나타났다. 특히 긍정적 정서가 낮은 여아는 주당 보육 이용시간이 많을수록, 보육교사가 행동을 제한할수록 불순응적이었다는 것이다.

보육경험의 유무나 보육을 시작한 시기, 어린이집에 다닌 기간 등 보육의 양적 측면이 유아의 발달을 중재한다는 것을 입증하는 연구들이 일관되지 않은 결과들을 보고하게 되면서 단순히 보육경험의 양에 따른 유아의 발달적 차이에 초점을 두었던 연구경향은 보육의 질에 따른 유아의 발달적 차이로 옮겨지게 되었다(이영, 1990).

한편 부모와 자녀관계의 중요성을 강조하는 연구(강유선, 2006)에 의하면, 유아의 애착유형에 따라 보육경험 변인 중 유아의 보육시작 시기, 총 보육기간, 주당보육시간은 통계적으로 유의한 차이가 나타났다. 즉 안정애착인 경우가 불안정애착인 유아보다 보육시작 시기가 늦으며 총 보육기간과 주당 보육시간은 짧게 나타났다. 또한 유아의 보육기간과 주당 보육시간의 변인은 사회적 능력에 가장 유의미한 영향을 미치지 않는 것으로 나타났으며, 보육시작 시기는 영향을 미치지 않는 것으로 나타났다.

(3) 아동기의 보육경험

방과후에 성인의 보호 없이 방임상태에 놓여 있는 학령기 자기보호 아동들은 각종 안전사고, 유기 등의 위험에 노출되어 있는데 그 중에서 가정 내의 사고가 가장 높다. 따라서 초등학교 저학년 시기에 성인의 지도와 보호는 매우 중요하다고 할 수 있다.

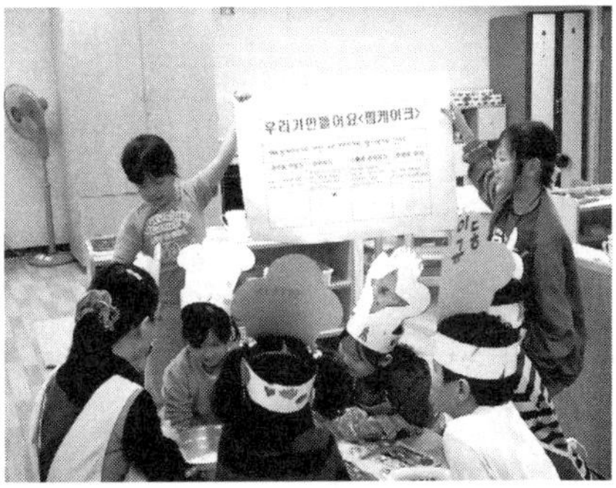

아동기의 실내 보육경험

초등학생의 방과후 여가시간 활용에 대한 연구(정송, 2005)를 보면, 평일의 여가활동으로 학원이나 과외공부에 가장 많은 시간을 보냈으며, 다음으로 TV시청, 컴퓨터 게임이었다. 아동의 안전사고 위험여부(김혜금,

2005)에 있어서도 자기보호 아동이 성인보호 아동보다 도로에서 더 많이 노는 것으로 조사되었다.

한편 학교수업이 끝난 후 방과후 교실에서 지내는 아동들은 학습지도 및 놀이지도를 경험하고, 집단활동을 통해 자신의 감정을 표현하고, 대인관계의 기술을 학습하게 된다. 또한 다양한 방과후 프로그램의 경험을 통해 지적 · 정의적 발달이 이루어지고 있다. 손화희 · 임선빈(2003)의 연구결과에서 보면, 방과후 자아존중감 프로그램과 아동의 자아존중감 간에 유의한 상관이 있는 것으로 나타났다. 즉 방과후 자아존중감 프로그램에 참여한 아동들은 프로그램에 참여하기 전과 비교해 자아존중감이 향상되는 것으로 검증되었다. 따라서 아동이 근면성을 발달시키며 즐겁고 창의적인 활동으로 시간을 보낼 수 있도록 하며, 공교육에서 놓칠 수 있는 정의적인 교육이 이루어지기 위해서는 방과후 보육경험이 적극 지원되어야 할 것이다.

아동기의 실외 보육경험

어린이집에서 아동경험의 질적 차이를 연구한 스티븐스(Stevens, 1982)에 의하면, 가정양육보다 기관보육, 특히 대학부설 보육이 아동의 지적 발달에 긍정적 효과가 있었는데 이는 기관보육이 가정양육에 비해 풍부한 물리적 환경을 갖추고 다양한 학습자료, 지적 발달에 도움이 되는 보다 체계적인 학습환경을 갖추고 있으며, 기관보육의 아이들이 가정양육의 아이들에 비해 탐색이나 움직임에 있어서 훨씬 제재를 덜 받는다(서영숙 · 김경혜, 1999)고 밝혀졌다. 발달의 특성을 고려한 프로그램의 보육경험이 보육의 유형보다 중요한 것임을 알 수 있다.

아동발달과 사회체계

04

CHAPTER

1. 생태학적 접근과 아동보육
2. 아동발달에 영향을 미치는 사회체계

아동은 그들을 둘러싸고 있는 사회 문화환경과 직·간접적인 관계를 맺고 반응하면서 사회의 가치관, 신념, 태도, 행동 등을 익히고, 사회적 존재로 성장해 간다. 급속한 산업화와 인구의 도시 집중화, 대중매체의 발달과 이에 따른 가족구조와 생활양식의 변화 등의 사회적 변화는 아동환경에 막대한 영향을 미친다. 이 장에서는 생태학적인 관점에서 아동의 발달에 영향을 미치는 가정환경, 또래환경, 대중매체, 지역사회 등 미시체계의 영향을 살펴본다. 미시체계는 아동의 성장과 발달에 지속적인 영향을 미치며 아동기의 다양한 체제와의 상호작용은 성인기의 인격형성에 기반이 되고 있다. 아동과 가족이 경험하는 다양한 문제를 해결하는 데 필요한 자원을 제공해 주는 국가의 정책, 법과 제도, 경제상황 등의 거시체계에 대해서도 살펴본다.

1. 생태학적 접근과 아동보육

생태학적인 접근(ecological approach)은 개인이 몸담고 있는 실제 삶의 맥락 내에서 인간의 발달을 인간의 발달을 이해하고 연구하고자 하는 접근이다. 생태학적 접근은 동물행동학적인 관점(ethological perspective)과 생태학적 관점(ecological perspective)으로 나누어 살펴볼 수 있다(송명자, 1996 : 30). 동물행동학적인 관점과 생태학적 관점은 동일하게 개인과 환경과의 맥락을 강조하고 있다. 동물행동학적인 관점은 모든 문화권에 공통적인 발달적 근원을 찾는 반면, 생태학적인 관점은 각 문화권의 특유 양상이 아동의 발달에 미치는 영향에 대한 접근이다.

1) 생태학적 접근

(1) 동물행동학적 관점

동물행동학적 관점은 초기 동물행동학자인 로렌쯔(Lorenz)와 팀버젠(Timbergen)의 종 특유의 행동 연구에 큰 영향을 받았다. 예를 들면, 거위의 어미 추종, 즉 알에서 깨어난 거위가 어미 거위를 따라가는 행동은 본능이 아니라 움직이는 대상을 따르려는 생득적인 경향성과 알에서 깨어난 후 일정시간 내에 환경 내에서 움직이는 대상에게 제공되는 환경이 만날 때 각인(imprinting)되는 종 특유의 행동이라는 것이다.

인간의 경우 아기와 어머니의 애착(attachment) 관계는 생득적인 것이 아니라 출생 후 일정한 기간 내에 각인을 통해 학습된다는 것이다. 한 마디로 동물행동학은 모든 문화권의 인간이 공통적으로 갖는 발달의 생물학적인 뿌리를 탐색하는 이론이라고 할 수 있다. 이러한 이론은 생애초기 경험에서 특히 정서적 안정의 중요성에 시사하는 바가 크다. 어릴 때 양육자와의 긴밀한 관계형성이 정서적으로 안정감을 느끼며 성장하면서 긍정적인 대인관계 및 자신감을 갖는데 중요한 영향을 미친다는 것이다.

(2) 생태학적 관점

생태학적 관점은 가족, 지역사회, 문화 등 인간과 환경이 지속적인 상호작용을 통해 지속적으로 영향을 미친다는 것이다. 이 접근법의 대표적인 학자는 브론펜브렌너(Bronfenbernner, 1979)로서 자연 생태학에서 발달되어 인간생활과 환경에 초점을 맞추어 접근하는 이론이다. 생태학적 이론에서는 다양한 체계 수준에서 이루어지는 개인간의 관련성을 강조하며, 개인의 생태학적 환경을 미시체계, 중간체계, 외체계, 거시체계, 시간체계로 구성하고 이들의 체제들은 서로 상호작용하고 있다고 설명하고 있다(서지영 외, 2006). 브론펜브렌너가 영유아의 발달에 미치는 생태학을 체계화하면서 생태학적 환경을 네 개의 동심원적 구조로 정의하고 있다(Bronfenbernner, 1977, 1979; 황해익 외, 2009).

[1] 미시체계(microsystem)

미시체계는 가정환경이나 학교환경처럼 개인에게 직접적인 영향을 주는 체계로서 개인과 사회 사이의 직접적이고 복잡한 관계를 의미한다. 이러한 미시체계는 영유아에게 가장 가까운 겹을 형성하는 환경으로 영유아가 일상적으로 경험하는 장면이나 사회적 관계를 의미하며, 가정, 어린이집(유치원) 등이나 이때 함께 상호작용하는 사람들 및 그들과의 관계를 포함한다.

[2] 중간체계(mesosystem)

중간체계는 미시체계들을 연결시켜 주는 체계로 미시체계 맥락 간의 상호관계를 의미한다. 즉 개인이 둘러싸고 있는 두 가지 환경에서 일어나는 과정과 연결성으로 한 개의 미시체계와 다른 한 개의 미시체계 사이의 연결관계를 말하기 때문에 어떤 하나의 미시체계에서 일어나는 사건은 다른 미시체계에서 일어나는 개인의 행동과 발달에 영향을 미친다. 영유아에게는 가정, 어린이집(유치원), 이웃 등 간의 관계를 포함한다.

[3] 외체계(exosystem)

외체계는 영유아의 발달에 영향을 미치지만 직접적인 영향을 미치지 않는 사회적 환경으로 부모의 직장이나 사회적 지위, 이웃, 교회, 대중매체 등이 영유아의 중요한 외체계 요소이다. 이러한 외체계는 영유아의 일상생활과 경험에 차이를 나타나게 할 수 있다.

4 거시체계(macrosystem)

거시체계는 개인이 속한 사회나 하위문화의 이념 및 제도의 유형으로 사회문화적 규범과 같은 커다란 체계를 말하며, 개인에는 간접적인 영향을 미친다. 즉 각 문화권 특유의 가치, 태도, 이데올로기, 신념 등이 이에 속한다. 거시체계는 앞의 세 가지 체제를 포괄하는 신념체계, 이데올로기라고 할 수 있으며, 규칙, 규범, 기대, 가치, 역사 등이 여기에 속한다. 거시체계는 문화적, 정치적, 사회적, 법률적, 경제적, 교육적 가치와 정치적 핵심을 구성하며, 개인과 직접적인 관련이 거의 없지만 가장 근본적이고 중대한 변화를 초래한다. 이러한 거시체계는 영유아에게는 가장 먼 생태환경으로 다른 문화권으로 이동할 때는 그 영향이 강하게 나타날 수 있다.

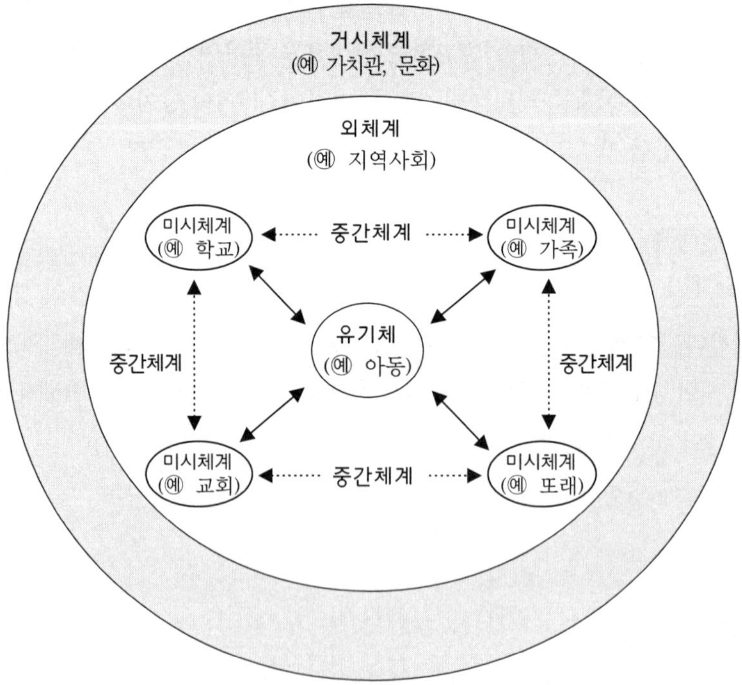

[그림 4-1] **생태학적인 환경체제**

5 시간체계

시간체계(chronosystem)는 브론펜브렌너가 처음 발표한 생태학적 모델에는 포함되어 있지 않았으나, 생태학적 관점에서 아동의 발달을 설명하는 데 필요한 체계이다. 시간체계는 시간적으로 한 시점의 사건이나 경험이 아닌 전 생애에 걸쳐 일어나는 변화와 사회 역사적인 환경을 의미한다. 즉 어떤 시대에 출생하여 성장하였는가에 따라서 아동의 발달과 삶에 큰 영향을 받게 된다(황혜정, 2005 : 34)는 것을 말한다.

2) 아동보육의 실천적 적용

생태학적인 관점은 인간과 환경과의 상호교류에 초점을 두고 있다. 생태학적인 관점은 환경과 상호작용하는 개인을 기본 단위로 보고, 가족과 지역사회, 사회 전체의 상호관련성을 중요시한다.

생태학적인 관점을 아동보육의 실천적 유용성에 대해 살펴보면 다음과 같다.

첫째, 생태학적인 관점은 인간과 환경에 대한 전체적이고 통합적인 시각으로 살펴볼 수 있는 관점을 제시해 준다.

둘째, 생태학적 관점은 개인과 환경의 적합성, 상호교류, 이러한 교류가 미치는 폭넓고 포괄적인 지식을 제공해 준다.

셋째, 생태학적인 관점은 아동보육에서 직면하고 있는 문제에 대해 총체적인 이해를 가능하게 한다. 어떠한 문제에 대해 어느 한 부분이 아니라 전체 체제에 개입하여 체계적인 변화를 일으킨다.

넷째, 생태학적인 관점은 개인, 집단, 공동체를 망라한 모든 크기의 사회체계에 적용되는 관점으로 대상 집단에 구애받지 않고 적용될 수 있으며, 체계에 대한 기존의 연구업적으로부터 축적된 지식을 그대로 활용할 수 있다.

2. 아동발달에 영향을 미치는 사회체계

영유아기와 아동기 초기의 사회적 발달 과정에서 획기적이고 중요한 생활사건은 개인의 발달은 물론 개인과 환경과의 상호교류에 지대한 영향을 미친다. 가족과 또래집단이라는 미시체계는 아동의 성장과 발달에 지속적인 영향을 미친다. 아동기의 다양한 체계와의 상호작용은 성인기의 성격 형성에 기반이 된다. 또한 거시체계로서 지역사회, 정부, 기관은 아동과 가족이 경험하는 다양한 문제를 해결하는 데 필요한 자원을 제공하여 개인의 잠재력을 실현할 수도 있으며, 혹은 방해할 수도 있다.

1) 가족환경

가족환경은 사회화의 1차 대행자이다. 바커(Barker, 1997)는 가족을 '서로에 대한 의무를 갖고 함께 거주하는 사람으로 구성된 1차 집단'이라고 정의하였다. 이 개념은 가족의 개념을 융통성 있게 정의한 것으로 바커의 가족에 대한 정의를 적용하면, 가족은 자녀를 둔 양부모 혹은 자녀가 없는 양부모의 형태일 수도 있고, 한부모가족(single-parent family), 계부모가족(step family), 인척이나 혹은 인척이 아닌 사람들과 동거하면서 전통가족의 역할을 수행하는 혼합가족(blended family) 혹은 이들 외에 다른 형태도 가족이라고 정의된다. 이처럼 가족의 형태가 매우 다양하기 때문에 건강한 가족을 정의하는 것은 어렵다.

가족을 이해할 때, 문화적 다원주의와 같은 문화 내의 다양성을 이해할 수 있어야 한다. 문화적 다양성을 이해하는 데 중요한 마인드는 집단의 차이를 인정하는 것이다. 예를 들어, 동양문화권인 한국에서 가족의 개념은 가족의 응집력, 상호의존성, 자녀에 대한 기대와 투자, 가부장적인 위계질서를 이해하는 것이라고 할 수 있다.

긍정적인 가족의 기능은 가족의 기능(family funtion)과 가족들 간의 의사소통(communication)이 얼마나 잘되고 있는 가이다(김규수 외, 2002). 이 절에서는 가족환경에서 부모-자녀관계, 취업모와 보육, 형제관계 등을 중심으로 아동의 사회화와 발달에 미치는 영향에 대해 다룬다.

(1) 부모-자녀관계

영아기는 부모-자녀 간에 애착형성이 주 과제가 되는 시기이다. 영아기 동안 부모-자녀관계는 아동의 요구에 대한 부모의 민감하고, 반응적이고, 안정된 관계를 통해 영아의 기본적 욕구를 충족시키고 돌보는 부모의 양육행동이 중요하다. 유아기에 접어드는 2~3세경부터는 유아가 자신의 욕구를 적절하게 통제하고 상황에 적합한 행동을 할 수 있도록 사회화하는 것이 중요하며, 이 시기의 부모는 자기통제력을 기르는 것과 같은 양육행동이 중요하다.

유아기의 부모-자녀관계의 적합성을 결정하는 중요한 두 차원으로는 애정(warmth)과 통제(control)를 들 수 있다(Shaffer, 1993). 부모-자녀관계를 결정하는 두 주요 요인을 교차하여 다음과 같은 네 개의 부모양육 형태를 얻을 수 있다. 〈표 4-1〉에서 제시한 네 가지 유형의 부모-자녀관계는 오랫동안 아동 행동발달과 부모-자녀관계를 설명해 온 것이다.

표 4-1 애정과 통제 차원을 중심으로 한 부모-자녀관계

		애 정	
		수 용	거 부
통 제	엄격	부모가 적절한 권위를 가지고 자녀와 양방적인 의사소통을 함(민주형)	부모가 권위에 의해 일방적으로 지시하고 주장함(전제형)
	허용	부모의 권위없이 자녀의 욕구나 주장에 따라감(익애형)	부모 역할에 무관심하고 방임적이며 자녀를 무시함(방임형)

* 출처 : 송명자, 1996 : 435 ; Maccoby & Martin, 1983.

최근에는 바움린드(Baumrind, 1967, 1971, 1991)의 허용-익애적, 권위주의적, 권위있는 세 가지 형태의 부모-자녀관계가 아동의 행동과 밀접하다는 연구가 있다.

1 허용-익애적 유형(permissive-indulgent style)

허용-익애적인 유형의 부모는 규율을 명시하거나 부과하지 않고, 일관성이 없는 훈육과 독립적인 성숙한 행동에 대한 요구나 기대가 적은 유형의 부모를 의미한다. 허용-익애적인 유형의 부모에게서 양육된 자녀의 주요 행동 특징으로는 충동적이며 공격적인 행동을 보인다.

2 권위주의적 유형(authoritanstyle)

권위주의적인 부모는 규율을 맹목적으로 강요하고, 규율에 명확한 설명을 하지 않으며 자녀의 반발에도 끝까지 규율을 강조하고 심한 처벌과 훈육을 중요시한다. 권위주의적 유형의 부모에게서 양육된 자녀의 주요 행동으로 공격적인 행동과 위축된 행동이 교차되는 특징을 볼 수 있다.

3 권위있는 유형(authoritative style)

엄격한 규율을 이행하나 규율을 명확히 전달하고 아동의 욕구를 고려하여 의견을 듣고 조정하며 대안을 제시한다. 아동의 연령에 적합한 성숙하고 독립된 행동을 중요시한다. 권위있는 유형의 부모에게서 양육된 자녀의 주요 특징은 자신을 신뢰하고 목적지향적이고 활기있고 성취지향적인 특징을 보인다.

〈표 4-1〉의 네 가지 부모-자녀관계를 비교하여 살펴보면, 바움린드 연구에서 다루어지지 않은 부모양육의 유형은 방임형 부모유형으로 방임형 부모 밑에서 양육된 자녀는 충동적이고 공격적이며, 자아존중감이 낮은 것으로 나타났다. 또한 사회적으로도 미성숙하며 책임감이 낮은 것으로 나타났다(Patterson 등, 1992). 그렇다면 어떤 부모-자녀관계가 가장 효과적인가? 일부 연구결과에 의하면, 아동이 적응하고 또래 사이에서 사회적 위치를 갖는 면에서 좋은 것은 바로 '권위있는 부모' 역할유형이다.

결론적으로 부모-자녀관계에서 바움린드의 견해에 따르면, '권위있는 부모' 유형은 자녀에게 자유를 주지만, 적절하고 일관성 있는 한계가 있으며, 자녀의 고집에 굴복하지 않고, 필요할 때는 엄격하게 제재를 가하지만, 따뜻하고 지지적인 맥락의 관계가 이루어진다. 즉 확고한 훈육과 부모로서의 애정이 잘 결합될 때 대인관계에 자신감이 있으며, 자아존중감이 높고, 정서적 안정성이 있으며, 사회적으로 인지적으로 유능한 아동을 길러 내는 것으로 나타났다.

(2) 취업모와 보육

여성의 사회적 진출이 활발해지고, 여성의 경제활동과 사회적 지위가 높아짐에 따라 국내 취업모 가정은 급격히 증가하고 있는 실정이다. 어머니의 취업이 자녀에게 미치는 영향은 어머니의 개인적인 만족감과 자녀에 대한 죄의식 유무에 따라 크게 달라진다. 취업모가 자신의 일에 보람과 긍지를 가질수록 자녀에게 좋은 모델이 된다. 반대로 자녀의 일과 가정적 역할 사이에 심한 갈등을 갖고 있으며, 이로 인해 자녀에 대한 죄의식을 갖는 취업모의 경우 모의 취업이 자녀에게 부정적인 영향을 미칠 가능성이 높다(김명자 · 이숙현, 1990; 송명자, 1996 : 438; Schultz, 1991).

어머니의 취업은 전통적이며 도식적인 성역할을 깰 수 있으므로 여아의 심리적 발달에 긍정적인 영향을 미친다. 특히 중상류 계층의 자녀들은 취업모를 선택의 자유를 누리고 만족스러운 생활을 하며 유능한 여성이라고 인식한다. 취업모의 자녀는 비취업모의 자녀에 비해 보다 성취지향적이며, 독립심이 강하고, 자기주장이 뚜렷하며 자아존중감이 높다. 또한 사회적, 개인적 만족감이 높다. 어머니의 취업의 부정적인 측면은 학령 전기의 아동에게 부모의 통제와 조정이 불가능하게 됨으로써 낮은 학업성취도와 보다 높은 문제행동이 나타난다. 이러한 부정적인 영향을 여아보다 남아에게 보다 현저하게 나타나는 것으로 나타났다.

(3) 형제 자매관계

형제 자매는 아동에게 가장 친밀하고 가까운 또래집단이다. 또한 형제와 자매는 아동의 발달과 행동에 영향을 미친다. 형제 자매관계를 통해 아동은 서로에게 모델이 되어 주며, 어떻게 놀지, 어떻게 싸우는지를 배운다. 형제관계는 양면적인 특징이 있다. 함께 많은 시간을 보내고 다정하게 지내면서도 형제 사이에는 서로 경쟁하고 질투한다. 형제간 경쟁관계는 많은 학자들의 관심의 대상이 되어 왔다. 형제간의 경쟁행동은 동생이 태어난 직후에 나타나기 시작하며, 동생이 태어나기 전 부모의 애정을 많이 받은 아동일수록, 형제간의 연령차가 적을수록, 그리고 동성의 형제보다 이성의 형제에게 더 높이 나타난다(송명자, 1996; Dunn & Kendrick, 1980, 1982).

많은 가정에서 형은 부모를 대신하는 양육자의 역할을 한다. 형은 사회적 역할 모델로서 동생이 여러 가지 사회적 기술을 발달시켜가는 데 도움이 되며, 또한 게임이나 놀이의 상호작용을 통해 인지적 능력을 개발하는 교사의 역할도 한다.

이러한 형제간의 긍정적인 관계를 증진시켜야 하며, 현재 증가하고 있는 외동아의 경우 어린이집에서 혼합연령 반에서의 경험을 통해 아동의 사회 정서적 발달에 직 · 간접적으로 긍정적인 영향을 미칠 수 있다.

2) 또래관계

아동의 발달과 사회화의 수단에는 가족뿐만 아니라 또래, 친구관계도 중요하다.

(1) 또래와의 놀이

또래집단은 동년배의 아이들로 구성된 집단이다. 유아기의 또래간의 상호작용은 주로 놀이를 통해 이루어진다. 영유아의 놀이에는 여러 가지 목적이 있다. 가베이(Gavey, 1977)는 놀이를 다음과 같은 5가지의 특성을 가진 활동으로 정의했다.

① 놀이는 순전히 즐거움으로 이루어져야 한다.
② 놀이는 그 자체 외에 다른 목적을 가져서는 안 된다.
③ 놀이를 하는 사람이 놀이를 선택한다.
④ 놀이는 활동에 적극적으로 참여하는 것이다. 관찰하는 것은 놀이와 다르다.
⑤ 놀이는 사회화와 창조성을 높인다. 놀이는 상호작용과 신체적, 심리적 기술을 배우는 상황을 제공한다.

파튼(Parten, 1932)은 아동이 어떻게 사회적 놀이를 발전해 나가는지를 모델로 개념화하였다. 파튼의 놀이 형태는 70년이 지난 오늘날의 아동에게서도 같은 형태로 나타나고 있다. 사회적 수준에 따른 놀이 형태를 구분하여 〈표 4-2〉에 제시하였다.

2~3세의 아동은 방관자적 놀이나 혼자놀이가 지배적이다. 3~4세 유아는 또래와 함께 놀지만 활동을 공유하지 않는 평행놀이 형태가 가장 많이 보인다.

표 4-2 사회적 수준에 따른 놀이 형태의 구분

유 형	놀이 내용
방관자 (onlooker)	참여하지 않고 다른 아이들의 놀이 구경
혼잣놀이 (solitary play)	다른 아이들이 다가가려는 시도없이 혼잣놀이
평행놀이 (parallel play)	다른 아이들 옆에서 비슷한 도구를 가지고 놀지만, 진정한 상호작용이나 협력이 없는 놀이
연합놀이 (associative play)	다른 아이들과 공동적인 활동을 하고 놀지만, 역할 분담이나 집단 목표에 예속이 없음
협동놀이 (cooperative play)	단일 놀이 형태 내에 공동목표와 독자적인 역할을 지님

5~6세의 유아는 연합놀이나·협동놀이가 지배적이다. 유아기에는 사회 극놀이인 사회성 발달에 중요한 협동놀이이다. 유아는 사회 극놀이를 통해 지신의 욕구나 감정을 적절하게 표출하거나 억제하는 방법을 획득하게 된다. 또한 또래간의 갈등을 해결하는 데 중요한 역할을 하기도 한다. 즉 유아들은 사회극놀이를 통해 또래 상호작용을 통해 앞으로 사회집단 내에서 자신의 역할을 수행해 나가는 데 필요한 사회적 유능성을 길러지게 된다.

(2) 또래집단과 사회적 기술

또래집단에 적절하게 수용되고 있는가의 여부는 아동의 사회적 기술 발달에 많은 영향을 미친다. 또래집단의 긍정적인 측면에서 또래집단은 자신들에 대해 배우고 자아개념이 확립하고 어떻게 사회작용을 하는지를 배우게 된다. 부정적인 측면에서는 또래집단은 해서는 안 된다고 하는 것을 하도록 아이들에게 압력을 가한다. 많은 학자들은 아동의 사회성 발달을 이해하기 위해 또래간의 수용도를 진단해 왔다. 아동의 상호작용을 검토하는 방법에는 사회성 측정검사(sociometry test)를 사용하고 있다. 이 기법은 아동에게 다른 아동과의 관계와 느낌을 질문하는 것이다. 다른 아동과의 관계는 '소시오그램(sociogram)'이라는 다이어그램으로 나타낼 수 있다. 아동에게는 다음과 같은 질문을 할 수 있다.

- 가장 좋아하는 친구 3명
- 가장 좋아하지 않은 친구 3명
- 가장 존경하는 친구
- 옆에 앉고 싶은 친구
- 가장 무서운 친구

아동들은 개개인을 하나의 원으로 표현한다. 그리고 앞의 질문에 따라 화살표로 표시하게 한다. 사회성 측정검사 결과를 분석하면, 네 가지 형태의 사회적 수용 유형을 얻을 수 있다.

① **인기아**(popular child, star) : 이 유형의 아동은 많은 아이들의 선호를 받으며 가장 배척을 적게 받는 아동이다.
② **배척아**(reject child) : 이 유형의 아동은 다른 아이들로부터 가장 '싫어하는' 아동으로 지목된 유형이다.
③ **고립아**(neglected child) : 이 유형의 아동은 다른 아동의 선호의 대상이 되지는 않지만, 배척의 대상도 아닌 유형의 아동이다.
④ **일반아**(average child) : 인기아처럼 많지 않지만, 다소의 선호를 받고 있는 유형의 아동이다.

또래 수용에 가장 문제가 되는 아동은 배척아이다. 배척아동은 대부분 공격성이 높고, 자기 통제력이 낮고 문제행동이 많이 나타나거나, 공격적이지는 않으나 위축되어 있는 아동의 경우에도 또래에게 배척 당하는 것으로 나타났다.

사회적 기술은 아동의 인기에서 일차적인 기반이다. 일부 연구에서는 일반적으로 기술을 학습할 수 있기 때문에 사회기술도 학습할 수 있으며, 그에 따라 인기도도 올라갈 수 있다. 따라서 또래관계에서 배척되거나 고립된 아동의 경우에 사회적 기술의 훈련을 통해 또래와의 상호작용을 향상시킬 수 있다.

3) 학교환경

아동이 어린이집이나 방과 후 교실에 입학한 후부터 교사의 태도, 생각, 판단,

기대, 행동의 영향은 아동의 발달에 결정적인 영향을 미친다. 흔히 아동은 교사의 기대 수준에 맞추어 행동을 한다. 로젠탈과 제콥슨(Rosental & Jacobson, 1968)의 자기 충족적 예언(self fulfilling prophecy)의 실험은 교사의 아동에 대한 긍정적인 기대가 아동이 스스로 노력하면 할 수 있을 것이라는 자기 예언을 형성하게 하며, 아동이 자신의 예언을 현실화시키기 위해 노력하는 과정 중에서 실제로 성취 수준이 높아지는 것으로 설명하고 있다.

'피그말리온 효과'라고 지칭하는 자기 충족적 예언은 교사의 긍정적인 기대가 아동의 발달에 긍정적인 영향을 미칠 수 있다는 것이다. 그러나 교사가 아동에게 갖는 부정적인 선입관이나 편견 또한 자기 충족적 예언으로 작용할 수 있다는 것에 유의하여야 한다. 이렇듯 교사의 역할은 아동의 발달을 촉진하는 데 매우 큰 비중을 가진다. 이 점에서 교사와 아동 간의 바람직한 상호작용을 통해 아동기 발달을 보다 크게 촉진할 수 있는 학교환경의 조성이 중요하다.

학교환경에는 교사의 역할 뿐만 아니라 교실의 분위기도 중요하다. 교실의 분위기는 개방적인 분위기와 폐쇄적이며 구조적인 전통적 교실 분위기 중 어느 것이 더 생산적이고 유익한가에 대해 생각해 볼 여지가 있다. 결론적으로 아동보육에서는 영유아의 발달에 적합하고 지식 획득과 아동의 사회적 유능성을 동시에 강조하는 개방적 교실분위기를 더 중요시한다.

4) 대중매체의 영향

(1) TV와 비디오의 영향

대중매체인 TV와 비디오의 영향은 매우 크다. 아동기에 높은 TV 노출시간은 아동발달에 긍정적인 영향과 부정적인 영향에 대해 심각하게 고려해 볼 필요가 있다. 먼저 긍정적인 영향으로는 미국의 '세서미 스트리트(Sesame street)'를 예를 들 수 있다. 3~5세의 아동의 인지발달을 촉진하기 위한 영유아교육 프로그램으로 전 세계 50여 개국에 방영된다. 이 대표적인 TV 아동교육 프로그램은 다른 사람의 감정을 배려해야 한다는 가치를 전하는 것 외에도 읽기와 셈하기와 같은 인지적 발달을 촉진하는 긍정적인 영향을 미치는 것으로 나타났다.

반면에 부정적인 영향으로는 TV가 아동을 공격적이고 폭력적으로 만든다는 것이다. TV의 폭력 장면에 많이 노출된 아동은 자신이 본 폭력적인 장면을 모방하며, 폭력 장면에 자주 노출된 아동은 폭력이 때와 장소를 가리지 않고 일어나는 것을 당연시한다. TV의 부정적인 영향력에 관한 또 다른 관심은 TV가 보내는 부정적인 메시지를 아동에게 전달하는 것이다. 즉 여성을 수동적이고 감정적인 인물로 그려진다든지, 아동 및 노인에 대한 평가 절하하는 점을 들 수 있다.

미국소아학회(American Academy of Pediatrics, 1986)에서는 부모가 아이들이 TV를 본 후 어떻게 행동하는가 관찰하고 프로그램 자체를 살펴볼 것을 제안한다. 즉 아동에게 적절한 프로그램이 무엇인지에 대한 적절한 한계와 준거를 설정해야 한다. 또한 미국소아학회는 12세 미만의 아동들은 TV를 보게 해서는 안 되며, 2세가 넘은 아이들의 방에 TV를 놓아서도 안 되며, 소아과 의사는 부모가 소아과를 방문할 때 시청한 TV내용에 대해 적을 수 있도록 해야 한다고 주장한다(Mifflin, 1996). 특히, 비디오에 과다하게 노출된 아동의 경우 유사자폐증, 언어발달 장애, 비디오와 현실세계의 혼돈, 사회성 결핍 등 신종 정신질환인 '유아 비디오 증후군'이 발생할 수 있음을 경고하였다(한국일보, 2001년 12월 25일자).

(2) 컴퓨터 및 인터넷

최근에 컴퓨터가 급속도록 보급되면서 아동의 심리사회적 발달에 미치는 컴퓨터의 영향에 많은 관심을 가지게 되었다. 어린이집에서 컴퓨터영역을 통해 아동은 보다 자신의 학습활동에 많은 도움을 받는다. 그러나 컴퓨터는 혼잣놀이를 가능하게 함으로써 또래집단과의 사회적 단절을 가져올 거라는 부정적인 우려도 많았다. 그러나 컴퓨터는 교수매체, 놀잇감의 하나로서 아동의 사회적 단절의 우려가 없으며, 컴퓨터를 사용하는 아동이 사회성 발달에 긍정적인 영향을 미친다는 연구결과도 다수 보고되고 있다. 이러한 결과들은 컴퓨터가 사회적 상호작용을 억제하는 부정적인 영향보다는 오히려 촉진시킨다는 긍정적인 영향을 미친다는 것을 보여준다.

최근에는 컴퓨터 '게임 중독증'과 같은 증상이 사회적 문제가 되고 있다. 즉 컴퓨터 중독증을 보이는 아동은 대인기피증, 강박감, 편집증, 체력저하 현상이 발생하고 컴퓨터 시뮬레이션이 학교에서 결석을 할 정도로 생활 부적응이 사회적 문제로 다루어지고 있다.

5) 사회 문화환경

거시체계로서 사회 문화환경은 아동의 성장 · 발달에 영향을 미친다. 특히 아동의 삶의 일부인 지역사회 문화환경, 아동관련법, IMF와 같은 경제적 상황을 예로 들 수 있다. 먼저 지역사회의 문화환경은 아동의 건전한 성장과 발달에 필수적인 환경이다. 잘 정비된 도서관, 박물관, 공공체육시설과 공원 등은 아동의 복지와 삶에 궁극적으로 영향을 주는 중요한 환경이라고 할 수 있다.

인간의 성장과 발달의 기초적이며 결정적인 시기의 아동기에 국가가 아동의 권리와 삶을 얼마나 보호하고 제도적으로 개선을 하느냐에 따라 아동의 삶의 질은 달리진다. 특히 모든 현대 사회의 모든 행정은 각종 법과 제도의 영향을 받기 때문이다. 거시체계로서 우리나라에 시행되는 아동관련법으로는 영유아보육법, 아동복지법, 유아교육법, 장애아동복지지원법, 한부모가족지원법 등이 있다.

경제적인 상황과 같은 거시체계도 아동의 삶에 중요한 영향을 미친다. 예를 들어, 1997년도 IMF와 같은 초유의 경제적인 위기는 우리나라의 경제적인 어려움과 실직, 이혼, 가정 파탄, 아버지의 역할 변화 가시화 등의 변화를 초래하였다. IMF시대의 실업 및 가족 문제는 아동의 경제적 어려움 외에도 ① 가족해체와 심리적 스트레스, ② 진학포기, 학업 부진 등의 학교 부적응, ③ 또래관계의 변화 ④ 현실도피 및 새로운 커뮤니케이션 공간의 모색 등의 다양한 문제로 나타났다(심영희, 1998). 이처럼 IMF의 사례는 경제난의 여파가 일차적으로 가정에게 영향을 미치고, 가족구성원인 아동의 생활에 심각한 영향을 미치는 거시적인 환경 영향의 하나라고 볼 수 있다(김춘경 외, 2002).

표준보육과정

05

CHAPTER

1. 표준보육과정의 이해
2. 0~2세 보육과정
3. 3~5세 보육과정(누리과정)

보육과정은 영유아보육의 핵심 영역으로 어린이집 보육계획과 운영에 관한 지도(map)라 할 수 있다. 표준보육과정은 어린이집의 만 0~5세 영유아들에게 국가수준에서 제공하는 보편적이고 공통적인 보육과정을 제시한 것이다. 어린이집 표준보육과정은 0~1세 보육과정, 2세 보육과정, 3~5세 보육과정(누리과정)으로 구성된다. 국가수준의 어린이집 표준보육과정을 시행함으로써 영유아의 전인적 발달과 우리 문화에 적합한 내용을 일관성있고 연계적으로 실천하며 궁극적으로 사회에서 추구하는 인간상을 구현하고 전국 어린이집의 질적 수준을 높이고 있다.

1. 표준보육과정의 이해

1) 표준보육과정의 개요

(1) 표준보육과정의 개념

표준보육과정은 영유아보육법 제29조 제2항 및 제4항에 따라 영유아보육법 시행규칙 제30조에 규정한 것으로 어린이집에서 영유아의 보육목적과 목표를 달성하기 위한 국가수준의 보육과정이며, 어린이집에서 운영해야 할 보편적 보육 내용을 제시한 것이다.

표준보육과정은 만5세 이하의 영유아가 갖추어야 할 바람직하고 적합한 태도와 가치, 지식과 기술을 포함하여 이를 통해 영유아의 잠재력을 최대한 발휘하고 영유아가 온전한 성인으로 성장하도록 하기 위한 내용으로 구성되었다.

어린이집에서는 영유아가 공통적으로 경험해야 할 기본적인 내용을 국가적 차원에서 제시하는 표준보육과정(2007년 1월 고시)에 따라 0~5세를 대상으로 하는 보육과정을 운영하여 왔으며, 2012년도에는 5세 누리과정의 고시에 따라 0~4세를 대상으로 구성된 제2차 표준보육과정으로 운영하였다. 2013년부터는 '제3차 어린이집 표준보육과정'으로 영아기는 0~2세 보육과정, 유아기는 3~5세 보육과정(누리과정)을 적용하게 되었다.

만 3~5세 누리과정에 맞춰 기존 제2차 표준보육과정을 개편하여 고시명칭을 '제2차 표준보육과정'에서 '제3차 어린이집 표준보육과정'으로 변경하였다. 이는 어린이집이 만 3~5세 누리과정 뿐만 아니라 만 0~2세(영아보육과정)까지 모든 영유아를 대상으로 보육을 담당하고 있는 점을 반영한 것이다(보건복지부 보도자료 2013. 1. 22). 따라서 보육현장에서는 표준보육과정을 '어린이집 표준보육과정'으로 사용한다.

"어린이집 표준보육과정"(이하, '표준보육과정 '이라 함)은 어린이집의 만 0~5세 영유아들에게 국가수준에서 제공하는 보편적이고 공통적인 보육의 목표와 내용을 제시한 것이다. 표준보육과정은 0~1세 보육과정, 2세 보육과정, 3~5세 보육과정(누리과정)으로 구성한다. 국가수준의 표준보육과정을 시행함으로써 영유아의 전인적 발달과 우리 문화에 적합한 내용을 일관성있고 연계적으로 실천하며, 궁극적으로 사회에서 추구하는 인간상을 구현하고 전국 어린이집의 질적 수준을 높이는데 기여하였다(보건복지부 고시, 2013).

(2) 표준보육과정의 개발 배경

어린이집에서 운영되는 보육의 질적 수준은 지역과 기관마다 다르고, 부모와 사회가 어린이집 프로그램과 운영에 대한 불신이 초래되면서 기준이 되는 보육과정에 대한 요구가 대두되었다. 영유아를 어떻게 양육하며 교육적으로 어떤 경험을 제공할 것인가에 대해 국가수준에서 보편적인 보육 내용 수준 제시가 필요하였던 것이다. 이러한 배경에서 출발하게 된 표준보육과정은 개별 영유아의 특성과 교사의 자율성을 부여하면서 영유아의 성장과 경험에 적합하고 우리나라의 사회 문화적 측면을 고려한 내용으로 구성한 것이다.

표준보육과정의 법적인 근거를 살펴보면, 영유아보육법 제29조 제2항과 제4항에 의거 영유아보육법 시행규칙 제30조에 규정한 것으로 영유아의 보육목적과 보육목표를 달성하기 위한 국가수준의 보육과정임을 명시하고 있다.

표준보육과정이 개발됨에 따라 어린이집에서는 표준화된 보육내용을 지역사회와 어린이집, 그리고 영유아의 특성에 맞추어 교사들이 활용할 수 있게 되었다. 표준보육과정이 제대로 운영되기 위해서 숙지해야 할 운영지침도 함께 제시되고 있는데 그 내용은 다음과 같다.

첫째, 각 지역에서는 해당지역의 특수성을 고려하여 국가수준의 표준과정을 융통성 있게 운영할 수 있다. 이를 위해서는 영유아가 속한 지역사회의 특성(신념이나 문화, 환경, 주변시설 등), 가족의 특성(가족구조, 보육의 형태, 가족문제 등), 영유아나 부모의 요구, 보육교사의 실태, 지리적 특성, 대학이나 관련 단체의 협조 유무 등에 대한 충분한 정보가 있어야 한다.

둘째, 각 어린이집의 특수성을 고려하여(영아전담, 장애아통합, 저소득가정일 경우 등) 국가수준의 표준보육과정을 융통성 있게 운영할 수 있다.

셋째, 각 어린이집에서는 표준보육과정에 제시된 영역별 목표와 내용에 의거하여 영유아의 연령별 또는 반별 연간보육계획을 세우고 월간 또는 주간보육계획을 세운다. 또한 보육내용에 적합한 다양한 활동을 선정하고 통합적으로 운영하도록 구성함으로써 표준보육과정의 영역별 목표가 균형있게 달성되도록 해야 한다.

넷째, 원장과 보육교사는 표준보육과정에서 제시하고 있는 영역별 보육목표와 내용을 분명히 이해하고 이를 매일의 보육활동과 연결하여 제공함으로써 표준보육과정의 영역별 보육의 목표와 내용이 균형있게 영유아에게 경험되도록 해야 한다. 또한 영유아의 연령 차이와 동일연령 내의 개인차를 반드시 고려하여 보육활동을 전개해야 한다.

다섯째, 원장과 보육교사는 표준보육과정의 영역별 목표와 내용의 적절한 운영을 위해 영유아가 속한 지역사회나 가정과 밀접한 협조관계를 유지해야 한다.

여섯째, 국가나 지방자치단체는 원장과 보육교사가 표준보육과정의 목표와 내용을 제대로 숙지하고 운영할 수 있도록 이들을 위한 보수교육을 주기적으로 실시하고 이들이 당면하고 있는 의문점을 각 기관의 특수성에 의거하여 해결하는 데 도움을 주는 다양한 보육계획을 수립해야 한다.

일곱째, 각 어린이집은 연간 및 월간 또는 주간보육계획을 문서화하여 보육활동 선정과 실시과정의 적절 여부를 평가해야 하며, 국가나 지방자치단체는 이를 주기적으로 감독해야 한다.

2) 표준보육과정의 기초

(1) 추구하는 인간상

표준보육과정은 영유아가 심신이 건강하고 행복하며, 자율적이고 창의적이며, 자신과 타인을 존중하고 배려하며, 자연과 우리 문화를 사랑하고 다양성을 인정하는 민주적인 사람으로 성장할 수 있도록 하는데 그 목적이 있다. 이러한 표준보육과정에서 추구하는 인간상은 다음과 같다.

① 심신이 건강하고 행복한 사람

신체는 물론 심리적으로 건강하고 행복감을 느끼는 사람이다.

② 자율적이고 창의적인 사람

자율적인 능력을 습득하고 자신의 독특한 생각과 탐색을 즐기는 사람이다.

③ 자신과 타인을 존중하고 배려하는 사람

자신을 존중하고 다른 사람의 생각과 느낌을 존중하며 배려하고 사랑하는 사람이다.

④ 자연과 우리 문화를 사랑하는 사람

주변의 자연환경 및 자원을 아끼고 사랑하며 우리나라 문화에 대한 자긍심과 이해를 바탕으로 새로운 가치를 추구하는 사람이다.

⑤ 다양성을 인정하는 민주적인 사람

열린 사고를 바탕으로 타인과 집단에서 조화롭게 협력하며 긍정적으로 관계를 형성하여 민주적인 의사결정을 하는 사람이다.

【TIP】

어린이집 표준보육과정에서 추구하는 인간상	초등학교 교육과정에서 추구하는 인간상
심신이 건강하고 행복한 사람	전인적 성장의 기반 위에 개성의 발달과 진로를 개척하는 사람
자율적이고 창의적인 사람	기초 능력의 바탕 위에 새로운 발상과 도전으로 창의성을 발휘하는 사람
자신과 타인을 존중하고 배려하는 사람	문화적 소양과 다원적 가치에 대한 이해를 바탕으로 품격있는 삶을 영위하는 사람
자연과 우리문화를 사랑하는 사람	
다양성을 인정하는 민주적인 사람	세계와 소통하는 시민으로서 배려와 나눔의 정신으로 공동체 발전에 참여하는 사람

※ 참조: 2009 개정 교육과정「초·중등학교 교육과정 총론」
보건복지부, 중앙보육정보센터(2013). 어린이집 표준보육과정 및 0~2세 영아보육프로그램의 이해, p.11 재인용

(2) 표준보육과정의 기본전제

제3차 어린이집 표준보육과정에서 제시한 기본전제는 가정과 어린이집 그리고 국가가 보육을 중요하게 생각해야 하는 이유라 할 수 있으며 내용은 다음과 같다.

① 영유아는 개별적인 특성을 지닌 고유한 존재이다.
② 영유아는 연령에 따라 발달적 특성이 질적으로 다르다.
③ 영유아는 그 자체로서 존중받아야 하는 존재이다.
④ 영유아는 직접적으로 경험할 때 의미있는 지식, 기술 및 바람직한 태도를 형성해 간다.
⑤ 영유아는 일상생활이 편안하고 학습과 경험이 놀이중심으로 이루어질 때 최대의 능력이 발휘된다.
⑥ 영유아는 민감하고 반응적인 성인과의 신뢰로운 관계 속에서 최적의 발달을 이룬다.
⑦ 영유아는 속한 가정, 지역사회가 함께 협력할 때 영유아에게 가장 긍정적인 영향을 미친다.

(3) 표준보육과정의 구성방향

① 영유아의 발달 특성과 개인차를 고려하여 연령 및 수준별로 구성한다.
② 어린이집에서 편안하고 행복한 일상생활이 되도록 중점을 두어 구성한다.'
③ 질서, 배려, 협력 등 기본생활습관과 바른 인성을 기르는 데 중점을 두어 구성한다.
④ 자율성과 창의성을 기르는데 중점을 두고, 전인발달을 이루도록 구성한다.
⑤ 사람과 자연을 존중하고 우리 문화를 이해하는 데 중점을 두어 구성한다.

(4) 구성체계

① 어린이집 표준보육과정은 0~1세 보육과정, 2세 보육과정, 3~5세 보육과정으로 구성한다.
② 어린이집 표준보육과정은 영역, 내용범주, 내용, 세부내용으로 구분하고,

내용간에 연계가 이루어지도록 구성한다.

③ 세부내용이라 함은 0~1세 보육과정, 2세 보육과정에서는 수준별 세부내용을 의미하고, 3~5세 보육과정에서는 연령별 세부내용을 의미한다.

④ 0~1세 보육과정은 기본생활, 신체운동, 의사소통, 사회관계, 예술경험, 자연탐구의 6개 영역을 중심으로 구성한다.

⑤ 2세 보육과정은 기본생활, 신체운동, 의사소통, 사회관계, 예술경험, 자연탐구의 6개 영역을 중심으로 구성한다.

⑥ 3~5세 보육과정은 신체운동 · 건강, 의사소통, 사회관계, 예술경험, 자연탐구의 5개 영역을 중심으로 구성한다.

⑦ 3~5세 보육과정은 초등학교 교육과정과의 연계성을 고려하여 구성한다.

3) 표준보육과정의 편성과 운영

이러한 기본전제와 구성방향 및 체계에 따른 편성 및 운영은 다음과 같다.

(1) 편성

① 어린이집의 운영시간에 맞추어 편성한다.

② 표준보육과정에서 제시된 각 영역의 내용을 균형있게 통합적으로 편성한다.

③ 영유아의 발달 특성 및 개인차, 경험을 고려하여 놀이를 중심으로 편성한다.

④ 영유아의 일과 중 일상생활을 포함하여 편성한다.

⑤ 어린이집과 보육실의 특성에 따라 융통성있게 편성한다.

⑥ 성별, 종교, 신체적 특성, 가족 및 민족 배경 등으로 인한 편견이 없도록 편성한다.

(2) 운영

① 보육계획(연간, 월간, 주간, 일일 계획 등)에 의거하여 운영한다.

② 실내 · 외 환경을 다양한 흥미영역으로 구성하여 운영한다.

③ 영유아의 능력과 장애 정도에 따라 조정하여 운영한다.

④ 부모와 각 기관의 실정에 따라 부모교육을 실시한다.
⑤ 가정과 지역사회와의 협력과 참여에 기반하여 운영한다.
⑥ 교사 재교육을 통해 어린이집 표준보육과정 운영을 개선해 나간다.

(3) 교수 · 학습방법

① 주도적인 놀이를 중심으로 교수 · 학습활동이 이루어지도록 한다.
② 흥미를 중심으로 활동을 선택하고 지속할 수 있도록 한다.
③ 생활 속 경험을 소재로 하여 지식, 기술, 바람직한 태도를 기르도록 한다.
④ 교사와 신뢰감을 형성하고 개별적인 활동이 이루어지도록 한다.
⑤ 교사, 환경, 또래와 능동적인 상호작용이 이루어지도록 한다.
⑥ 주제를 중심으로 여러 활동이 통합적으로 이루어지도록 한다.
⑦ 0~1세, 2세는 일상생활 및 개별활동, 휴식 등이 균형있게 이루어지도록 한다.
⑧ 3~5세는 실내 · 실외활동, 정적 · 동적활동, 대 · 소집단활동 및 개별활동, 일상생활 및 휴식 등이 균형있게 이루어지도록 한다.

(4) 평가

평가는 운영평가와 영유아평가로 나누어 볼 수 있다. 운영평가는 다음과 같다.
① 어린이집 표준보육과정의 목표와 내용에 근거하여 보육내용이 적절히 편성 · 운영되는지 평가한다.
② 어린이집 표준보육과정의 운영 내용 및 활동이 영유아의 발달수준과 흥미, 요구에 적합한지 평가한다.
③ 영유아의 발달수준, 흥미, 요구에 적합한 경험 및 학습을 촉진할 수 있는 다양한 활동과 교수 · 학습방법이 계획되고 통합적으로 운영되는지 평가한다.
④ 일과운영 및 보육활동 구성 시 놀이 활동과 일상생활 활동의 양과 내용이 영아 및 유아 각 연령의 발달에 적합하게 계획되고 운영되는지 평가한다.
⑤ 0~1세, 2세는 집단 활동보다 개별적인 상호작용과 교수법을 중심으로 상호

작용이 진행되는지를 평가한다.

⑥ 어린이집 표준보육과정 운영 평가 결과를 수시로 반영하여 보육과정 운영 계획을 수정 · 보완하거나 다음 연도의 계획 수립 및 운영에 반영하는지 평가한다.

영유아평가의 내용은 다음과 같다.

① 어린이집 표준보육과정의 목표와 내용에 근거하여 영유아의 특성과 변화 정도를 평가한다.
② 지식, 기술, 태도 등을 평가한다.
③ 일상생활과 보육과정 활동 전반에 걸쳐 평가한다.
④ 관찰, 활동 결과물 분석, 부모면담 등 다양한 방법을 사용하여 종합적으로 평가하고, 그 결과를 기록한다.
⑤ 평가 결과는 영유아에 대한 이해와 어린이집 표준보육과정 운영 개선 및 부모면담 자료로 활동한다.

2. 0~2세 보육과정

제3차 어린이집 표준보육과정의 목적은 영유아의 심신의 건강과 전인적 발달을 도와 행복을 도모하며 민주시민의 기초를 형성하는 것을 목적으로 한다. 연령별 목표는 다음과 같다.

1) 0~2세 보육과정의 목표

(1) 0~1세 보육과정의 목표

① 건강하고 안전한 일상생활을 경험한다.
② 감각 및 기본 신체운동 능력을 기른다.

③ 말소리를 구분하고 의사소통의 기초를 마련한다.
④ 친숙한 사람과 관계를 형성한다.
⑤ 아름다움에 관심을 가진다.
⑥ 보고, 듣고, 만지면서 주변 환경에 관심을 가진다.

(2) 2세 보육과정의 목표

① 건강하고 안전한 생활습관의 기초를 마련한다.
② 감각, 신체조절 및 기본 운동 능력을 기른다.
③ 의사소통 능력의 기초를 기른다.
④ 나를 인식하고 다른 사람과 더불어 생활하는 경험을 한다.
⑤ 아름다움에 관심을 가지고 예술경험을 즐긴다.
⑥ 주변 환경에 호기심을 갖고 탐색하기를 즐긴다.

【TIP】

2) 0~2세 보육과정의 영역별 목표와 내용

(1) 기본생활 영역

1 영역의 보육목표

표 5-1 기본생활 영역의 보육목표

연령	보육목표
만 0~1세	· 건강하고 편안한 일상생활을 경험한다. · 안전한 생활을 경험한다.
만 2세	· 건강한 생활습관의 기초를 경험한다. · 안전한 생활습관의 기초를 경험한다.

2 영역의 보육내용

표 5-2 기본생활 영역의 내용범주와 내용

내용범주	만 0~1세	만 2세
건강하게 생활하기	몸을 깨끗이 하기	몸을 깨끗이 하기
	즐겁게 먹기	바르게 먹기
	건강한 일상생활하기	건강한 일상생활하기
		질병에 대해 알기
안전하게 생활하기	안전하게 지내기	안전하게 놀이하기
	위험한 상황에 반응하기	교통안전 알기
		위험한 상황 알기

(2) 신체운동 영역

1 영역의 보육목표

표 5-3 신체운동 영역의 보육목표

연령	보육목표
만 0~1세	· 감각기능을 발달시키고 자신의 신체를 탐색한다. · 대소근육을 조절하고 걷기 등의 능력을 기른다. · 규칙적으로 신체활동에 참여한다.
만 2세	· 감각능력을 기르고, 자신의 신체 움직임을 탐색한다. · 안정된 자세로 대소근육을 조절하고 기본운동능력을 기른다. · 규칙적으로 신체활동에 참여한다.

2 영역의 보육내용

표 5-4 신체운동 영역의 내용범주와 내용

내용범주	만 0~1세	만 2세
감각과 신체 인식하기	감각적 자극에 반응하기	감감능력 기르기
	감각기관으로 탐색하기	감각기관 활용하기
	신체 탐색하기	신체를 인식하고 움직이기
신체조절과 기본운동 하기	신체균형 잡기	신체균형 잡기
	대근육 조절하기	대근육 조절하기
	소근육 조절하기	소근육 조절하기
	기본운동하기	기본운동하기
신체활동에 참여하기	몸 움직임 즐기기	신체활동에 참여하기
	바깥에서 신체 움직이기	바깥에서 신체활동하기
	기구를 이용하여 신체활동 시도하기	기구를 이용하여 신체활동하기

(3) 의사소통 영역

1 영역의 보육목표

표 5-5 의사소통 영역의 보육목표

연령	보육목표
만 0~1세	· 주변의 소리와 말소리 듣기에 관심을 보인다. · 표정, 소리, 몸짓으로 자신의 생각과 느낌을 표현한다. · 짧은 그림책이나 친숙한 환경 인쇄물에 관심을 가진다. · 끼적이기에 관심을 가진다.
만 2세	· 다른 사람의 말과 짧은 이야기 듣는 것을 즐긴다. · 자신의 생각과 느낌을 말로 주고받기를 즐긴다. · 그림책이나 환경 인쇄물에 관심을 가지며 글의 내용에 흥미를 가진다. · 글자 형태 끼적이기에 관심을 가진다.

2 영역의 보육내용

표 5-6 의사소통 영역의 내용범주와 내용

내용범주	만 0~1세	만 2세
듣기	주변의 소리와 말소리 구분하여 듣기	말소리 구분하여 듣고 의미알기
	경험과 관련된 말 듣고 알기	짧은 문장 듣고 알기
	운율이 있는 말 듣기	짧은 이야기 듣기
	말하는 사람을 보기	말하는 사람을 주의 깊게 보기
말하기	발성과 발음으로 소리내기	낱말과 간단한 문장을 말하기
	표정, 몸짓, 말소리로 말하기	자신의 원하는 것을 말하기
	말할 순서 구별하기	상대방을 바라보며 말하기
읽기	그림책과 환경 인쇄물에 관심 가지기	그림책과 환경 인쇄물에 흥미가지기
쓰기	끼적이기	끼적이며 즐기기

(4) 사회관계 영역

1 영역의 보육목표

표 5-7 사회관계 영역의 보육목표

연령	보육목표
만 0~1세	· 자신과 다른 사람을 구별된 존재로 인식한다. · 기본 정서를 표현하고 다른 사람의 감정에 주의를 기울인다. · 안정적인 애착을 형성하고 또래나 교사와 함께 지낸다.
만 2세	· 자기 존중감을 형성한다. · 자신의 감정을 알고 다른 사람의 감정에 반응을 보인다. · 가족을 사랑하고 또래, 교사와 즐겁게 지내며 간단한 규칙 등을 지킨다.

2 영역의 보육내용

표 5-8 사회관계 영역의 내용범주와 내용

내용범주	만 0~1세	만 2세
나를 알고 존중하기	나를 구별하기	나를 구별하기
	나의 것 인식하기	좋아하는 것 해보기
나와 다른 사람의 감정 알기	나의 감정을 나타내기	나의 감정을 나타내기
	다른 사람에게 주의 기울이기	다른 사람의 감정에 반응하기
더불어 생활하기	안정적인 애착형성하기	내 가족 알기
	또래에 관심 갖기	또래와 관계하기
	자신이 속한 집단 알기	자신이 속한 집단 알기
	사회적 가치를 알기	사회적 가치를 알기

(5) 예술경험 영역

1 영역의 보육목표

표 5-9 예술경험 영역의 보육목표

연령	보육목표
만 0~1세	· 자신의 신체와 주변의 감각 자극에 호기심을 가지고 반응한다. · 소리와 움직임으로 반응하고, 단순한 미술을 경험하며, 모방 행동을 즐긴다. · 친근한 소리나 노래를 즐겨 듣고, 자연물, 사물, 주변 환경에 관심을 가진다.
만 2세	· 주변 생활에서 예술적 요소를 발견하고 흥미롭게 탐색한다. · 간단한 리듬이나 노래, 움직임, 자발적인 미술활동을 자유롭게 시도하고 모방이나 상상놀이로 표현한다. · 주변의 환경과 자연 및 다양한 표현에서 예술적 요소를 관심 있게 보고 즐긴다.

2 영역의 보육내용

표 5-10 예술경험 영역의 내용범주와 내용

내용범주	만 0~1세	만 2세
아름다움 찾아보기	예술적 요소에 호기심 가지기	예술적 요소 탐색하기
예술적 표현하기	리듬 있는 소리로 반응하기	리듬있는 소리와 노래로 표현하기
	움직임으로 반응하기	움직임으로 표현하기
	단순한 미술 경험하기	자발적으로 미술활동하기
	모방행동 즐기기	모방과 상상놀이하기
예술 감상하기	아름다움 경험하기	아름다움 즐기기

(6) 자연탐구 영역

1 영역의 보육목표

표 5-11 자연탐구 영역의 보육목표

연령	보육목표
만 0~1세	· 주변 사물에 대한 탐색을 시도한다. · 주변에서 일어나는 수학적 상황을 지각한다. · 감각과 조작을 통하여 주변 사물과 자연환경에 대해 지각한다.
만 2세	· 호기심을 가지고 주변 세계에 대해 다양하게 탐색한다. · 주변에서 경험하는 수학적 상황을 인식한다. · 다양한 탐색을 통하여 주변 사물과 자연환경을 인식한다.

2 영역의 보육내용

표 5-12 자연탐구 영역의 내용범주와 내용

내용범주	만 0~1세	만 2세
탐구하는 태도 기르기	사물에 관심 가지기	호기심 가지기
	탐색 시도하기	반복적 탐색 즐기기
수학적 탐구하기	수량 지각하기	수량 인식하기
	주변 공간 탐색하기	공간과 도형에 관심 가지기
	차이를 지각하기	차이에 관심 가지기
	간단한 규칙성 지각하기	단순한 규칙성에 관심 가지기
		구분하기
과학적 탐구하기	물체와 물질 탐색하기	물체와 물질 탐색하기
	주변 동식물에 관심 가지기	주변 동식물에 관심 가지기
	주변 자연에 관심 가지기	자연을 탐색하기
	생활도구 탐색하기	생활도구 사용하기

3. 3~5세 보육과정(누리과정)

1) 누리과정의 개요

(1) 누리과정 개념

누리과정은 영유아보육법 시행규칙 제30조에 의거하여 3~5세 누리과정의 영역 및 구체적 내용 등 필요한 사항을 고시한 것이다(보건복지부 고시 제2012-82호). 고시명 "5세 누리과정 고시"를 "3~5세 연령별 누리과정 고시"로 개정하였다. 5세아를 위한 보육과정은 어린이집과 유치원으로 이원화되어 있는 보육 · 교육을 통합하는 과정을 거쳐서 2011년 9월 5일 '5세 누리과정'으로 고시되었다(보건복지부 고시 제2011-106호). '누리'는 '세상'을 뜻하는 순 우리말이며, 이는 국가가 책임지는 보육과 교육을 통해 유아들이 행복한 세상을 열어가고 꿈과 희망을 마음껏 누리도록 하겠다는 의미를 담고 있다(육아정책연구소, 2012). 2012년 3월부터 5세 누리과정 시행에 이어 2013년부터 만 3~4세까지 확대 도입됨에 따라 우리나라 만 3~5세아에게 보육 · 유아교육이 통합된 보육과정이 제공됨으로써 취학전 교육의 질 제고와 생애 초기 출발점 평등을 보장할 수 있게 되었다.

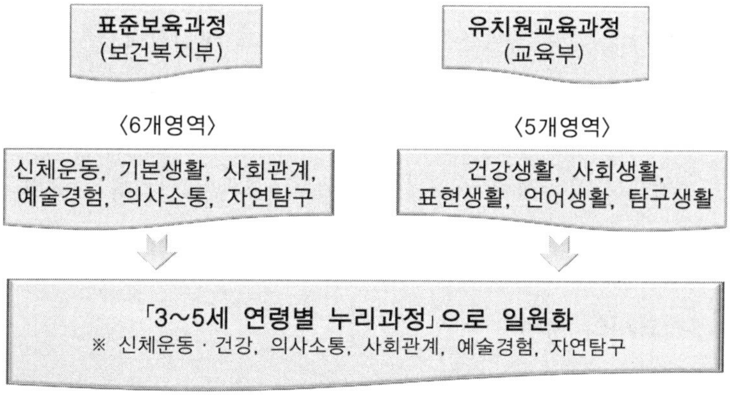

[그림 5-1] 3~5세 누리과정 개요

(2) 소요재원 및 관리체계

누리과정을 도입하여 보건복지부와 지자체 일반회계에서 부담하던 예산을 2012년부터 지방교육재정교부금으로 지원하고 있다. 2015년부터 누리과정 재원 전액을 지방교육재정교부금으로 일원화하였다.

관리체계는 복지부–지자체(시 · 도 및 시 · 군 · 구)–어린이집으로 현행 체계를 유지하고 있다. 관련법령으로는 다음과 같다.

- 영유아보육법 제34조, 동법 시행령 제22조 및 제23조
- 유아교육법 제2조 및 제24조, 동법 시행령 제29조 및 제34조
- 지방교육재정교부금법 제1조, 동법 시행령 제4조 및 별표 1
- 지방재정법 제33조, 동법 시행령 제39조

2) 누리과정의 기초

(1) 누리과정의 구성방향

① 질서, 배려, 협력 등 기본생활습관과 바른 인성을 기르는 데 중점을 두어 구성한다.
② 자율성과 창의성을 기르는 데 중점을 두고, 전인발달을 이루도록 구성한다.
③ 사람과 자연을 존중하고, 우리 문화를 이해하는 데 중점을 두어 구성한다.
④ 3~5세아의 발달 특성을 고려하여 연령별로 구성한다.
⑤ 신체운동 · 건강, 의사소통, 사회관계, 예술경험, 자연탐구의 5개 영역을 중심으로 구성한다.
⑥ 초등학교 교육과정과 0~2세 표준보육과정과의 연계성을 고려하여 구성한다.

(2) 누리과정의 편성

① 1일 3~5시간을 기준으로 편성한다.
② 5개 영역의 내용을 균형 있게 통합적으로 편성한다.

③ 유아의 발달 특성 및 경험을 고려하여 놀이를 중심으로 편성한다.
④ 반(학급) 특성에 따라 융통성 있게 편성한다.
⑤ 성별, 종교, 신체적 특성, 가족 및 민족 배경 등으로 인한 편견이 없도록 편성한다.
⑥ 일과 운영 시간에 따라 심화 확장할 수 있도록 편성한다.

(3) 누리과정의 운영

① 연간, 월간, 주간, 일일 계획에 의거하여 운영한다.
② 실내 · 외 환경을 다양한 흥미영역으로 구성하여 운영한다.
③ 유아의 능력과 장애 정도에 따라 조정하여 운영한다.
④ 부모와 각 기관의 실정에 따라 부모교육을 실시한다.
⑤ 가정과 지역사회와의 협력과 참여에 기반하여 운영한다.
⑥ 교사 재교육을 통해 누리과정 활동이 개선되도록 운영한다.

(4) 교수 · 학습방법

① 놀이를 중심으로 교수 · 학습활동이 이루어지도록 한다.
② 유아의 흥미를 중심으로 활동을 선택하고 지속할 수 있도록 한다.
③ 유아의 생활 속 경험을 소재로 하여 지식, 기능, 태도 및 가치를 습득하도록 한다.
④ 유아와 교사, 유아와 유아, 유아와 환경 간에 능동적인 상호작용이 이루어지도록 한다.
⑤ 주제를 중심으로 여러 활동이 통합적으로 이루어지도록 한다.
⑥ 실내 · 실외활동, 정적 · 동적활동, 대 · 소집단활동 및 개별활동, 휴식 등이 균형있게 이루어지도록 한다.
⑦ 유아의 관심과 흥미, 발달이나 환경 특성 등을 고려하여 개별 유아에게 적합한 방식으로 학습하도록 한다.

(5) 평가

평가는 누리과정 운영평가와 유아평가로 나누어 볼 수 있다. 운영평가는 다음과 같다.

① 운영 내용이 누리과정의 목표와 내용에 근거하여 편성 · 운영되었는지 평가한다.
② 운영 내용 및 활동이 유아의 발달수준과 흥미, 요구에 적합한지를 평가한다.
③ 교수 · 학습방법이 유아의 흥미와 활동의 특성에 적합한지를 평가한다.
④ 운영 환경이 유아의 발달특성과 활동의 주제, 내용 및 효율성 등을 고려하여 구성되었는지를 평가한다.
⑤ 계획안 분석, 수업 참관 및 모니터링, 평가척도 등 다양한 방법을 활용하여 평가한다.
⑥ 운영 평가의 결과를 반영하여 운영계획을 수정 · 보완하거나 이후 누리과정 편성 · 운영에 활용한다.

유아평가의 내용은 다음과 같다.

① 누리과정 목표와 내용에 근거하여 유아의 특성과 변화 정도를 평가한다.
② 유아의 지식, 기술, 태도를 포함하여 평가한다.
③ 유아의 일상생활과 누리과정 활동 전반에 걸쳐 평가한다.
④ 관찰, 활동 결과물 분석, 부모면담 등 다양한 방법을 사용하여 종합적으로 평가하고, 그 결과를 기록한다.
⑤ 평가 결과는 유아에 대한 이해와 누리과정 운영 개선 및 부모면담 자료로 활용한다.

3) 누리과정의 영역별 목표와 보육내용

만 3~5세 보육과정(누리과정)은 만 3~5세 유아의 심신의 건강과 조화로운 발달을 도와 민주시민의 기초를 형성하는 것을 목적으로 하며 목표는 다음과 같다.

① 기본 운동 능력과 건강하고 안전한 생활습관을 기른다.
② 일상생활에 필요한 의사소통 능력과 바른 언어 사용 습관을 기른다.
③ 자신을 존중하고 다른 사람과 더불어 생활하는 능력과 태도를 기른다.
④ 아름다움에 관심을 가지고 예술 경험을 즐기며, 창의적으로 표현하는 능력을 기른다.
⑤ 호기심을 가지고 주변세계를 탐구하며, 일상생활에서 수학적 · 과학적으로 생각하는 능력과 태도를 기른다.

제3차 어린이집 표준보육과정에서 만 3~5세 보육과정(누리과정)에서는 기본생활습관이 다른 영역으로 흡수되어 총 5개 영역으로 구성되었다. 신체운동 · 건강 영역, 의사소통 영역, 사회관계 영역, 예술경험 영역, 자연탐구 영역으로 각 영역별 만 3~5세의 목표가 동일하기 때문에 연령별 세부내용체계를 제시하였다.

(1) 신체운동 · 건강 영역

1 목표

신체운동 · 건강영역은 유아가 자신의 신체를 긍정적으로 인식하고 신체활동에 즐겁게 참여함으로써 유아기에 필요한 기본 운동 능력과 기초 체력을 기르고, 건강하고 안전한 생활을 실천하는 능력과 태도를 기르기 위한 영역으로 다음과 같은 목표를 지닌다.

- 감각 능력을 기르고, 자신의 신체를 긍정적으로 인식한다.
- 신체를 조절하고 기본 운동 능력을 기른다.
- 신체 활동에 즐겁게 참여한다.
- 건강한 생활습관을 기른다.
- 안전한 생활습관을 기른다.

2 연령별 내용

내용범주	내용	세부 내용		
		3세	4세	5세
신체 인식하기	감각능력 기르고 활용하기	감각적 차이를 경험한다.	감각적 차이를 구분한다.	감각으로 대상이나 사물의 특성과 차이를 구분한다.
		감각기관을 인식하고, 활용해 본다.	여러 감각기관을 협응하여 활용한다.	여러 감각기관을 협응하여 활용한다.
	신체를 인식하고 움직이기	신체 각 부분의 명칭을 알고, 움직임에 관심을 갖는다.	신체 각 부분의 특성을 이해하고 활용하여 움직인다.	신체 각 부분의 특성을 이해하고 활용하여 움직인다.
		자신의 신체를 긍정적으로 인식하고 움직인다.	자신의 신체를 긍정적으로 인식하고 움직인다.	자신의 신체를 긍정적으로 인식하고 움직인다.
신체 조절과 기본 운동하기	신체 조절하기	신체균형을 유지해 본다.	다양한 자세와 움직임에서 신체균형을 유지한다.	다양한 자세와 움직임에서 신체균형을 유지한다.
		공간, 힘, 시간 등의 움직임 요소를 경험한다.	공간, 힘, 시간 등의 움직임 요소를 활용하여 움직인다.	공간, 힘, 시간 등의 움직임 요소를 활용하여 움직인다.
		신체 각 부분의 움직임을 조절해 본다.	신체 각 부분을 협응하여 움직임을 조절한다.	신체 각 부분을 협응하여 움직임을 조절한다.
		눈과 손을 협응하여 소근육을 조절해 본다.	눈과 손을 협응하여 소근육을 조절해 본다.	눈과 손을 협응하여 소근육을 조절해 본다.
	기본 운동하기	걷기, 달리기 등 이동운동을 한다.	걷기, 달리기, 뛰기 등 다양한 이동운동을 한다.	도구를 활용하여 여러 가지 조작운동을 한다.
		제자리에서 몸을 움직여 본다.	제자리에서 몸을 다양하게 움직인다.	걷기, 달리기, 뛰기 등 다양한 이동운동을 한다.
신체 활동에 참여하기	자발적으로 신체 활동에 참여하기	신체 활동에 자발적으로 참여한다.	신체 활동에 자발적이고 지속적으로 참여한다.	제자리에서 몸을 다양하게 움직인다.

내용범주	내용	세부 내용		
		3세	4세	5세
		다른 사람과 함께 하는 신체 활동에 참여한다.	다른 사람과 함께 하는 신체 활동에 참여한다.	신체 활동에 자발적이고 지속적으로 참여한다.
	바깥에서 신체 활동하기	규칙적으로 바깥에서 신체 활동을 한다.	자신과 다른 사람의 운동능력의 차이에 관심을 갖는다.	다른 사람과 함께 하는 신체 활동에 참여한다.
	기구를 이용하여 신체 활동하기	여러 가지 기구를 이용하여 신체 활동을 한다.	규칙적으로 바깥에서 신체 활동을 한다.	자신과 다른 사람의 운동능력의 차이를 이해한다.
건강하게 생활하기	몸과 주변을 깨끗이하기	손과 이를 깨끗이 하는 방법을 알고 실천한다.	여러 가지 기구를 이용하여 신체 활동을 한다.	규칙적으로 바깥에서 신체 활동을 한다.
		주변을 깨끗이 한다.	손과 이를 깨끗이 하는 방법을 알고 실천한다.	여러 가지 기구를 이용하여 신체 활동을 한다.
	바른 식생활하기	음식을 골고루 먹는다.	주변을 깨끗이 하는 습관을 기른다.	스스로 몸을 깨끗이 하는 습관을 기른다.
		몸에 좋은 음식에 관심을 갖는다.	음식을 골고루 먹는다.	주변을 깨끗이 하는 습관을 기른다.
		바른 태도로 식사한다.	몸에 좋은 음식을 알아본다.	적당량의 음식을 골고루 먹는다.
	건강한 일상생활하기	규칙적으로 잠을 자고, 적당한 휴식을 취한다.	음식을 소중히 여기고 식사예절을 지킨다.	몸에 좋은 음식을 선택할 수 있다.
		하루 일과에 즐겁게 참여한다.	규칙적으로 잠을 자고, 적당한 휴식을 취한다.	음식을 소중히 여기고 식사예절을 지킨다.
		스스로 화장실에서 배변한다.	하루 일과에 즐겁게 참여한다.	규칙적으로 잠을 자고, 적당한 휴식을 취한다.

내용범주	내용	세부 내용		
		3세	4세	5세
	질병 예방하기	질병의 위험을 알고 주의한다.	바른 배변습관을 가진다.	하루 일과에 즐겁게 참여한다.
		날씨에 맞게 옷을 입는다.	질병을 예방하는 방법을 알고 실천한다.	규칙적인 배변습관을 가진다.
안전하게 생활하기	안전하게 놀이하기	놀이기구나 놀잇감, 도구를 안전하게 사용한다.	날씨와 상황에 알맞게 옷을 입는다.	질병을 예방하는 방법을 알고 실천한다.
		안전한 놀이장소를 안다.	놀이기구나 놀잇감, 도구를 안전하게 사용한다.	날씨와 상황에 알맞게 옷을 입는다.
		TV, 인터넷, 통신기기 등을 바르게 사용한다.	안전한 장소를 알고 안전하게 놀이한다.	놀이기구나 놀잇감, 도구의 바른 사용법을 알고 안전하게 사용한다.
	교통안전 규칙 지키기	교통안전 규칙을 안다.	TV, 인터넷, 통신기기 등의 위해성을 알고, 바르게 사용한다.	안전한 장소를 알고 안전하게 놀이한다.
		교통수단을 안전하게 이용한다.	교통안전 규칙을 알고 지킨다.	TV, 인터넷, 통신기기 등의 위해성을 알고, 바르게 사용한다.
	비상 시 적절히 대처하기	학대, 성폭력, 실종, 유괴상황을 알고 도움을 요청한다.	교통수단을 안전하게 이용한다.	교통안전 규칙을 알고 지킨다.
		재난 및 사고 등 비상시 적절하게 대처하는 방법을 안다.	학대, 성폭력, 실종, 유괴상황 시 도움을 요청하는 방법을 알고 행동한다.	교통수단을 안전하게 이용한다.

(2) 의사소통 영역

1 목표

의사소통영역은 언어의 기본 형태인 구어와 문어를 활용하여 나와 다른 사람의 느낌이나, 생각, 경험을 상황과 상대방에 알맞게 소통할 수 있는 능력을 기르는 영역이다. 또한 말과 글의 관계를 알고 읽기와 쓰기에 흥미를 가져 언어 사용을 즐기도록 하는 영역으로 다음과 같은 목표를 지닌다.

- 다른 사람의 말을 주의 깊게 듣는 태도와 이해하는 능력을 기른다.
- 자신의 생각과 느낌을 말하는 능력을 기른다.
- 글자와 책에 친숙해지는 경험을 통하여 글자 모양을 인식하고 읽기에 흥미를 가진다.
- 말과 글의 관계를 알고 자신의 생각, 느낌, 경험을 글로 표현하는 데 관심을 가진다.

2 연령별 내용

내용범주	내용	세부 내용		
		3세	4세	5세
듣기	낱말과 문장 듣고 이해하기	낱말의 발음에 관심을 가지고 듣는다.	낱말의 발음에 관심을 가지고 듣는다.	낱말의 발음에 관심을 가지고 비슷한 발음을 듣고 구별한다.
		일상생활과 관련된 낱말과 문장을 듣고 뜻을 이해한다.	일상생활과 관련된 낱말과 문장을 듣고 뜻을 이해한다.	다양한 낱말과 문장을 듣고 뜻을 이해한다.
	이야기 듣고 이해하기	다른 사람의 이야기를 관심 있게 듣는다.	다른 사람의 이야기를 듣고 이해한다.	다른 사람의 이야기를 듣고 이해한다.
	동요, 동시, 동화 듣고 이해하기	동요, 동시, 동화를 다양한 방법으로 듣고 즐긴다.	이야기를 듣고 궁금한 것에 대해 질문한다.	이야기를 듣고 궁금한 것에 대해 질문한다.
	바른 태도로 듣기	말하는 사람을 바라보며 듣는다.	동요, 동시, 동화를 다양한 방법으로 듣고 즐긴다.	동요, 동시, 동화를 다양한 방법으로 듣고 이해한다.
말하기	낱말과 문장으로 말하기	친숙한 낱말을 발음해 본다.	전래 동요, 동시, 동화를 듣고 우리말의 재미를 느낀다.	전래 동요, 동시, 동화를 듣고 우리말의 재미를 느낀다.

내용범주	내용	세부 내용		
		3세	4세	5세
		새로운 낱말에 관심을 가진다.	다른 사람의 이야기를 주의 깊게 듣는다.	다른 사람의 이야기를 끝까지 주의 깊게 듣는다.
		일상생활에서 일어나는 일들을 간단한 문장으로 말한다.	친숙한 낱말을 정확하게 발음해 본다.	정확한 발음으로 말한다.
	느낌, 생각, 경험 말하기	자신의 느낌, 생각, 경험을 말해 본다.	다양한 낱말을 사용하여 말한다.	다양한 낱말을 사용하여 상황에 맞게 말한다.
	상황에 맞게 바른 태도로 말하기	상대방을 바라보며 말한다.	일상생활에서 일어나는 일들을 간단한 문장으로 말한다.	일상생활에서 일어나는 일들을 다양한 문장으로 말한다.
		바르고 고운 말을 사용한다.	자신의 느낌, 생각, 경험을 말한다.	자신의 느낌, 생각, 경험을 적절한 낱말과 문장으로 말한다.
읽기	읽기에 흥미 가지기	주변에서 친숙한 글자를 찾아본다.	주제를 정하여 함께 이야기를 나눈다.	주제를 정하여 함께 이야기를 나눈다.
		읽어 주는 글의 내용에 관심을 가진다.	이야기를 지어 말한다.	이야기 지어 말하기를 즐긴다.
	책 읽기에 관심 가지기	책에 흥미를 가진다.	듣는 사람의 생각과 느낌을 고려하여 말한다.	듣는 사람의 생각과 느낌을 고려하여 말한다.
		책의 그림을 단서로 내용을 추측해 본다.	차례를 지켜 말한다.	때와 장소, 대상에 알맞게 말한다.
쓰기	쓰기에 관심 가지기	말을 글로 나타내는 것에 관심을 보인다.	바르고 고운 말을 사용한다.	바르고 고운 말을 사용한다.
		자기 이름의 글자에 관심을 가진다.	주변에서 친숙한 글자를 찾아본다.	주변에서 친숙한 글자를 찾아 읽어 본다.

(3) 사회관계 영역

1 목표

사회관계 영역은 유아가 자신을 알고 소중하게 여기며 가족, 또래와 함께 원만하게 지내는 방법 뿐 아니라 공동체에서 함께 살아가는 방법을 익히고 사회에 관심을 가지며 적응해 나갈 수 있는 기초능력과 인성을 기르기 위한 영역으로 다음과 같은 목표를 지닌다.

- 자신을 소중히 여기며 자율성을 기른다.
- 자신과 타인의 감정을 알고, 자신의 감정을 적절하게 표현하고 조절한다.
- 가족과 화목하게 지내며 서로 협력한다.
- 친구, 공동체 구성원들과 서로 돕고, 예의·규칙 등 사회적 가치를 알고 지킨다.
- 우리 동네, 우리나라, 다른 나라에 관심을 가진다.

2 연령별 내용

내용범주	내용	세부 내용		
		3세	4세	5세
나를 알고 존중하기	나를 알고, 소중히 여기기	나에 대해 관심을 갖는다.	나에 대해 알아본다.	나에 대해 알아본다.
		나와 다른 사람의 차이에 관심을 갖는다.	나와 다른 사람의 차이점을 알아본다.	나와 다른 사람의 신체적, 사회적, 문화적 차이를 존중한다.
		나를 소중하게 여긴다.	나에 대해 긍정적으로 생각하고 나를 소중하게 여긴다.	나에 대해 긍정적으로 생각하고 나를 소중하게 여긴다.
	나의 일 스스로 하기	내가 할 수 있는 일을 알아본다.	내가 할 수 있는 일을 해 본다.	내가 할 수 있는 일을 스스로 한다.
		내가 하고 싶은 일을 선택해 본다.	하고 싶은 일을 계획하고 해 본다.	하고 싶은 일을 계획하고 해 본다.
나와 다른 사람의 감정 알고 조절하기	나와 다른 사람의 감정 알고 표현하기	자신에게 여러 가지 감정이 있음을 안다.	자신의 감정을 알고 표현한다.	자신의 감정을 알고 표현한다.

내용범주	내용	세부 내용		
		3세	4세	5세
		다른 사람의 감정에 관심을 갖는다.	다른 사람의 감정을 안다.	다른 사람의 감정을 알고 공감한다.
	나의 감정 조절하기	자신의 감정을 조절해 본다.	자신의 감정을 조절해 본다.	자신의 감정을 상황에 맞게 조절한다.
가족을 소중히 여기기	가족과 화목하게 지내기	가족의 소중함을 안다.	가족의 소중함을 안다.	가족의 의미와 소중함을 안다.
	가족과 협력하기	가족 구성원을 알아본다.	가족 구성원의 역할에 대해 알아본다.	가족과 화목하게 지낸다.
		가족을 위하여 내가 할 수 있는 일을 알아본다.	가족을 위하여 내가 할 수 있는 일을 알아보고 실천한다.	다양한 가족구조에 대해 알아본다.
다른 사람과 더불어 생활하기	친구와 사이좋게 지내기	친구와 함께 놀이한다.	친구와 협동하며 놀이한다.	가족은 서로 도와야 함을 알고 실천한다.
		나와 친구의 의견에 차이가 있음을 안다.	친구와의 갈등을 긍정적인 방법으로 해결한다.	친구와 협동하며 놀이한다.
	공동체에서 화목하게 지내기	교사 및 주변 사람과 화목하게 지낸다.	도움이 필요할 때 다른 사람과 도움을 주고받는다.	친구와의 갈등을 긍정적인 방법으로 해결한다.
	사회적 가치를 알고 지키기	다른 사람의 소유물을 존중한다.	교사 및 주변 사람과 화목하게 지낸다.	다른 사람과 도움을 주고받고, 서로 협력한다.
		약속과 규칙을 지켜야 함을 안다.	정직하게 말하고 행동한다.	교사 및 주변 사람과 화목하게 지낸다.
사회에 관심 갖기	지역사회에 관심 갖고 이해하기	우리 동네의 이름을 안다.	다른 사람의 생각, 행동을 존중한다.	정직하게 말하고 행동한다.
		우리 동네 사람들에 관심을 갖는다.	친구와 어른께 예의 바르게 행동한다.	다른 사람을 배려하여 행동한다.
	우리나라에 관심 갖고 이해하기	우리나라를 상징하는 것에 관심을 가진다.	다른 사람과 한 약속이나 공공규칙을 지킨다.	친구와 어른께 예의 바르게 행동한다.

내용범주	내용	세부 내용		
		3세	4세	5세
		우리나라의 전통놀이와 풍습에 관심을 갖는다.	자연과 자원을 아끼는 습관을 기른다.	다른 사람과 한 약속이나 공공규칙을 지킨다.

(4) 예술경험 영역

1 목표

예술경험 영역은 유아가 친근한 주변 환경에서 발생하는 소리, 음악, 움직임과 춤, 모양과 색 등의 미술 요소에서 아름다움을 느끼고, 또래와 교사, 부모, 지역사회의 주민이나 작가가 표현한 예술작품을 가까이 접하면서, 이를 탐색하고 창의적으로 표현하는 것을 즐기며 감상하기 위한 영역으로 다음과 같은 목표를 지닌다.

- 자연과 주변 환경에서 발견한 아름다움과 예술적 요소에 관심을 갖고 탐색한다.
- 자신의 생각과 느낌을 음악, 움직임과 춤, 미술, 극놀이를 통해 창의적으로 표현하는 것을 즐긴다.
- 자연과 다양한 예술 작품을 감상하며, 풍부한 감성과 심미적 태도를 기른다.

2 연령별 내용

내용범주	내용	세부 내용		
		3세	4세	5세
아름다움 찾아보기	음악적 요소 탐색하기	다양한 소리, 음악의 셈여림, 빠르기, 리듬 등에 관심을 갖는다.	다양한 소리, 음악의 셈여림, 빠르기, 리듬 등에 관심을 갖는다.	다양한 소리, 악기 등으로 음악의 셈여림, 빠르기, 리듬 등을 탐색한다.

내용범주	내용	세부 내용		
		3세	4세	5세
	움직임과 춤 요소 탐색하기	움직임과 춤의 모양, 힘, 빠르기 등에 관심을 갖는다.	움직임과 춤의 모양, 힘, 빠르기 등에 관심을 갖는다.	움직임과 춤의 모양, 힘, 빠르기, 흐름 등을 탐색한다.
	미술적 요소 탐색하기	자연과 사물의 색, 모양, 질감 등에 관심을 갖는다.	자연과 사물의 색, 모양, 질감 등에 관심을 갖는다.	자연과 사물에서 색, 모양, 질감, 공간 등을 탐색한다.
예술적 표현하기	음악으로 표현하기	간단한 노래를 듣고 따라 부른다.	노래로 자신의 생각과 느낌을 표현한다.	노래로 자신의 생각과 느낌을 표현한다.
		전래동요를 즐겨 부른다.	전래동요를 즐겨 부른다.	전래동요를 즐겨 부른다.
		리듬악기로 간단한 리듬을 표현해 본다.	리듬악기를 연주해 본다.	리듬악기를 연주해 본다.
		간단한 리듬과 노래를 즉흥적으로 만들어 본다.	간단한 리듬과 노래를 즉흥적으로 만들어 본다.	리듬과 노래 등을 즉흥적으로 만들어 본다.
	움직임과 춤으로 표현하기	신체를 이용하여 주변의 움직임을 자유롭게 표현한다.	신체를 이용하여 주변의 움직임을 자유롭게 표현한다.	신체를 이용하여 주변의 움직임을 다양하게 표현하며 즐긴다.
		움직임과 춤으로 자신의 생각과 느낌을 표현한다.	움직임과 춤으로 자신의 생각과 느낌을 표현한다.	움직임과 춤으로 자신의 생각과 느낌을 표현한다.
		도구를 활용하여 다양한 움직임으로 표현한다.	도구를 활용하여 다양한 움직임으로 표현한다.	다양한 도구를 활용하여 창의적으로 움직인다.
	미술활동으로 표현하기	다양한 미술활동을 경험해 본다.	다양한 미술활동으로 자신의 생각과 느낌을 표현한다.	다양한 미술활동으로 자신의 생각과 느낌을 표현한다.
		미술활동에 필요한 재료와 도구에 관심을 가지고 사용한다.	협동적인 미술활동에 참여한다.	협동적인 미술활동에 참여하여 즐긴다.
	극놀이로 표현하기	일상생활의 경험을 극놀이로 표현한다.	미술활동에 필요한 재료와 도구를 다양하게 사용한다.	미술활동에 필요한 재료와 도구를 다양하게 사용한다.

내용범주	내용	세부 내용		
		3세	4세	5세
	통합적으로 표현하기	예술 활동에 참여하여 표현과정을 즐긴다.	일상생활의 경험이나 간단한 이야기를 극놀이로 표현한다.	경험이나 이야기를 극놀이로 표현한다.
예술 감상하기	다양한 예술 감상하기	다양한 음악, 춤, 미술작품, 극놀이 등을 듣거나 본다.	소품, 배경, 의상 등을 사용하여 협동적으로 극놀이를 한다.	소품, 배경, 의상 등을 사용하여 협동적으로 극놀이를 한다.
		나와 다른 사람의 예술 표현을 소중히 여긴다.	음악, 움직임과 춤, 미술, 극놀이 등을 통합하여 표현한다.	음악, 움직임과 춤, 미술, 극놀이 등을 통합하여 표현한다.
	전통예술 감상하기	우리나라의 전통예술에 관심을 갖는다.	예술 활동에 참여하여 표현과정을 즐긴다.	예술 활동에 참여하여 창의적으로 표현하는 과정을 즐긴다.

(5) 자연탐구 영역

1 목표

자연탐구 영역은 유아가 자신을 둘러싸고 있는 주변 세계에 대해 호기심을 가지고 궁금한 것을 해소하기 위해 탐구하며, 일상생활에서 부딪치는 현상이나 문제해결을 통해 수학적 · 과학적으로 생각하는 기초 능력과 태도를 기르기 위한 영역으로 다음과 같은 목표를 지닌다.

- 주변의 사물과 자연 세계에 대해 알고자 하는 호기심을 가지고 탐구하는 태도를 기른다.
- 생활 속의 여러 상황과 문제를 논리·수학적으로 이해하고 해결하기 위한 기초 능력을 기른다.
- 주변의 관심 있는 사물과 생명체 및 자연현상을 탐구하기 위한 기초능력을 기른다.

2 연령별 내용

내용범주	내용	세부 내용		
		3세	4세	5세
탐구하는 태도 기르기	호기심을 유지하고 확장하기	주변 사물과 자연세계에 대해 호기심을 갖는다.	주변 사물과 자연세계에 대해 지속적으로 호기심을 갖는다.	주변 사물과 자연세계에 대해 지속적으로 호기심을 갖고 알고자 한다.
	탐구과정 즐기기	궁금한 점을 알아보는 과정에 흥미를 갖는다.	궁금한 점을 알아보는 탐구과정에 관심을 가지고 참여한다.	궁금한 점을 알아보는 탐구과정에 참여하고 즐긴다.
수학적 탐구하기	수와 연산의 기초개념 알아보기	생활 속에서 수에 관심을 갖는다.	일생생활의 문제를 해결하는 과정에서 탐색, 관찰 등의 방법을 활용해 본다.	탐구과정에서 서로 다른 생각에 관심을 갖는다.
		구체물 수량의 많고 적음을 비교한다.	생활 속에서 사용되는 수의 여러 가지 의미를 안다.	일상생활의 문제를 해결하는 과정에서 탐색, 관찰, 비교, 예측 등의 탐구기술을 활용해 본다.
		다섯 개 가량의 구체물을 세어보고 수량에 관심을 갖는다.	구체물 수량에서 '같다', '더 많다', '더 적다'의 관계를 안다.	생활 속에서 사용되는 수의 여러 가지 의미를 안다.
	공간과 도형의 기초개념 알아보기	나를 중심으로 앞, 뒤, 옆, 위, 아래를 알아본다.	열 개 가량의 구체물을 세어보고 수량을 알아본다.	구체물 수량의 부분과 전체 관계를 알아본다.
		물체의 모양에 관심을 갖는다.	위치와 방향을 여러 가지 방법으로 나타내 본다.	스무 개 가량의 구체물을 세어보고 수량을 알아본다.
	기초적인 측정하기	두 물체의 길이, 크기를 비교해 본다.	기본 도형의 특성을 인식한다.	구체물을 가지고 더하고 빼는 경험을 해 본다.
	규칙성 이해하기	생활주변에서 반복되는 규칙성에 관심을 갖는다.	기본 도형을 사용하여 여러 가지 모양을 구성해 본다.	위치와 방향을 여러 가지 방법으로 나타내 본다.

내용범주	내용	세부 내용		
		3세	4세	5세
	기초적인 자료 수집과 결과 나타내기	같은 것 끼리 짝을 짓는다.	일상생활에서 길이, 키, 무게 등을 비교해 본다.	여러 방향에서 물체를 보고 그 차이점을 비교해 본다.
과학적 탐구하기	물체와 물질 알아보기	친숙한 물체와 물질의 특성에 관심을 갖는다.	생활주변에서 반복되는 규칙성을 알아본다.	기본 도형의 공통점과 차이점을 알아본다.
	생명체와 자연환경 알아보기	나의 출생과 성장에 대해 관심을 갖는다.	반복되는 규칙성을 인식하고 모방한다.	기본 도형을 사용하여 여러 가지 모양을 구성해 본다.
		주변의 동식물에 관심을 가진다.	필요한 정보나 자료를 수집한다.	일상생활에서 길이, 크기, 무게, 들이 등의 속성을 비교하고, 순서를 지어 본다.
		생명체를 소중히 여기는 마음을 갖는다.	한 가지 기준으로 자료를 분류해 본다.	임의 측정 단위를 사용하여 길이, 면적, 들이, 무게 등을 재 본다.
	자연현상 알아보기	돌, 물, 흙 등 자연물에 관심을 갖는다.	친숙한 물체와 물질의 특성을 알아본다.	생활주변에서 반복되는 규칙성을 알고 다음에 올 것을 예측해 본다.
		날씨에 관심을 갖는다.	물체와 물질을 여러 가지 방법으로 변화시켜 본다.	스스로 규칙성을 만들어 본다.
	간단한 도구와 기계 활용하기	생활 속에서 간단한 도구와 기계에 관심을 갖는다.	나의 출생과 성장에 대해 관심을 갖는다.	필요한 정보나 자료를 수집한다.
		도구와 기계의 편리함에 관심을 갖는다.	관심 있는 동식물의 특성을 알아본다.	한 가지 기준으로 분류한 자료를 다른 기준으로 재분류해 본다.

보육과정과 보육프로그램

06

CHAPTER

보육과정은 영유아의 전인적 발달을 위한 총제적인 경험으로 보육목표, 보육내용, 영유아들의 경험내용과 성취과정, 교사의 역할, 교수·학습과정 등을 총제적으로 일컫는다. 보육프로그램은 독특한 이론과 철학적 토대를 근거로 특정의 대상, 지역사회의 요구 등을 반영하여 실제적으로 운영되는 교육과정 전반을 일컫는 용어이다. 어린이집에서는 연간 보육계획, 월간 보육계획, 주간 보육계획, 일일 보육계획의 보육과정을 수립하여 운영하고 각각의 이론과 철학을 가지고 다양한 보육 프로그램을 보호와 교육에 적용하여 모든 영유아 및 아동들이 건강한 사회구성원으로 성장할 수 있도록 역할과 기능을 하고 있다. 이 장에서는 영아기, 유아기, 아동기, 장애아동의 주요과업을 고려한 특징 있는 일과운영과 보육프로그램을 살펴본다.

1. 보육과정의 계획

1) 연간 보육계획

연간 보육계획은 1년동안 영유아가 달성해야할 보육목표와 내용을 주제로 제시하며, 영유아들에게 필요한 보육내용을 균형있게 연계하도록 수립한다.

(1) 영아반 연간 보육계획

영아반 연간 보육계획은 영아의 발달특성과 흥미에 기초하여 선정한다. 주제는 동일 연령 내에서, 그리고 연령이 증가할수록 영아에게 친숙하고 구체적이며 자주 경험하는 것에서부터 점차 추상적이고 멀어진 환경에 대한 주제가 포함되도록 한다.

0세는 월령에 따라 발달적 차이가 크기 때문에 놀이활동에 비해 양육활동이 많은 부분을 차지한다. 0세를 위한 연간주제는 0세의 발달특성과 발달과정을 중심으로 세상에 대한 호기심, 애착을 보이는 사람과 사물을 중심으로 주제를 선정하고 1세와의 연계를 고려하여 주제를 선정한다.

1세는 일상적 양육활동과 함께 놀이활동이 점점 늘어나게 되므로, 연간주제는 1세의 발달특성과 발달과업, 적응, 계절, 어린이집이나 지역사회의 특성을 반영하되, 0세 및 2세와의 연계성을 고려하여 선정한다.

2세는 0~1세에 비해 일상적 양육활동과 함께 놀이활동의 비중이 커지므로, 연간주제는 2세의 발달특성을 반영하여 어린이집-나-가족-친구로 관계를 확장해나가고, 동시에 계절의 변화, 흥미와 관심 등을 반영하는 주제를 선정한다(김명순 외, 2013).

0~2세 연령별 어린이집 프로그램의 연간주제는 다음과 같다.

표 6-1 0~2세 영아반 연간 주제

	0세	1세	2세
1	낯설어요	새로운 것이 낯설어요	어린이집이 좋아요
2	느껴보아요	느낄 수 있어요	봄나들이 가요
3	움직여요	놀이할 수 있어요	나는요
4	놀이는 재미있어요Ⅰ	나는 할 수 있어요	재미있는 여름이에요
5	놀이는 재미있어요Ⅱ	움직이는 것이 재미있어요	나는 가족이 있어요
6	좋아해요	좋아하는 놀이가 있어요	동물놀이해요
7		새로운 것도 좋아요	알록달록 가을이에요
8			겨울과 모양을 즐겨요
9			나는 친구가 있어요

(2) 유아반 연간 보육계획

유아반의 연간 보육계획은 주제로 묶어 제시되고 있으며, 계절, 유아의 경험과 흥미, 생활주제 등을 토대로 다양한 활동이 포함되어 제시하고 있다. 교사는 규칙적이고 일관성 있는 일과 속에서 활동 간의 균형이 이루어지도록 계획하여 활용할 수 있다. 각 주제는 개별 어린이집 행사나 유아의 흥미, 계절의 변화 등을 고려하여 상황에 따라 소주제를 조정하여 활용할 수 있다.

표 6-2 3~5세 유아반 연간 주제

	3~4세	5세
3월	어린이집과 친구	즐거운 어린이집
4월	봄 / 동식물과 자연	봄과 동·식물
5월	동식물과 자연 / 나와 가족	소중한 가족
6월	나와 가족 / 우리 동네	우리 동네
7월	건강과 안전 / 여름	신나는 여름
8월	여름 / 교통기관	교통과 안전
9월	교통기관 / 우리나라	세계 속의 우리나라
10월	가을과 열매	가을과 자연
11월	환경과 생활	지구와 환경

12월	환경과 생활 / 겨울과 놀이	겨울과 놀이
1월	생활도구	기계와 생활
2월	형님이 되어요	초등학교에 가요

2) 월간 보육계획

월간 보육계획은 연간 보육계획에 기초하여 소주제로 나누어 한 주 단위로 하여 수립한다. 교사는 월간 보육계획을 수립함으로써 한 달 동안 진행될 보육의 내용과 활동에 대해 미리 구체적으로 준비하게 된다. 월간 계획을 수립할 때는 영유아의 특성과 능력, 어린이집 및 지역사회의 필요와 요구, 계절, 공휴일이나 원 행사 일정 및 견학 등을 고려하여 다양한 활동을 계획 수립한다.

(1) 영아반 월간 보육계획

영아반은 월별로 보육계획을 수립하지 않고 각 주제별로 일상생활과 놀이활동을 중심으로 작성한다.

0세는 6개의 주제를 중심으로 각 주제별로 5개의 소주제를 선정, 총 30개의 소주제로 구성되었다. 1개의 주제를 6~8주 정도까지 진행할 수 있다. 영아의 월령과 관심 정도에 따라 동시에 2개의 주제를 진행할 수도 있다. 1개의 소주제는 1~2주간 진행하되 교사는 한반으로 구성된 0세 영아의 월령에 따른 발달수준과 반응을 고려하여 진행기간을 융통성있게 조정할 수 있다.

1세는 7개의 주제를 중심으로 각 주제별로 2~6개의 소주제를 선정, 총 26개의 소주제로 구성되었다. 1개의 주제를 4주 이상, 경우에 따라서는 10주까지도 진행할 수 있다. 1개의 소주제는 1세 영아의 흥미와 관심 정도에 따라 2~3주까지 반복할 수 있다.

2세는 9개의 주제를 중심으로 각 주제별로 5~7세를 선정, 총 50개의 소주제로 구성되었다. 1개의 주제를 5~7주간 진행할 수 있으며, 2세 영아의 흥미와 관심 정도에 따라 소주제 간 통합이나 확장 등 융통적으로 진행할 수 있다(김명순 외, 2013:101).

(2) 유아반 월간 보육계획

유아반 월간 보육계획은 1개 또는 2개의 주제로 구성되며, 1개의 주제는 유아의 흥미와 관심 및 경험의 정도에 따라 1개월 또는 2개월까지 지속될 수 있다. 각 주제들은 유기적으로 연관지어 진행한다.

3) 주간 보육계획

주간 보육계획은 한 주 동안 전개해 나갈 보육활동의 내용을 계획하는 것으로 월간 보육계획에 기초하여 작성한다. 주간 보육계획은 매주 진행될 소주제 관련 활동을 월~금(토)요일에 걸쳐 요일별, 시간대별, 실내외 공간별, 흥미영역별로 어떻게 배분하여 진행할 것인가에 대해 계획한다. 교사는 주간 보육계획을 통해 소주제하에 한 주 동안 진행되는 모든 활동을 파악할 수 있다. 주간 보육계획은 연간 및 월간 계획과는 달리 날씨변화 및 행사 일정에 따라 변경하여 진행할 수 있다.

(1) 영아반 주간 보육계획

영아의 주간 보육계획은 반에 구성된 영아들의 상황에 따라 융통성있게 기간을 조절할 수 있으며 주간 보육계획은 전 주의 평가를 토대로 연계성을 갖고 계획한다. 놀이활동은 영아의 발달을 중심으로 통합적인 발달을 이루는 활동으로 계획한다.

(2) 유아반 주간 보육계획

주간 보육계획은 소주제별로 다루어질 주요 내용을 설정하고, 소주제의 전개 순서에 따라 자유선택활동, 대 · 소집단 활동을 결정하며, 선정된 활동을 월요일에서 금(토)요일까지 연계성을 고려하여 배치한다. 자유선택활동은 월~금(토)요일까지 흥미영역간, 오전오후간, 자유선택활동과 대소집단 간, 실내외 간 활동이 연계, 확장, 심화되도록 계획한다. 유아의 흥미와 능력에 따라 여러 날에 걸쳐 지속될 수도 있고, 매일 다른 활동이 제시될 수도 있다. 교사가 계획한 주간 보육계획에 있는 활동에 유아가 참여하지 않고 자신의 흥미에 따라 다른 놀이에 몰두할 수 있다. 교사가 계획하지 않은 활동이라 하더라도 유아가 스스로 선택한 활동이나 놀이에 참여하여 유아와 상호작용하며 이를 적극 지원하도록 한다.

4) 일일 보육계획

일일 보육계획에서는 주간보육계획에 기초하여 일과를 시간대별로 활동 순서를 정하여 활동계획과 필요한 준비물 등을 미리 계획해 보는 것이다. 교사는 소주제에서 일일 보육계획을 통해 하루에 진행될 모든 활동과 교사가 해야 할 역할을 파악할 수 있다.

(1) 영아반 일일 보육계획

영아는 다른 연령에 비해 개인차가 많이 나타나는 시기이므로 영아 개인의 발달수준과 욕구를 충분히 반영하여 일일 보육계획을 융통성 있게 계획하여 운영한다. 특히 학기 초일수록 개인차가 더 많이 나타나기 때문에 이를 고려하여 수립하도록 한다.

(2) 유아반 일일 보육계획

일일 보육계획은 일과의 시간순서에 따라 등원, 오전자유선택활동, 정리정돈, 손 씻기, 화장실 다녀오기, 대 · 소집단활동, 실외활동, 점심과 낮잠, 오후자유선택활동, 귀가 등의 내용으로 이루어진다. 유아는 놀이에 열중하면 자신의 생리적 욕구를 적절히 조절할 수 없으므로, 일과 계획에 간식, 배변, 휴식, 낮잠, 점심 등 일상양육에 대한 계획이 포함되도록 한다. 실외활동은 일과 중 매일 포함하여 계획하고, 오전이나 오후 중 1시간 이상 계획되어야 하며, 주제와 연관된 다양한 활동 및 자유놀이가 진행되도록 계획한다. 규칙적인 일과 진행은 유아에게 안정감을 주는 동시에 다음 활동에 대한 예측을 가능하게 한다. 보육일과는 어린이집의 상황이나 계절, 날씨, 유아의 발달적 특성 및 흥미, 지역적 특성 등을 시간구분이나 활동계획을 융통적으로 운영할 수 있다.

2. 보육과정과 보육프로그램의 운영

1) 영아보육

(1) 영아반의 일과운영

영아들은 부모와 함께 개인적으로 등원하는 경우가 많으며, 그렇지 않은 경우에는 어린이집 차량을 이용해서 등원하게 된다. 유아반의 일과운영과 비교해 볼 때, 영아반은 혼자서 '화장실 다녀오기' 보다는 '대소변 가리기'라 하여 교사의 도움을 받아서 화장실을 다녀오며 점차 혼자서 다녀오기가 가능해 지도록 하고 있다. 또한 영아반에서는 '낮잠자기'가 필수적으로 진행되고 있다. 돌 전의 영아들은 오전에 잠을 자며, 오후에도 성인 또는 놀잇감과의 상호작용을 경험하고 수유를 한 후에는 잠을 자게 된다. 이와 같이 '대소변 가리기'와 '낮잠자기'의 활동들은 개월 수가 증가함에 따라 소요 시간과 횟수가 점차 줄어든다.

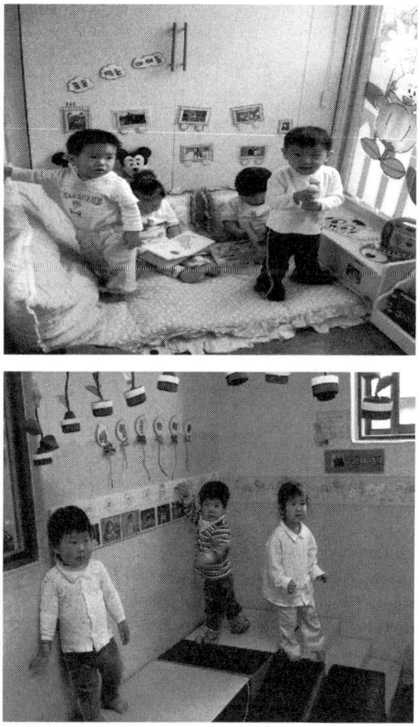

영아반-자유선택활동

영아들의 보육공간은 주제에 관한 경험을 충분히 할 수 있도록 구성되며, 영아들은 여러 영역에서 자유롭게 놀잇감을 탐색하고 또래와 상호작용을 하게 된다. 영아들의 놀이시간은 예측하지 못하는 돌발상황이 있을 수 있으며, 안전에 대한 관리가 매우 중요시되는 시간이다. 또한 영아들의 신체 · 언어 · 사회 · 정서 · 인지 발달에 많은 영향을 미치는 시간이기도 하지만 교사가 영아를 관찰하고 상호작용할 수 있는 매우 중요한 시간이기도 하다.

영아반의 귀가시간에는 다양한 모습이 관찰된다. 부모가 일찍 와서 데리고 가려 할 때 가기 싫어서 도망 다니는 영아, 친구가 먼저 가면 엄마 찾으며 우는 영아, 상황과 무관하게 혼자놀이에 몰입하고 있는 영아들의 모습을 볼 수 있다.

교사가 영아들과 헤어지는 귀가시간에는 영아들을 깔끔하게 준비시키고 안정되게 하는 노력이 필요하다.

표 6-3 영아반의 일과운영

시간	주요일과	활동내용
7:30 ~ 9:00	등원 및 통합보육, 건강관찰	· 반갑게 맞이하기 / 옷갈아 입기 · 보호자와 영아의 기분과 건강 등에 관해 이야기 나누기 · 자유놀이 후 선생님의 도움받아 장난감 정리하기
9:00 ~ 9:30	화장실 가기, 오전 간식	· 기저귀 갈기 / 화장실 다녀오기 · 선생님의 도움을 받아 손을 씻거나 스스로 손씻기 · 오전 간식 먹기 및 수유
9:30 ~ 10:50	오전 실내자유놀이	· 0세 : 신체, 언어, 감각 · 탐색 1세 : 신체, 언어, 감각 · 탐색, 역할 · 쌓기 2세 : 신체, 언어, 감각 · 탐색, 역할 · 쌓기, 미술, 음률 · 주제에 따라 모든 영아가 참여하는 활동 : 정적활동(얼굴 마주하고 앉아 이야기하기, 노래 듣기, 까꿍놀이, 책읽어 주기 등)과 동적활동(보행기 타기, 공굴리고 받기, 기어오르고 내려오기 등)을 개별 · 소집단으로 운영
10:50 ~ 11:10	정리정돈, 화장실 다녀오기	· 선생님의 도움받아 장난감 정리하기 · 다음 놀이 활동 장소로 이동하기 · 신발 신고 겉옷 입기
11:10 ~ 11:30	실외놀이 및 손씻기	· 날씨에 따라 실외(실내)에서 산책, 자연물에 대한 탐색, 물 · 모래놀이, 놀이기구 타기 등 다양한 환경 중에서 혼자 또는 친구들과 함께 자유롭게 선택하여 놀이하기 · 손씻기
11:30 ~ 12:50	점심식사 및 이닦기, 화장실 가기	· 점심 또는 이유식 먹기 · 선생님의 도움받아 이닦기 · 낮잠자기 전 기저귀 갈기 / 화장실 다녀오기
12:50 ~ 15:00	낮잠	· 조용한 놀이 후 옷 벗고 낮잠준비 · 조용한 음악이나 동화 들으며 낮잠자기
15:00 ~ 15:30	낮잠깨기 및 정리정돈, 손씻기	· 잠자리를 정리하고 옷 입기 · 선생님의 도움을 받아 손을 씻거나 스스로 손씻기 · 기저귀 갈기 / 화장실 다녀오기

15:30 ~ 16:00	오후 간식	· 오후 간식 먹기 및 수유
16:00 ~ 16:50	오후 실외자유놀이	· 신발 신고 겉옷 입기, 이동하기 · 정리하기 · 오후 실외자유놀이
16:50 ~ 18:00	오후 실내자유놀이	· 오전에 마치지 못한 개별활동을 연계, 확장하기
18:00 ~ 19:30	귀가 및 통합보육	· 선생님, 친구들과 인사 나누기 · 보호자와 영아의 하루일과에 이야기 나누기

(2) 치료놀이 프로그램

영아기의 보육프로그램은 영아의 독특한 발달에 적합한 교육이 이루어져야 한다. 즉, 영아들의 풍부한 감각적 경험과 이들의 발달에 맞는 적절한 과제를 제공하여 성공감과 기쁨을 경험할 수 있는 많은 기회가 제공될 때 건강한 유아기를 맞이할 수 있을 것이다.

영아는 엄마와의 신체접촉을 통한 사회적 상호작용으로 세상을 인식해 간다. 신체접촉은 촉각(tactile)과 근육감각(kinesthetic) 둘 다를 포함한다. 엄마와의 신체접촉은 어린 영아가 세상을 느끼고 이해할 수 있게 해 주는 가장 일차적인 도구로서 영아의 전반적인 신체 · 심리적 발달에 토대가 될 수 있다. 특히 어린 영아는 신체접촉을 통해 의사를 전달하고 엄마의 의도를 파악하면서 사회적 상호작용을 하게 된다. 따라서 영아기의 신체접촉의 다양성과 그에 따른 특징은 영아의 사회성 발달에 지대한 영향을 줄 수 있는 요인이다(Stack, 2001).

최근에는 신체접촉을 통해 미숙한 영아의 신체발달을 촉진시키는 마사지 치료나 캥거루 케어 등의 치료프로그램의 효과가 널리 인정받고 있다(곽금주 외, 2005). 따라서 본 절에서는 영아보육 현장에서 적용할 수 있는 건강한 부모-자녀의 상호작용을 강조하는 치료놀이 프로그램(성영혜 · 김현자, 2005)을 소개한다.

1 치료놀이 프로그램의 개념

치료놀이 프로그램(theraplay program)은 영아의 발달에 적합한 놀이를 중요한 매개로 하는 프로그램의 모형이다. 치료놀이 이론을 토대로 성인과의 신체적 놀이를 통해 영아의 건강한 발달을 돕도록 구성된 프로그램이다. 신체적 놀이라는 것은 건강한 부모-자녀 간의 상호작용이 영아의 긍정적인 자아상 확립에 중요하다는 원리를 바탕으로 성인이 주도권을 가지고 진행하는 재미있는 놀이를 의미한다.

치료놀이 프로그램에서는 두 가지 목적을 갖는다. 첫째, 재미있는 상호작용을 통한 관계형성을 강조함으로써 영아들의 기본적인 욕구를 충족시키고 안전하고 건강하게 보육하여 전반적인 발달이 이루어지도록 한다. 둘째, 보육교사 또는 예비교사들이 영아와 신체적 접촉 및 관계형성을 할 수 있는 기회를 제공하며, 그러한 상호작용을 통해 교사 역할에 대한 자신감과 상호간의 변화를 갖도록 한다.

2 치료놀이 프로그램의 특성

① 신체접촉을 통한 자기조절 능력 향상

수면, 섭식, 배변훈련 등의 기본적인 욕구를 조절하는 과정을 통해서 자조능력을 배우며 주도적인 탐색능력과 태도를 기른다. 즉, 영아는 기본적인 욕구를 충족하는 과정에서 교사와 자연스러운 신체접촉을 하게 되는데, 이 때 교사는 영아로 하여금 편안함을 느끼게 해 주면서 정해진 시간에 수유와 이유를 하고 배변훈련을 하는 등 구조화를 하게 된다.

영아들은 개별활동 및 소집단활동을 통해 정서적 안정감을 갖지만, 그러한 과정을 통해 영아 자신의 감정과 충동적인 행동을 조절할 수 있는 능력이 길러진다.

② 탐색욕구를 통한 도전능력 향상

영아는 주변 세계에 대한 적극적인 탐색활동을 위해, 끊임없이 관찰하고 만지며, 교사가 계획한 도전활동을 경험하게 된다. 이를 통해 자신감을 얻게 되고, 문제 상황에 대해 해결해 보려고 시도하게 된다.

영아들은 자신의 기저귀가 있는 서랍을 찾아보는 등, 일상생활에 필요한 행동을 배워가면서 탐색욕구를 향해 계속해서 도전능력을 키워나가게 된다.

③ 교사주도의 개입활동을 통한 즐거움 증진

모든 발달에 있어서 아직은 미숙한 상태에 있는 영아들은 성인의 보살핌을 절실히 필요로 한다. 특히 새로운 환경에 적응이 필요한 영아는 놀이의 즐거움과 일상생활의 즐거움을 느낄 수 있도록 계획한 교사와의 자연스러운 활동을 통해 타인과의 관계경험이 즐겁다는 것을 느끼게 된다. 이를 통해 가족 외의 타인과도 자연스럽게 관계형성을 맺는 기초를 마련하게 된다.

④ 양육활동을 통한 상호작용의 증진

영아들은 출생의 첫 순간 이후에 울음을 통해 자신의 생리적 욕구를 전달하게 되고, 엄마는 이에 대한 욕구를 즉각적으로 충족시켜 주게 되므로 두 사람의 조화로운 관계가 성립된다. 엄마와 아기가 눈맞춤을 하고 서로의 얼굴표정에 반응하는 등 두 사람만의 상호작용이 이루어진다. 따라서 영아는 교사와의 포근한 신체접촉을 통해 자신이 안전하게 보살핌을 받고 있다는 것을 느끼게 된다.

3 치료놀이 프로그램의 원리

치료놀이 프로그램은 부모-자녀관계, 특히 母-兒관계의 기본적인 양상을 재발견하는 데 기본적인 원리를 두고 있다. 기본적인 원리란 놀이를 통해 경험할 수 있는 즐거움(playfulness), 구조(structure), 도전(challenge), 개입(engagement), 양육(nurture)을 말한다. 이러한 원리는 과목명처럼 분리하지 않고 일과운영의 흐름 속에 통합적으로 포함되도록 하는 것이 중요하다. 치료놀이 프로그램의 보육계획안과 원리 및 관련된 활동을 소개하면 다음과 같다.

표 6-4 18~24개월 주간보육계획안

소주제 : 놀잇감 탐색하기				기간 : 4월 1주		
영 역	월	화	수	목	금	토
대 · 소근육	어린이집 돌아보기			분무기로 꽃에 물주기		
탐색	영역별 놀잇감 탐색 / 꽃의 모양과 색깔 관찰하기					
표현	그래도 멈춰라(구조) / 거울보고 여러 가지 모자 써 보기					
언어	그림책 보기			동물 소리듣고 따라하기		
개별	담요썰매(개입, 구조)			퐁당퐁당(개입)		
기본생활습관	바르게 앉아서 먹기					

* 출처 : 성영혜 · 김현자(2005 : 62).

표 6-5 치료놀이 원리 및 활동의 예

원리	목적	내용 (예)
구조 (structure)	시간과 공간의 설정을 명확히 하고, 규칙의 내면화를 통해 성취감을 느끼게 한다. '나와 함께 있으면 안전해, 서로 상처를 주지 말자'.	<두 팔 농구> · 영아가 종이공을 넣을 수 있는 거리에서 두 팔을 동그랗게 만들어서 그 안으로 종이공을 넣게 한다. · 영아가 종이공을 넣어서 성공하면 얼굴을 보면서 박수를 치거나 등을 쓰다듬어 주면서 격려해 준다. "와, ○○가 공을 잘 던지네."
도전 (challenge)	적절한 자극과 긴장의 유발을 통해 자신의 유능감을 경험하며, 긴장과 분노를 해소하게 한다. '넌 할 수 있어.'	<방석 위에 올라서기> · 영아를 방석 위에 서게 하고, 마주 본 상태에서 양팔을 옆으로 들어 주어서 균형을 잡게 한다. · 방석을 점점 더 높게 쌓아서 그 위에 서게 한다. · 아기가 방석 위에 올라설 수 있도록 아기의 손을 잡아 준다. · 두 손을 놓은 후, '하나, 둘, 셋'을 셀 동안 아기가 방석 위에 잘 서 있으면 "○○가 참 잘 서 있네"라고 말하면서 박수쳐 주고 안아서 내려놓는다.
개입 (engagement)	다양한 자극을 통해 새롭고 즐거운 경험을 하며, 다른 사람과 친밀감을 형성하고 대인관계적인 접촉을 즐길 수 있게 한다. '나와 노는 것이 즐겁구나. 다른 사람과도 즐겁게 놀 수 있어.'	<두 발 톡톡이> · 영아가 다리를 쭉 뻗고 앉도록 한다. · 영아의 다리를 주물러 주면서 두 발을 주물러 준다. · "발에 재미있는 비닐을 씌워 줄게"라고 말하면서 톡톡이 비닐로 한 발씩 감싼다. · 한 발씩 살짝 들어서 두 손으로 골고루 주물러 준다. · 비닐 터지는 소리가 날 때마다 영아의 눈을 보며 놀란 표정을 짓는다.
양육 (nurture)	불충분한 욕구를 충족시키고, 자신이 사랑받는 소중한 존재라는 내면적 자아상을 확립하게 하며, 안정감과 신뢰감을 갖도록 한다. '너는 너무도 사랑스럽고 소중해.'	<손 등에 그림 그리기> · 영아의 손등에 로션을 듬뿍 발라서 펴준다. · 손가락으로 로션을 문질러서 그림을 그린다. · "내가 ○○ 모양을 그려 줄께" 말하면서 영아가 잘 볼 수 있게 그려 준다. · 손톱에 로션을 찍어 발라서 매니큐어를 바르듯이 발라 줄 수 있다. · 로션을 부드럽게 펴서 발라 준다. "손이 부드러워졌어." · 손을 들어 향기를 맡는다. "야, 좋은 향기가 난다."

* 출처 : 성영혜 · 김현자(2005 : 82~97).

④ 교사의 역할

① 민감하게 반응하는 상호작용자로서의 역할

교사가 영아와 상호작용을 잘 하기 위해서는 영아의 음식에 대한 기본욕구, 기저귀 갈기, 잠자기 등의 요구에 민감해야 하며, 책임감을 가지고 돌봐 주어야 한다. 영아에게 민감한 상호작용자로서의 역할은 영아를 충분히 관찰함으로 가능하기 때문에 영아의 건강한 발달을 도울 수 있다.

② 안전기지로서의 역할

영아기 초기에는 부모와의 애착을 강조하지만, 부모보다 오랜 시간 함께 지내는 교사는 영아에게 안전기지가 될 수 있다. 지속적으로 따뜻한 반응을 보여줌으로써 가정과 같은 편안한 분위기를 느끼고 부모와 같은 친밀감이 형성되도록 도울 수 있다.

③ 교육자로서의 역할

교사는 영아의 흥미와 욕구를 파악하여 스스로 탐구할 수 있도록 자율성을 길러주는 등 잠재능력을 발현시키도록 돕는 일을 하게 된다. 이를 위해서는 확고한 교육관과 일관성 있는 교육내용으로 교수-학습방법을 모색해야 한다.

④ 부모를 위한 안내자로서의 역할

부모가 양육의 어려움을 느끼며, 영아와의 관계 맺기를 어려워하거나 교사나 대리양육자에게 자녀의 양육을 의지한다면 일관된 양육태도를 형성하도록 도와야 한다. 즉, 가정에서도 부모와 자녀가 즐거운 신체적 접촉을 통해 건강한 발달이 촉진될 수 있도록 다양한 활동방법과 그 중요성에 대한 정보를 제공해야 한다.

(3) 신입영아 적응 프로그램

영아가 새로운 환경에 적응한다는 것은 단순하게 개인이 환경에 순응하는 것이 아니라, 환경과의 관계 속에서 조화와 균형을 이루어나가는 것을 의미한다. 라자러스(Lazarus, 1976)에 의하면 적응은 주어진 환경에 수동적으로 따라가는 소극적 측면과 개인의 욕구충족을 위해 환경을 변화시키는 적극적인 측면으로 정의되고 있다. 영아기의 경우는 주어진 환경에 수동적으로 따라가는 소극적인 존재로 볼 수 있으며, 환경을 제공하는 성인의 역할은 매우 중요할 수밖에 없다.

어린이집에서 초기 적응시에 영아들에게 나타나는 반응을 보면 언어적, 신체적 저항이 두드러지며 등원거부, 수면불안, 울음과 칭얼댐, 이유 없는 아픔 등을 나타내었다(류경, 2002). 어린이집에 입학한 후 6개월이 지난 걸음마기 영아의 문제행동 연구(윤주화, 1998)에서는, 영아들의 공격적 행동, 반항적 행동, 미성숙행동, 정서불안행동, 위축행동 등의 순서로 문제행동의 빈도를 나타내었으며 이는 어린이집 초기적응과 관련된 어려움으로 인해 문제행동을 더욱 유발할 수 있다는 결과를 도출하였다.

어린이집에서의 영아적응에 영향을 미치는 요인으로는 성별, 기질, 애착관계 외에도 어머니의 취업여부, 가정의 사회경제적 지위, 보육환경의 질 등이 알려져 왔다. 그러나 무엇보다 영아의 기질 등의 개인적 변인이 어린이집 적응에 가장 큰 영향력을 미치는 것으로 인식되어진다(Zajdeman & Minnes, 1991). 질적인 보육은 영아들이 열악하고 덜 양육적인 가정환경에서 생활하는 것을 보완할 수 있는 긍정적인 측면이 있다. 하지만 영아들의 경우 발달단계상 어머니와의 분리 개별화가 잘 이루어지지 않은 상태이기 때문에 갑작스럽게 어머니와 분리가 될 경우에는 적응의 문제가 야기될 수 있으며, 이는 부모와 영아 모두에게 심리적인 짐이 될 수 있다.

어린이집의 초기적응에 관한 연구(신현정, 2003)에서 보면, 교사들의 경우 96.5%가 어린이집 초기적응 프로그램의 필요성을 인식하고 있었으며, 어린이집 초기적응 프로그램의 효과에 대해서는 친사회적 행동, 긍정적 감정, 또래관계, 일과에 대한 적응 등 영유아의 적응 정도가 '보통' 이상으로 나타났다. 영아가 어린이집에 잘 적응한다는 것은 자신이 속해 있는 환경을 신뢰함으로 주변 환경을 탐색하고, 이를 통해 영아 자신의 전인적인 발달을 도모하고 있다는 증거가 된다(현온강 외, 2000). 따라서 영아의 건강한 발달을 위해서는 신입 영아의 적응 프로그램이 어린이집과 부모의 협력적인 관계 속에 적용될 수 있는 프로그램으로 제공되어야 할 것이다.

표 6-6 신입영아를 위한 초기적응 프로그램

단계	시 간	내 용	
1단계 (1~2일)	등원 ~ 오전 실내 · 외 자유선택활동 (9:00 ~ 11:30)	- 짧게 방문하기 - · 영아에게 보육시설과 담임교사를 소개한다. · 보호자와 함께 놀잇감을 가지고 놀면서 영아가 주변을 탐색하게 한다. · 교사에게 영아에 관한 정보를 제공함으로써 교사와 영아가 친해질 수 있도록 한다. · 12시 전에 귀가하도록 한다.	<부모 · 아동> · 영아와 함께 인사하기 · 부모와 함께 놀이실 탐색 및 놀이하기 · 익숙한 장난감을 통해 또래들과 접촉시킨다. <교사> · 눈인사 및 영아관찰 · 영아와 인사 · 놀잇감 소개 및 함께 놀이하기 · 안기 / 달래기, 함께 놀이하기
2단계 (2~3일)	등원 ~ 점심 (9:00 ~ 1:00)	- 식사시간 함께하기 - · 선생님과 친해지도록 하고 엄마와 헤어지는 연습을 한다.	<부모 · 아동> · 교사와 의사소통하기 · 일과에 적응하기 · 점심식사 함께하기 · 귀가 후 영아가 휴식을 취할 수 있도록 한다. <교사> · 잦은 스킨십을 제공한다. · 영아의 감정을 언어적으로 표현해 준다. · 교실에 대해 알려 준다.
3단계 (3~4일)	등원 ~ 낮잠 (9:00 ~ 3:30)	- 수면시간을 갖기 - · 보호자와 떨어져 낮잠을 자도록 지도한다. · 영아가 친구와 사귈 수 있도록 같은 반 친구에 대해 관심을 보여준다.	<부모 · 아동> · 친구와 인사하기 · 일과에 적응하기 <교사> · 영아의 적응행동에 대해 칭찬하기 · 친구, 장난감 소개하기 · 일과에 적응시키기 · 편하게 잘 수 있도록 안아준다.
4단계 (4~5일)	등원 ~ 오후 실내 · 외 자유선택활동 (9:00 ~ 6:00)	- 정규 프로그램 시작하기 - · 보호자와 떨어져 온종일 지내도록 한다. · 토요일도 등원할 수 있도록 한다.	<부모 · 아동> · 친구와 사귀기 · 일과에 적응하기 <교사> · 영아가 심하게 우는 경우 부모님께 연락하여 안정을 취할 수 있도록 한다. · 관찰을 통해 영아의 상태를 체크한다. · 애정을 가지고 지속적인 관심을 표현해 주고 어린이집 생활에 흥미를 갖도록 한다.

* 출처 : 안성시 참사랑어린이집.

2) 유아보육

(1) 유아반의 일과운영

유아반-집단활동

유아들은 어린이집에서 운행하는 차량을 이용하거나 개인적으로 걸어서 등원하는 경우가 많다. 영아반과 비교해 볼 때, 유아들은 교실에 들어서면 혼자서 개인의 물품을 정리하고 자유롭게 놀이를 선택하여 즐거운 시간을 갖게 된다. 이 시간은 유아들이 어린이집에서 가장 좋아하는 시간으로 또래 및 교구와의 활발한 상호작용이 이루어진다. 또한 교사들에게는 유아들의 개인적인 발달을 관찰하고 체크할 수 있는 좋은 시간이다. 따라서 보육환경은 주제를 충분히 탐색하고 학습할 수 있도록 영역구성이 이루어져야 하며, 때로는 유아들 또는 교사에 의해 부분적인 변화가 있을 수 있다.

유아반은 개별적인 놀이가 이루어지는 자유선택활동 외에도 교사 및 또래와 함께하는 집단활동이 체계적으로 이루어지고 있다. 이러한 활동은 유아들의 건강과 사고 및 표현능력, 창의력, 사회성 등을 발달시키기 위한 계획적인 놀이경험의 시간이라고 할 수 있다.

유아반의 낮잠시간은 개별적인 욕구를 고려해야 하며, 충분한 휴식의 시간으로 제공될 수 있다. 또한 귀가 시간은 기관에 따라 집단 또는 개별로 이루어지며, 이때는 유아들이 자신의 물품을 스스로 챙기고 친구와 교사에게 인사를 나누며 헤어지는 경험을 한다.

표 6-7 유아반의 일과운영

시간	주요일과	활동내용
7:30 ~ 9:30	등원 및 통합보육	· 유아 맞이하기 · 보호자와 간단히 대화 나누기
9:30 ~ 10:30	오전 간식 오전 자유선택활동	· 오전 간식은 놀이시간 중에 자유롭게 먹거나 자유선택활동 전에 단체로 먹기

		· 만들기/그리기, 소꿉, 쌓기, 탐색 · 조작, 책보기, 음률영역 등에서 준비된 여러 활동들을 혼자 또는 친구들과 함께 유아가 스스로 자유롭게 선택하여 활동하기
10:30 ~ 10:50	정리정돈/ 화장실 가기	· 정리정돈 후 화장실 다녀오기
10:50 ~ 11:30	대 · 소집단활동	· 모든 유아가 참여하는 활동으로 이야기 나누기, 미술, 동화, 요리 등의 정적활동과 게임, 신체표현하기, 실외놀이, 견학 등의 동적활동을 주제에 맞추어 다양하게 진행하기
11:30 ~ 12:20	오전 실외자유선택활동	· 줄넘기, 공놀이, 물/모래 등 실외에서 다양한 놀이를 자유롭게 선택하여 활동하기
12:20 ~ 13:30	손씻기 점심식사/이닦기	· 손씻기 · 점심 먹고 양치질하기
13:30 ~ 15:30	낮잠/정리 오후 간식	· 조용한 놀이 후 낮잠준비 · 휴식을 취하거나 낮잠자기 · 이부자리 정리하기, 화장실 다녀오기
15:30 ~ 16:30	오후 실외자유선택활동	· 날씨에 따라 실외(실내)에서 혼자 또는 친구들과 함께 자유롭게 놀이기구를 선택하거나 게임, 신체표현 등의 놀이하기
16:30 ~ 16:50	정리정돈 및 화장실 가기	· 정리정돈 후 화장실 다녀오기
16:50 ~ 18:00	오후 실내자유선택활동 /심화활동	· 오전에 마치지 못한 개별활동을 연계, 확장하기 · 특별활동이나 프로젝트활동 병행하기
18:00 ~ 19:30	통합보육 및 귀가	· 개별적으로 조용한 놀이를 하면서 보호자가 오는 대로 귀가하기 · 보호자와 유아의 하루일과에 대해 대화 나누기

* 출처 : 중앙보육정보센터(2006 : 28).

(2) 생태교육 프로그램

최근 유아교육 학계와 현장에서는 현행 유아교육에 대한 반성과 함께 새로운 유아교육 패러다임에 대한 연구가 증가하고 있다. 물질주의와 이기주의에 물들어 능력 제일주의를 만들어 내는 것에 대한 반성의 분위기 속에서 등장한 것 중의 하나가 아이살림 · 생명살림을 주창하는 생태유아교육이다(임재택 · 김은주, 2007).

지금의 성인들은 유아기와 아동기에 땅을 만지고 놀 수 있었으며, 자연에서 놀잇감을 찾기 쉬웠고 그러면서도 자연을 소중히 할 줄 알았다. 또래와 뛰어놀며 그들의 호기심에 따라 마음껏 탐구할 수 있는 자유로운 시간들이 많았다. 이웃과정을 나눌 수 있는 기회도 많았다. 하지만 요즈음 아이들은 고도화된 문명사회 속에서 인위적인 장난감과 컴퓨터 등으로 생활의 편리함과 신속함에 적응되어가기 때문에 조금의 불편함과 기다림이 힘들어지고 있다. 그런 이유에서 생태유아교육에 대한 관심이 높아가고 있다고 할 수 있으며, 유아교육 현장에서는 이와 관련된 요리, 견학, 미술, 과학 등을 통해 적용하고 있다.

지난 10년간 생태유아교육은 구조 · 기능주의 유아교육이 심화되어 가는 현실에 직면하여 여러 가지 어려움을 겪어 왔다. 그 출발에서부터 유아교육 현장에서 산책프로그램, 텃밭가꾸기 프로그램으로 인식되면서 아이들에게 산책을 시키고 텃밭을 가꾸고 자연물을 교재 · 교구로 활용하면 되는 것 정도로 인식되어 왔으며, 얼마 후부터는 먹을거리 프로그램이 강조되면서 아이들에게 유기농산물을 먹이는 것이 생태유아교육이라고 생각하는 경향이 확산되었다(임재택 · 김은주, 2007).

생태유아교육은 한국의 민간신앙과 전통육아, 상고사상과 민족종교사상, 동학과 천도교는 물론 동양사상인 불교, 유교 및 도교와 아리스토텔레스의 목적론적 세계관이나 그리스도교의 생명사상, 생태철학 등 서양의 생태학적인 사상과 철학에 바탕을 두고 그 사상적 · 철학적 뿌리를 찾아가고 있다(임재택 · 김은주, 2007).

생태유아교육은 유아들이 자연친화적인 존재로서 자연과의 친숙함을 통해 자연에 대한 소중함을 알며 그들의 무한한 잠재력을 자연을 통해 발산할 수 있다고 보는 관점으로 이해될 수 있다. 이러한 생태유아교육의 특성(임재택, 2007, 398~401)을 정리해 보았다.

① 생태유아교육은 자생적 한국유아교육이다. 즉 한국에서 시작된 유아교육으로서 한국의 문화와 전통에 뿌리를 둔 유아교육의 한 접근이다.

② 생태유아교육은 보편적 세계 유아교육이다. 즉 한국인의 오천년 자녀양육 지혜로 보편적이고 일반적인 유아교육의 지혜이다.

③ 생태유아교육은 생명위기 극복을 위한 유아교육이다. 지구 생태계 파멸과 새로운 문명 전환을 모색하고 있으며, 생명과 평화의 세상인 생명공동체 실현을 위한 생태주의 내지 생명주의 사상을 지향한다.

④ 생태유아교육은 삶으로 실천하는 유아교육이다. 즉 아이들이 스스로 잘 자라고, 더불어 잘 자라도록 돌보고 기르는 일을 한다.

생태유아교육을 실천하고 있는 어린이집의 사례를 소개하면 〈표 6-8〉, 〈표 6-9〉와 같다.

표 6-8 생태교육 프로그램

제목	내용	대상 연령
산책	· 자연이 주는 놀이터와 놀잇감을 통해 감각능력과 지적 호기심, 그리고 상상력을 키워 주며, 생명의 소중함과 또래 간의 협동심을 체험하게 한다.	모든 연령
텃밭관리	· 자연친화적인 생활을 할 수 있도록 한다. 봄 : 흙 관찰하기, 땅고르기(밟기), 씨앗심기, 교사와 함께 물주기, 새싹 관찰하기 여름 : 교사와 함께 물주기, 식물 · 벌레 · 열매 관찰하기 가을 : 열매 수확하여 맛보기 겨울 : 겨울준비	모든 연령
참사리, 우리먹거리	· 유아들의 입에 맞는 음식이 아닌 몸에 맞는 음식을 먹어 볼 기회를 한다. '우리 먹거리' 간식 먹기 : 볶음콩, 삶은 감자, 삶은 고구마, 야채스틱	모든 연령
건강걷기, 건강달리기	· 좁은 활동공간에서 벗어나 자연과 함께 할 수 있는 건강 달리기를 함으로써 근력운동 및 심폐기능을 향상시킬 수 있는 유산소 운동을 진행한다. 영아반 : 건강걷기 유아반 : 건강달리기	만 2세~만 5세
세시풍속놀이	· 절기에 따른 계절의 변화를 느끼며 세시풍속을 통한 우리 고유의 놀이문화를 체험한다.	유아반
숲체험	· 광교산으로 월1회 숲체험을 가서 다양한 생태놀이를 경험하고 자연을 탐색해 보며 자연에 친근감과 소중함을 느낀다.	유아반

* 출처 : 수원근로복지공단 어린이집(2008 : 227).

표 6-9 텃밭 연간 재배계획표

구분 / 월별	활동명	활동내용	준비물
3	토양 비료주기 및 땅고르기	· 텃밭 둘러보기 · 텃밭의 팻말 만들기 · 땅 고르기 및 퇴비뿌리기 · 돌 및 이물질 고르기 작업 · 씨앗 및 모종 고르기	· 호미 및 모종삽 · 쇠갈퀴 및 괭이 · 낫, 바구니
4	씨앗 및 모종심기	· 이랑 만들기(씨앗, 모종자리 만들기) · 씨앗작물(파, 상추, 열무, 깻잎, 쑥갓, 옥수수) 심기 · 모종작물(고추, 방울토마토, 가지)심기 · 차광비닐 고랑에 설치하기(잡초 생성을 방지)	· 차광비닐, 가위 · 모종삽, 호미 · 씨앗, 모종
5	작물 관찰하기	· 솎아내기 및 김매기 작업 · 강한 햇빛이 비추는 작물 물주기 작업 · 새싹 잎, 모종에서 잎이 난 작물 관찰하기 · 모종 작물의 지지대 설치 및 끈 묶어 주기	· 작물지지대 및 끈 · 가위, 고무망치 · 모종삽, 호미, 물조리개 · 관찰용 돋보기
6	작물 보호 및 김매기	· 텃밭 주변의 잡초 제거 작업 · 씨앗 작물의 지지대 설치 및 끈 묶어 주기 · 차광비닐 속의 작물 비료주기 · 강한 햇빛의 작물 물주기	· 작물지지대 및 끈 · 호미, 삽, 칼, 물조리개 · 관찰용 돋보기
7	채소작물 수확 및 비료, 물주기	· 장마철 대비하여 텃밭 관리 철저히 하기 · 열무, 상추, 파 재배된 작물 수확하기 · 여름 병충해 예방으로 무공해 약 살포 작업 · 이랑 정리 후 2차 씨앗 작물심기(상추, 파, 열무)	· 분무기 및 물조리개 · 잡초 제초약 · 모종삽, 호미
8	작물병충해 방지 작업	· 작물의 가지치기 작업 · 수확된 텃밭 정리 및 부수물 쓰레기 버리기 · 여름철 병충해 방지에 철저히 하기 · 작물 주변의 잡초 제초약 살포하기	· 병충해 방지약 · 분무기 및 물조리개 · 가위 및 바구니
9	작물 수확하기 및 텃밭 정리하기	· 작물의 열매 수확하기 · 수확된 작물이 어떻게 요리가 되는지 교육 · 빈 공간의 텃밭 정리 및 땅고르기 작업 · 퇴비주기	· 가위 및 바구니 · 쓰레기봉투 · 낫, 나무가위
10	늦작물 수확하기	· 늦작물 수확하기 · 수확된 텃밭 정리 및 땅고르기 작업	· 쓰레기봉투, 바구니 · 쇠갈퀴, 바구니
11	텃밭 정리하기	· 모든 작물의 제거 및 텃밭 청소 · 작물의 지지대 정리 및 보관장소에 정리보관	· 쓰레기봉투 · 나무가위, 호미, 삽
12	김장 및 독 묻기	· 김장 김치 장독 텃밭에 묻기 작업	· 곡괭이, 삽

* 출처 : 수원근로복지공단 어린이집(2008 : 228).

3) 방과후 보육

아동기에는 학원에서 특기활동 및 학습지도를 주로 받고 있지만, 아동의 전인적인 발달을 위해 다양한 활동을 경험할 수 있는 방과후 보육프로그램이 제공되어야 한다. 학령기 아동들의 학습과 놀이에 대한 열정을 충분히 발산시키며 잠재된 창의적 능력을 이끌어 내고 향상시킬 수 있는 프로그램으로 프로젝트 접근법을 다루었다.

(1) 방과후 교실의 일과운영

방과후 교실의 일과운영은 각 기관의 운영 철학과 목적, 환경, 시설 여건 등에 따라 차이가 있을 수 있다. 프로그램의 내용은 학습 또는 특별활동을 지나치게 강조하기 보다는 보호적 측면과 교육석 측면이 균형있게 안배되어 아동의 전인적 발달을 도모할 수 있도록 구성되어야 한다.

아동들이 방과후 교실에 등원하는 시간은 연령과 학교에 따라 다를 수 있으며, 방학 중에는 더 일찍 등원하는 등 보육시간이 달라질 수 있다. 따라서 교사는 프로그램의 목표에 따라 모든 아동이 다양한 활동을 경험할 수 있도록 하기 위해 융통성 있는 운영을 계획해야 한다.

방과후 교실의 일과운영 예를 소개하면 다음과 같다.

표 6-10 방과후 교실의 일과운영 예

시간	활동 내 용				
12:30 ~ 12:50	인사나누기, 가방정리, 옷 정리, 이닦기 (각 학교 수업시간에 따라 등원시간 차이)				
12:50 ~ 2:00	자유선택활동, 숙제지도				
	월	화	수	목	금
2:00 ~ 3:30	· 특기교육 (뮤지컬 영어, 음악치료) · 요일별 활동 (바둑)	· 특기교육(미술) · 요일별 활동 (논술)	· 특기교육 (뮤지컬 영어, 컴퓨터)	· 요일별활동 (공동체놀이) · 월 1회 견학 · 월 2회 지역사회 연계활동	· 특기교육 (사회체육) · 요일별활동 (한자)

3:30 ~ 4:30	오후 간식 및 자유선택활동(바깥놀이 활동)
4:30 ~ 6:00	숙제지도 및 개별학습 / 독서지도
6:00 ~ 7:30	귀가지도 및 당직교실 운영

* 출처 : 김은혜(2006), 곡교어린이집.

(2) 프로젝트 접근법

프로젝트 접근법은 여름, 겨울방학을 이용하여 진행할 경우 교사나 아동에게 창의적인 학습과 놀이를 제공할 수 있으며, 학기 중에도 요일별 활동시간 또는 자유선택활동 시간을 이용하여 충분히 진행될 수 있다.

1 프로젝트 접근법의 개념

프로젝트란 '교사의 지도 하에 개별 또는 대 · 소집단의 유아가 책임을 지고 한 주제에 대해 심도 깊게 연구하는 것'을 말하며, 프로젝트 접근법은 Dewey의 아동중심 교육정신과 통합교육과정 원리에 근거를 두고 있다.

카츠와 차드(Katz & Chard, 1989)는 '프로젝트 접근법(Th Project Approach)'을 '한 명 또는 그 이상의 유아가 어떤 주제를 깊이 있게 탐구하는 활동' 이라고 정의하며, 교사주도의 체계적인 학문적 교수와 전적으로 아동의 흥미에 의존하는 놀이중심의 유아교육을 연결시켜 주는 접근법으로 프로젝트 접근법이 적당하다고 주장한다.

프로젝트 접근법은 아동 스스로 질문을 하게 하고 문제를 추측함과 동시에 그들의 주위환경에서 중요한 현상을 인식하도록 하며 목적 달성을 위한 열망과 새로운 기술습득에 대한 열정을 쏟도록 하는 교육방법이다. 이 접근법은 활동영역별로 분리된 활동이 아니라, 프로젝트 활동을 수행하는 과정을 통하여 읽기, 쓰기, 셈하기 등의 지식과 기술을 통합적으로 획득하도록 짜여진 활동이다(서영숙 외, 1997).

2 프로젝트 접근법의 특성

① 융통성 있는 진행

프로젝트 접근법은 아동의 흥미와 교사의 의견에 따라 주제가 선정되기 때문에,

흥미 정도와 난이도, 교사의 선 경험에 따라 주제 전개기간에 융통성이 있으며, 프로젝트의 활동시간의 양도 융통성있게 진행된다.

융통성 있는 진행의 한 예로 숙명여자대학교 부설유아원의 경험을 소개하면 다음과 같다.

'과일' 주제를 진행하며, 역할영역에 아동들이 만들고 싶은 과일 가게를 만들 때에는 가게에 무엇이 필요한지, 어떻게 만들지에 대해 토론하고 협동하여 만들며 하루를 보내느라 계획한 새노래 배우기와 같은 대집단 활동이 다음날로 미루어지기도 하였다. '과일' 주제를 진행하며 과일가게와 과일음식을 파는 가게를 만들다 보니 단독으로 있던 조작 영역을 수 영역과 통합시키고 역할놀이 공간을 늘려 활동하기도 했다.

② 깊이 있는 탐구활동

한 주제에 대하여 깊이 있는 탐구활동을 위해서는 현장견학, 전문가 면담, 관찰 및 실험, 활발한 상호작용, 다양한 표상활동의 과정이 필요하다.

현장견학은 주제와 관련이 깊은 물체나 현상 또는 과정을 직접 확인할 수 있으며, 아동이 무엇을 볼 것인지 또는 아동이 알아보고 싶은 내용을 수첩에 기록하고 시작하게 된다. 전문가 면담은 전문가를 초빙 또는 방문하여 대화 또는 설명을 듣는 경험으로, 일차적으로는 탐색의 목적을 갖지만 사회생활을 배우는 과정이기도 하다. 아동이 면담의 목적을 설명하고 준비한 질문목록을 가지고 전문가와 대화를 나누고, 얻은 정보에 대한 감사의 표시를 하게 된다. 관찰 및 실험은 아동의 호기심에서 출발되며, 일정기간 지속적으로 관찰 또는 실험한 것을 기록하게 된다. 활발한 상호작용은 주제 탐구에 관련된 또래 및 성인들과의 상호작용을 말하며, 이는 다른 사람의 관점을 이해하고 자신의 견해를 수정해 나가는 경험이 된다.

다양한 표상활동은 아동 자신의 생각을 전달하고, 다른 아동 및 교사와 부모에게 아동의 현재 수준을 알릴 수 있는 방법이다. 프로젝트 접근법에서는 그림을 그리거나 만들어 보기, 비디오 또는 사진촬영, 구조물 만들기, 그래프 그리기 등의 다양한 표상활동을 많이 사용한다.

3 프로젝트 접근법의 전개과정

① 1단계 : 도입 단계

- 계획 : 아동과 교사가 생각하는 주제를 제안하고 선정하여, 프로젝트 진행으로 인한 기대되는 성과를 예상해 본다. 또한 예비주제망을 구성하고 실내와 실외의 환경구성을 재점검한다. 프로젝트 활동을 본격적으로 전개하기 전에 견학장소, 초청이 필요한 전문가, 필요한 매체 등에 관한 정보를 수집한다.
- 시작 : 교사와 아동은 집단모임을 통해 주제와 관련된 경험을 나누고, 주제와 관련하여 생각나는 단어들을 모아보는 등의 생각모으기(brainstorming)를 한다. 경험나누기와 생각모으기가 끝나면, 주제망을 완성하며 아동들이 알고 싶어 하는 궁금한 질문을 모으는 질문목록을 만든다. 마지막으로 활동영역별 프로젝트 전개를 점검함으로써 균형있는 활동을 계획하게 된다.

② 2단계 : 전개 단계

전개단계에서는 현장 작업을 위한 준비와 현장견학, 현장에서 돌아온 후의 활동, 전문가를 학습에 초청 또는 방문하여 이야기를 나누는 활동이 주요 내용으로 다루어진다.

아동들은 읽고, 쓰고, 그림을 그리고, 자료를 수집하면서 자신의 경험에서 발견한 여러 가지 유형의 현상과 반응을 소개하기도 한다. 이러한 과정으로 학습을 위한 구성활동, 조사활동, 극화놀이 활동이 활발하게 진행된다.

현장견학

경험소개

③ 3단계 : 마무리 단계

전개단계에서 2~3주 정도의 기간을 보낸 후에는 프로젝트 활동의 마무리를 서서히 준비해야 한다. 즉, 마무리 단계의 시기를 결정하고, 마무리 행사를 어떻게 할 것인지를 아동과 교사는 토의를 한다. 마무리 행사는 무엇보다도 아동들이 학습한 것을 다른 사람들에게 전달하는 데 의의를 둔다. 이를 위해서 초청장 및 전시장소를 계획하게 되며, 마무리 행사는 전시 외에도 연극이나 음악활동 등으로 표현을 하기도 한다. 다음은 프로젝트 접근법 활용의 예를 요약하여 소개하였다.

표 6-11 별자리 프로젝트

전개과정	활동내용
주제선정과 경험나누기	· '우주'에 대한 경험나누기 · 우주, 행성, 별자리 등에 관련된 도서 읽기 · 로켓, 우주선 만들기
생각모으기	· '우주'하면 연상되는 말 적어 보고, 유목화하기 · '우주'에 대해 알고 싶은 것
소주제 선정하기	· '별'하면 떠오르는 것
전개과정	· 내가 알고 있는 별자리 이야기하기 · 내 생일 별자리 그래프 · 내가 좋아하는 별자리 그래프 · 별자리 지구본 관찰하기 · 별자리 관찰하기(라이트 박스) · 별자리 망원경으로 별자리 관찰하기 · 계절별 별자리 조사하기(조별 조사활동) · 별자리 표상활동 · 별자리 캠프활동
마무리 단계	· 별자리 캠프를 다녀왔어요. · 내가 만든 별자리 · 별자리 책 만들기

* 출처 : 서영숙 외(1996 : 287~296).

4 교사의 역할

프로젝트 접근법에서 교사는 아동의 흥미를 이끌어 내고 즐거운 마음으로 탐구활동에 참여하도록 개입과 전개를 추진해 가는 조정자의 역할을 담당한다.

① 활동의 시작을 도와 주는 역할
② 생산적인 갈등을 촉진시키는 역할
③ 검증작업을 촉진시키는 역할
④ 방향을 제시하는 역할
⑤ 관찰자의 역할
⑥ 격려 및 참여자의 역할
⑦ 자료사용을 지도하는 역할

4) 장애통합 보육

우리나라의 유아교육과 보육 현장에서의 장애유아 통합교육이 양적, 질적으로 급속한 발전을 보이고 있다. 예를 들어, 1996년 발표된 '장애아 보육의 활성화 방안'에 의하여 어린이집의 장애유아 통합을 지원하기 시작하였으며 영유아보육법(2005)의 개정으로 그 지원이 더욱 체계화되고 강화되었다(이소현, 2006). 그럼에도 불구하고 통합프로그램 실행에서 나타나는 원장과 교사의 어려움을 살펴본 연구(이소현, 2006)에서는 행 · 재정적 지원부족, 교사채용 및 관리의 어려움, 원장의 지원 및 인식부족, 가족지원의 어려움, 교육과정 운영상의 어려움, 협력적 접근의 어려움 등이 있는 것으로 나타났다.

통합보육은 다양한 교육적 욕구와 능력을 가진 장애유아와 일반유아들이 함께 보육받는 것으로 사회적 활동뿐 아니라 교수활동에서 의미있는 상호작용을 경험하는 것이다. 이를 통해 유아들은 개개인이 갖고 있는 차이점을 인정하고, 긍정적으로 수용하며 개인이 가진 능력과 장단점을 서로 배우며 보완해 가는 상호발전적인 관계가 되며, 유아들의 전반적인 발달에도 긍정적인 변화를 가져올 수 있다.

장애유아 통합교육은 유치원이나 어린이집 등의 기관에서 장애를 지닌 유아들을 장애를 지니지 않은 또래들과 함께 교육하는 것을 의미하며, 이 때 함께 교육한다는 것은 같은 장소에 배치하거나 같은 교수방법을 사용하거나 같은 교육과정을 적용하는 등의 교육적 배치나 방법론적 측면에서의 동일함만을 의미하는 것이 아니라 근본적으로 동일한 소속함을 부여하고 동등한 가치를 인정하면서 동등한 선택의 자유를 누릴 수 있게 하는 것을 의미한다(이소현, 2004). 즉, 통합 보육프로그램이란 장애를 지닌 유아들이 장애를 지니지 않은 또래들과 보육시설에서 보육받으며 동일한 소속감과 행복을 느끼도록 계획된 프로그램이라고 할 수 있다.

통합교육은 시간적 통합(temporal integration), 교수활동적 통합(instructional integration), 사회적 통합(social integration)을 의미한다(Kaufman, 1975). 통합보육은 일정시간 동안 비장애 또래들과 함께 동일한 보육환경에서 배치하는 시간적 통합과 일반 보육환경의 교수활동에 참여할 수 있는 교수활동적 통합, 학급의 교사와 또래들로부터 수용되는 사회적 통합이 모두 이루어지는 것이어야 한다.

통합이란 용어는 주류화(mainstreaming)의 개념으로 사용되었으나, 장애유아들도 일반 교육환경에 소속된 동등한 자격과 권리가 있음을 강조하면서 최근에는 포함의 개념이 반영된 통합(inclusion)의 용어를 사용하고 있다.

통합은 장애아가 비록 정상에서 이탈된 발달을 보인다고 해도, 그 아동들에게 정상적인 발달의 기회, 상호작용의 기회, 일반아동들에게 제공되어지는 다양한 경험을 제공해 줄 수 있다면, 장애아도 정상적인 발달을 이룰 수 있다는 믿음에 기초한다(이창미 외, 2005).

(1) 장애유아 통합반의 일과운영

장애유아들은 통합반에서 일반적인 보육환경과 함께 일반유아들과 상호작용을 통해 원활한 발달을 도모하게 된다. 적응기간의 경우, 영아기의 적응프로그램과 마찬가지로 유아가 어린이집에 머무는 시간을 점진적으로 늘려가며 서서히 적응할 수 있도록 도와야 한다. 이창미 등(2001)이 제시한 장애유아의 적응기간 일정을 소개하면 다음과 같다.

표 6-12 장애유아의 적응기간 일정

기간	시간	유의사항
1주	등원 ~ 1시간	양육자와 유아가 함께 활동을 할 수 있도록 배려해 주고 유아가 선택한 자유놀이 중심으로 진행한다.

2주	등원 ~ 2시간	유아가 양육자와 떨어져서 교사와 활동하며 신뢰를 조성할 수 있도록 하나, 유아의 적응 정도에 따라 무리하게 격리되지 않도록 유의한다.
3주	등원 ~ 3시간	일과에 적응하는 정도를 파악해 보며 주간교육 활동에 참여를 시도하여 활동에 대한 개별 수정이 필요한 경우에 조정한다.
4주	등원 ~	이후의 적응시간은 전담교사와 부모의 합의로 결정한다. 부모와 어린이집과 가정에서의 적응 정도를 논의하여 시간을 정하며 적응기간 이후의 등원과 귀가 시간을 정한다.

* 출처 : 이창미 외(2001), '적절한 기간의 예' 인용

어린이집에서의 생활은 등원, 자유선택활동, 점심식사, 낮잠, 집단활동 등으로 이루어지며 장애유아에게 다양하고 많은 통합의 기회가 자연스럽게 제공된다. 이는 장애유아와 일반유아 모두에게 즐거운 경험이 되도록 각 활동마다 체계적으로 계획되어 진행되어야 한다.

놀이 시간이나 정리정돈 시간은 자조기술을 기를 수 있는 중요한 시간으로 또래나 교사가 도움을 주어 진행하다가 점차 혼자서 할 수 있도록 돕는다. 이를 위해서는 단계적으로 반복할 수 있도록 지도하는 것이 필요하다. 또한 집단활동 시간에는 통합방식으로 진행하면서 장애전담 교사가 개별화 교육을 병행하면 효과적일 수 있다.

표 6-13 장애유아 통합반 일과운영의 예

시 간	일과운영	활동내용
7:30 ~ 9:00	등원 및 자유놀이	자기반 찾기, 신발 정리하기, 인사하기
9:00 ~ 10:00	자유선택활동	언어, 수·조작, 과학, 미술, 역할 영역 등에서 적절한 방법으로 놀기, 함께 놀기
10:00 ~ 10:20	정리정돈 및 화장실 다녀오기	놀잇감 정리한 후 화장실 다녀오기
10:20 ~ 11:00	오전 간식	간식먹고 정리하기
11:00 ~ 12:00	집단활동	새노래 배우기, 이야기 나누기, 동화 듣기 등
12:00 ~ 13:00	점심식사	즐겁게 식사하고 정리하기
13:00 ~ 13:30	이닦기, 화장실 다녀오기	이닦기를 한 후 화장실 다녀오기, 손씻기
13:30 ~ 15:00	휴식 및 낮잠	휴식 또는 낮잠 자기

15:00 ~ 15:30	오후 간식	간식먹고 정리하기
15:30 ~ 17:00	자유선택활동	교사와 개별활동하기(자유놀이, 치료놀이 등)
17:00 ~ 18:00	귀가지도	하루일과 정리하기, 개인물건 정리하기, 인사하기

(2) 장애통합 보육프로그램

1 통합보육 계획시 고려할 기본방향

① 장애유아 통합의 효과를 높이기 위해서는 장애유아들의 발달 정도 및 특성에 따른 개별화 교육계획(Individualized Education Program : IEP)이 진행되어야 한다. 유아의 개별적인 발달특성에 적절하게 IEP에 기술되어 있는 장 · 단기 목표가 일반 보육실의 활동 안에서 제공되어야 한다. 이를 통해, 장애유아는 일반적인 교육환경과 프로그램에 보다 원활하게 참여할 수 있고 또래 유아간의 상호작용을 촉진할 수 있다.

② 어린이집의 다양한 일과운영 프로그램을 통합의 기회로 삼아 융통성 있게 적용한다. 어린이집의 일과운영이 일상적인 생활을 중심으로 구성되어 있기 때문에 장애유아가 사회 적응훈련을 하는데 매우 유용한 교육의 장이 될 수 있다.

③ 장애유아를 전담하는 교사와 일반교실을 운영하는 담임교사 외에 다양한 관련자들의 긴밀한 협력관계를 유지하고 협의를 통해 그 내용을 프로그램에 반영하도록 한다.

교사는 유아의 가족, 이웃, 다양한 분야의 전문가들을 통해 유아에 대한 다양한 정보를 얻을 뿐 아니라 유아의 보육에도 중요한 영향을 미친다는 인식을 해야 한다. 다양한 관련자와의 협력은 유아의 건강한 발달을 위해 교육의 일관성을 유지하고 효과를 높이는 데 반드시 필요하다(이창미 외, 2005 : 161-162).

2 통합보육의 효과

통합보육은 장애유아와 비장애유아의 발달적 측면에서의 효과뿐 아니라 양쪽 부모와 보육교사의 가치판단 및 행동변화에도 영향을 미친다고 볼 수 있다. 부모들 간에 부모와 교사 간에 자연스러운 교류를 통해 장애유아에 대한 올바른 인식과 태도를 기를 수 있으며, 예측하지 못한 장애의 발생에 있어서도 자신있게 대처할 수 있는 긍정적인 이해와 신념을 얻게 된다.

통합보육이 장애유아와 비장애유아의 발달에 미치는 영향을 간단히 제시하면 〈표 6-14〉와 같다.

표 6-14 장애유아와 비장애유아의 발달적 측면에서의 효과

장애유아의 발달적 측면	비장애유아의 발달적 측면
· 장애유아는 비장애유아와의 상호작용 경험을 통해서 문제해결 능력을 기를 수 있으며, 의사소통 능력 및 언어 표현력을 향상시킬 수 있다(Guralnick, 1980).	· 통합교육을 통해 개인차를 수용하고 사람을 돌보고 도와 주는 것을 학습하며 도움이 필요한 때와 도움을 주는 방법을 학습한다(김숙경, 1985).
· 분리프로그램을 경험한 유아와 통합프로그램을 경험한 유아의 전반적인 발달은 거의 유사하였으나, 사회성 면에서는 분리프로그램의 유아가 더 많은 발달을 보였다(Jenkins et al., 1985).	· 장애유아를 구성원으로 인식하며, 긍정적인 태도를 갖게 된다. 즉, 장애유아와 비슷한 점과 다른 점을 모두 수용하고 공동체 의식으로 연계된다(서영숙 · 김경혜, 2001).
· 통합보육 경험이 있는 유아는 분리교육만을 경험한 유아에 비해 전반적으로 높은 사회적응력을 보이며, 더 수용적이고 긍정적인 정서를 형성하였다(장대은, 1997).	· 교과과정과 교수방법에 대한 신중한 배려로 인하여 발달과 행동적 측면에서 혜택을 받은 것으로 나타났다(Odom & MacEvoy, 1990 ; 이소현, 2004).

3 통합 보육프로그램의 내용

통합 보육프로그램은 일상생활이 규칙적인 일과 안에서 통합되어 이루어져야 하며, 어린이집 내의 행사 또는 반별행사에서도 통합이 이루어져야 한다. 통합반의 보육계획안은 대부분 일반 유아반의 내용과 같으며, 그 가운데 각 활동시간마

다 장애유아를 위한 지원 및 삽입교수 내용이 포함되고 있다. 예를 들어, 자유선택 활동 시간에는 유아가 그 날의 새로운 활동을 한번씩은 꼭 할 수 있도록 지도하며, 교구를 사용하고 정리하는 방법에 대해 정확히 알려 주며, 놀이시 지켜야 할 규칙들을 단순화하여 반복적으로 인식시켜 준다. 또한 귀가시간에는 양육자에게 어린이집에서의 생활에 대해 상세히 전달하며, 어린이집과 가정에서의 지도가 일관될 수 있도록 해야 한다.

통합 보육프로그램은 장애유아를 위한 개별화교육 프로그램과 병행되어야 한다. 이를 위해서는 일과적응 체크리스트와 각 영역별 발달 체크리스트를 통해 유아의 현재수준을 파악하여, 유아에게 가장 필요한 것이 무엇인지의 우선순위를 정한다. 그런 다음, 현 발달수준에 따라 유아의 관심과 능력을 고려하여 현실적이고 성취가능한 교수목표를 설정하고 활동에 참여하여 과제를 수행할 수 있도록 한다.

통합보육의 효과를 위해서는 장애유아를 위한 개별목표가 일일보육계획안, 활동계획안에 반드시 포함되어 진행되어야 한다. 장애유아를 위한 개별화 보육계획시 필요한 개별적인 목표설정의 예시를 〈표 6-15〉에 제시하였다.

표 6-15 개별화 보육계획안 예시

영역	장기목표	단기목표의 예	지도상황	성취여부
신변처리	스스로 나의 몸과 주변을 깨끗이 할 수 있다.	물을 틀어 얼굴을 씻을 수 있다.		
인지	수개념, 도형, 기호를 인식할 수 있다.	같은 물건을 짝짓기 할 수 있다.		
수용언어	두 가지 이상의 지시사항을 따를 수 있다.	몸 부분에 대한 지시를 따를 수 있다.(예 : "손을 주세요.")		
표현언어	낱말과 문장을 바르게 발음할 수 있다.	신체부위의 이름을 말할 수 있다.		
사회성	다른 사람과 사이좋게 지낼 수 있다.	자발적으로 인사할 수 있다.		
대근육	신체를 이용한 다양한 활동을 능숙하게 할 수 있다.	서서 공을 찰 수 있다.		

소근육	소근육을 이용한 활동을 능숙하게 할 수 있다.	가위를 바르게 잡고 곡선을 자를 수 있다.		

* 출처 : 김운희 외(2006), 면목1동 어린이집 개별화교육계획안, http : //children.seoul.go.kr/c_plan).

이외에도 교육목표가 보다 효과적으로 성취될 수 있도록 가장 자연스러운 상황인 어린이집 일과중에 교육목표를 삽입하여 실행하는 '활동–중심 삽입교수(이소현, 2003)로 개별화 교육계획안을 적용한 예를 소개하면 〈표 6-16〉과 같다.

표 6-16 학기초 수정보육계획안의 예

생활주제 : 가을 실시기간 : 11월 1주

목표 : 가을에 많이 나는 곡식과 열매를 알고 명칭을 말한다.

활동영역		활동내용	수정된 활동
자유선택활동	언어	〈생일카드 쓰기〉 생일 맞은 친구의 생일카드 만들기	· 얼굴과 머리, 귀가 그려져 있는 카드를 준비해 준다. · 교사의 도움 받아서 카드에 눈, 코, 입, 그려 본다.
		〈과일 그림사전 만들기〉 잡지책이나 광고지에서 과일그림을 찾아 오려서 그림사전을 만드는 활동	· 활동에 관심을 가지고 영역을 선택한다. · 교사의 도움받아 과일그림을 한 개 이상 잘라 본다.
	조형	〈가을 곡식 케이크 만들기〉 밀가루 반죽을 이용하여 케이크를 만들고 곡식으로 꾸며보기	· 밀가루 반죽을 만져보고 눌러보는 등의 경험을 해 본다.
	과학	〈요리 : 곡식 주먹밥〉	· 요리 활동 시간의 처음과 끝에 참여한다.
	컴퓨터	〈동화듣기〉 '단풍잎의 가을밤' 동화를 스스로 들어본다.	· 교사의 도움받아 헤드폰을 써 본다. · 동화가 나올 때 헤드폰에서 소리가 나오는 것을 느껴 본다.

대소집단활동	이야기 나누기	〈계절의 변화〉 계절에 따라 변하는 환경, 날씨, 옷차림에 대해 이야기 나누기	· 교사와 함께 의자 갖다 놓고 시작 5분 동안 교사 도움받아 자리에 앉아 있는다.
		〈가을의 곡식과 열매〉 가을에 나는 곡식과 열매에 대해 이야기 나누기	· 교사와 함께 의자 갖다 놓고 시작 5분 동안 교사 도움받아 자리에 앉아 있는다.
		〈추수〉 벼를 추수하는 순서에 대해 알아보기	· 이야기 나누기 시간 인식하고 "의자 가져와"라는 교사의 이야기에 따라 의자를 가지러 간다. · 시작 5분 동안 교사의 도움받아 앉아 있는다.
	새노래	〈도토리〉	· 활동의 처음 5분과 마지막 5분을 교사 도움받아 앉아 있는다.
	생일잔치	〈생일잔치〉 '○○○'의 생일축하하기	· 이동된 자리에서 축하받는 또래의 모습을 바라본다.
	실외활동	〈동대문을 열어라〉 "동동 동대문을 열어라" 노래에 맞추어 게임하기	· 도움받아 교사(또래)와 함께 선두가 되어 동대문을 통과해 본다. · 앞선 단계가 익숙해지면 교사와 함께 동대문이 되어 본다.

*출처 : 의왕삼성어린이집(노명민, 2006, 337).

4 교사의 역할

① 통합에 대한 신념

성공적인 통합프로그램을 실시하고 있는 기관들을 살펴보면 적어도 한 명 이상의 행정가가 통합에 대한 긍정적인 신념을 가지고 있다는 사실을 알 수 있다(Thousand, et al., 1997). 긍정적인 신념은 바람직한 통합보육의 제도를 수립하는데 기여하게 될 것이며, 더 나아가서는 보육에 직접 참여하는 일반교사와 특수교사들의 프로그램 성패에 대한 태도와 자신감에 직접적인 영향을 미치게 될 것이다(이소현, 2005). 교사가 통합보육 프로그램을 실시하기 전에 통합보육에 대한 충분한 이해와 신념을 가질 때 바람직한 보육을 위해 창의적이고 실천적인 프로그램이 될 것이다.

② 장애아동 및 가족에 대한 이해

장애아동의 경우, 표준화된 평가도구에 의해 측정된 현재의 성취능력이 어떠한가를 파악하고 있어야 한다. 즉 인지, 언어, 대근육 운동, 소근육 운동, 사회성 등의 발달수준을 알고 있어야 한다. 교사들은 '포테이지 아동발달 관찰평가'와 같은 도구로 검사해 볼 수 있다. 한편, 유아들의 관심 끌기, 회피하기, 원하는 것 얻기, 자기통제 등에서 부적절한 행동을 보이는 경우 그 원인을 파악할 수 있도록 노력해야 한다.

교사는 각 가정의 특수성과 욕구를 수용해야 하며, 유아의 발달과 행복을 위해 협력의 대상으로 인식하며 가족의 심리적 · 육체적인 참여를 확대시켜 가정과의 연계성을 유지해야 한다.

③ 교사의 협력체제에 대한 중요성 인식

교사간의 협력은 보육의 질을 향상시키는 원동력이 될 수 있다. 보육이 유아에게 행복이라면, 교사에게는 보람과 행복이 될 수 있어야 한다. 이를 위해서는 합리적인 역할분담과 서로의 역할에 대한 존중 및 상호협력 등을 통해 체계적이고 지속적인 협력체제가 유지되어야 함을 인식하고 실천해야 한다. 좋을 때 보다는 어떤 문제나 어려움이 있을 경우, 서로의 생각을 나누고 다양한 시각을 존중하고 해결해 나가도록 도울 수 있어야 한다.

④ 통합프로그램 계획

해당 학급의 일과운영 및 주간계획안, 적응기간 프로그램을 계획하여 진행할 수 있어야 한다. 또한 유아의 개별화 교육프로그램, 다양한 형태의 집단 구성과 활동, 행사 등을 계획하여 진행해야 한다.

통합에 대한 이해 및 신념, 장애유아에 대한 이해가 충분히 갖추어진 교사라면 동료교사와 협력하여 좋은 프로그램을 계획하고 진행할 수 있을 것이다.

아동의 건강 · 영양 · 안전

07 CHAPTER

보육의 최우선 조건은 아동의 생명과 권리를 최대한 확보해 주는 것이다. 아동은 발달특성상 위험에 많이 노출되어 있으므로 보호자의 손길이 그 어느 때보다도 많이 요구된다. 이 장에서는 아동 건강의 개념, 의의 및 목적, 건강교육의 실제로 어린이집에서 건강한 생활습관(손씻기, 대소변훈련, 목욕시키기 및 머리관리, 휴식과 낮잠)과 치아관리를 살펴보았으며, 아동의 영양에서는 유아기 영양의 중요성을 다루고 영양장애로 소아비만, 편식, 식품알레르기와 과민성, 식욕부진, 식생활 지도방법 등에 대해 살펴보았다. 그리고 아동의 안전에서는 안전의 개념, 발달단계별 안전지도와 안전지도의 내용과 방법을 제시하고 안전법규와 정책에 대한 내용과 어린이집에서의 안전지도의 실질적인 내용을 중심으로 살펴본다.

1. 아동의 건강

1) 아동건강의 개요

아동의 건강은 임신에서부터 시작되며 출산 이후 양육과정에서도 성인의 세심한 관찰과 지원이 요구된다. 건강은 심리적 · 신체적 발달뿐 아니라 아동이 속한 환경에서 긍정적인 생활습관과 태도를 형성하는 데에도 영향을 미치게 되며 성인에게 많은 책임이 부과되는 영역이다.

(1) 아동건강의 정의

건강에 대해 일반적으로 많은 사람들은 좋은 체격, 적절한 영양상태, 질병이 없는 것과 같은 신체적 요소만을 생각하는 경향이 있다. 그러나 건강은 복합적인 현상을 포함하는 개념으로 단순하거나 쉽게 정의할 수 없다. 가장 많이 언급되는 정의는 WHO(World Health Organization, 1969)에 의한 것으로 "건강하다는 것은 신체적, 정신적, 사회적으로 완전히 양호한 상태로 정의되며, 단순히 질병이 없거나 허약하지 않은 것만을 의미하는 것이 아니다"라고 하였다.

(2) 아동의 건강 교육

아동기는 기본적인 생활습관이나 성격 행동양식이 형성되는 시기이고 아동들은 건강에 대한 정보를 얻고 타인의 건강습관을 모방한다. 아동기에 형성된 건강에 대한 태도와 습관은 성인기까지 지속되고 현재와 미래의 건강을 위한 지식, 기술, 태도를 습득하므로 도울 수 있는 가장 이상적인 시기이다. 건강증진의 핵심은 교육에 있다(Kolbe, 1982).

과거 아동의 건강에 대한 책임이 거의 부모에게 있었던 때와는 달리 아동의 건강은 부모뿐 아니라 어린이집, 사회, 국가의 중요한 관심사와 책임 중 하나이다. 어린이집들은 안전하고 건강한 물리적 환경을 제공해야 할 법적 · 도덕적 책임이 있을 뿐만 아니라 아동들의 건강을 보호하고 지속시키고 향상시킬 책임이 있으며, 이를 위한 교육적 활동을 다음의 목적에 따라 제공해야 한다.

첫째, 건강한 생활에 필요한 습관이나 태도를 몸에 익힌다.

둘째, 여러 가지 운동에 흥미를 가지고 경험하도록 한다.

셋째, 안전한 생활에 필요한 습관이나 태도를 익히도록 한다.

(3) 아동 건강교육의 중요성

아동건강은 아동의 성장발육과 그의 유지, 증진 그리고 질병에 걸렸을 때 조기에 발견하여 치료함으로써 정상적인 생활을 하도록 하는 데 그 목적이 있다. 아동은 육체적, 정신적으로 성인과 다르므로 성인의 축소로 생각해서는 안 된다. 성인은 육체적으로 볼 때 각 기관의 발달속도가 기관별로 현저하게 다르며, 정신적인 면으로는 과거의 경험과 본능적인 것이 함께 작용한다. 그러나 아동은 그 나름의 특성을 지닌 개성있는 인격체로 성장발달 과정이라는 육체적, 생리적인 특이점을 가지고 있다. 질병에 대한 저항력도 성인은 후천적으로 면역과 함께 작용하지만 아동은 선천적인 것이 주로 작용한다. 그러므로 아동의 신체적 발달 및 정서적인 발달에 대한 정상적인 성장을 도모하고 촉진시키며 조산아, 장애아, 심신장애아 등을 조기에 발견하고 치료 교정하여 건전한 사회생활을 영위할 수 있도록 도와 주어야 한다.

아동의 건강을 위해서는 영양의 중요성을 강조하지 아니할 수 없다. 영양이란 유기체와 소비되는 식품 사이의 모든 상호작용을 말하며 생리적, 생화학적 대사과정 뿐만 아니라 심리적, 사회적, 경제적 과학기술적인 것 등 여러 가지 요인에 의해 영향을 받는다. 영양소는 식품 속에 있는 물질로서 정상적인 성장, 출산, 건강의 유지를 위해 인체가 필요로 하는 것으로 인체를 구성하고 열량을 공급하며 체내 대사과정을 조절하고 있기 때문에 건강에 중요하다.

2) 어린이집에서의 건강관리

어린이집에서의 건강관리는 영유아보육법 제31조, 제32조, 시행규칙 제33조

규정에 따르며 내용은 다음과 같다.

(1) 건강관리 및 응급조치

① 어린이집의 원장은 영유아와 보육교직원에 대하여 정기적으로 건강진단을 실시하는 등 건강관리를 하여야 한다. 영유아의 예방접종 여부 확인 및 관리를 위하여 생활기록부에 예방접종 여부 및 내역에 관한 사항을 기록하여 관리하여야 한다.

② 어린이집의 원장은 영유아에 대하여 최초로 보육을 실시한 날부터 30일 이내에 「감염병의 예방 및 관리에 관한 법률」 제27조에 따라 특별자치도지사 · 시장 · 군수 · 구청장 또는 예방접종을 한 자가 발급한 예방접종 증명서 또는 그 밖에 이에 준하는 증명자료를 제출받아 영유아의 예방접종 사실을 확인하여야 한다. 확인 결과 예방접종을 받지 아니한 영유아에게는 필요한 예방접종을 받도록 보호자를 지도하여야 한다.

③ 어린이집의 원장은 영유아에게 질병 · 사고 또는 재해 등으로 인하여 위급상태가 발생한 경우 즉시 응급의료기관에 이송하여야 한다. 원장이 법 제31조에 따른 건강검진을 실시하지 않거나 응급조치를 하지 않은 경우 법 제56조에 따라 과태료를 부과한다.

④ 아동이 접근할 수 없는 안전한 장소에 응급조치를 위한 비상약품 및 간이의료기구 등을 비치하여야 한다.

⑤ 어린이집의 원장은 영유아 또는 보육교직원에게 식중독 및 전염병으로 의심되는 증상 발견시 즉시 시 · 군 · 구청 보육담당부서 및 관할 보건소에 신고하여야 한다.

* 아동의 생활기록부상 '전염병 예방접종' 내역을 확인하여 필수 예방접종 종류는 반드시 접종하도록 보호자에게 안내하여야 한다.

(2) 보육아동의 건강진단 및 관리

① 건강진단(영유아보육법 시행규칙 제33조)은 매년 1회 이상 실시하여야 한다. 다만 「국민건강보험법」 제47조, 시행령 제26조 및 「의료급여법」 제14조의 규정

에 의한 영유아건강검진이나 보호자가 별도로 건강검진이나 보호자가 별도 건강검진을 실시한 경우에는 검사 결과 통보서로 갈음할 수 있다. 건강진단에 소요되는 비용은 보호자 부담을 원칙으로 한다. 신규입소 예정 아동의 경우, 전 어린이집에서 당해 연도 내 건강진단을 받았거나 또는 국민건강보험법 등에 의한 유아건강검진을 실시하였을 경우에는 해당 검사결과통보서로 갈음할 수 있다.

② 「건강검진기본법」 제14조에 의해 영유아검진기관으로 지정된 의료기관(보건소, 의원, 병원, 종합병원) 등에 방문하여 검진을 받아야 한다(동법에 의거 10.3.22부터 영유아의 경우 출장검진 불가).

③ 신체계측, 시력검사, 청력검사, 구강검사 등 영유아의 발달단계에 따라 필요한 항목을 검사하여야 한다(영유아검진 검사항목〈건강검진실시기준 제5조 제4항〉에 준함).

④ 건강검진 결과에 대한 조치로는 치료를 요하는 영유아에 대하여 보호자와 협의하여 필요한 조치를 하여야 하고, 전염성 질환에 감염된 것으로 밝혀지거나 의심되는 영유아는 어린이집으로부터 격리하여 치료토록 조치하여야 한다.

(3) 보육교직원의 건강진단 및 조치

① 보육교직원 및 어린이집에서 함께 거주하는 자는 연 1회 이상 건강진단을 실시하여야 한다.

② 검진기관 및 양식은 신규 채용시에 공무원 채용 신체검사서에 따르고, 그 외의 경우 「국민건강보험법 시행령」에 의한 일반건강검진으로 갈음한다.

③ 보육교직원 및 어린이집에 함께 거주하는 자의 건강진단 항목에는 결핵 등 전염성 질환이 포함되어야 한다.

④ 건강진단 결과 전염성 질환으로 판명된 자는 완치시까지 영유아보육을 할 수 없다(휴직 또는 면직 등의 조치).

※ 전염병예방법 제30조 (업무종사의 일시적 제한) 참조

※ 전염병예방법상 B형간염은 2군전염병에 해당하여 업무종사의 일시적 제한에 해당사항 없음

(4) 기록관리

원장은 보육교직원 및 영유아에 대한 건강진단 실시 관련 증빙서류 등을 비치하여 건강관리에 철저를 기하여야 한다(예 : 응급처치동의서, 사고보고서).

3) 어린이집에서의 건강지도

개인위생 및 건강과 관련된 긍정적인 생활습관을 갖는 것은 아동이 삶의 양식으로 건강한 행동을 일상화하는 것을 의미한다. 유아기는 자신의 신체에 대한 인식이 형성되는 시기이며 자신의 신체를 돌보는 능력이 발달하는 시기이다. 따라서 보육교사는 옷 입기, 씻기, 먹기, 휴식, 배변 등의 개인위생과 건강에 기본이 되는 생활습관의 형성을 도와야 한다. 좋은 습관 형성은 아동의 건강을 유지 · 향상시킬 뿐 아니라 자신을 돌보는 능력 향상 및 자율성과 자신감을 갖도록 한다. 신체의 각 부분과 신체기능에 대한 개념을 습득하는 기초가 되며 사회적 기대를 학습할 기회가 된다.

아동들이 건강한 생활습관을 갖도록 하기 위한 내용과 실제적인 방법을 다루어 보면 다음과 같다.

(1) 손씻기

손씻기

아동들이 손을 씻어야 할 때는 급 · 간식을 먹기 전이나, 요리활동을 하기 전, 화장실을 다녀온 후, 바깥놀이를 하거나 미술공예 활동을 한 후, 동물을 만진 후 등이다.

아동들이 손쉽게 위생적으로 손을 씻으려면 적절하고 충분한 세면대가 준비되어 있어야 하며 너무 차갑거나 뜨겁지 않은 물이 늘 공급되어야 한다. 그리고 위생적으로 손을 씻는 정확한 방법을 가르쳐 주어야 한다.

손씻기 방법의 지도에서는 무엇보다도 일상생활에서 성인이 친절하게 손씻기를 상기시켜 주어 청결습관을 발달시키고 건강하게 생활하는 데 도움을 주도록 한다. 언어적 표현은 아동들의 손씻기를 격려해 주고 어린이집에서의 생활을 안내하는 초기의 교육내용 중에 손씻기 방법과 시기에 대한 형식적 교육을 포함시킨다.

(2) 대소변 훈련

배변학습을 언제 시작할 것인가는 부모와 교사가 결정해야 할 중요한 사항 중 하나이다. 배변학습은 준비가 되었을 때 하여야 한다(이경우 역, 1984; Kendrick 등, 1991). 배변학습의 준비는 근육통제, 신경조직, 그리고 심리적인 발달수준과 의사소통 능력의 성숙을 의미한다. 이러한 능력이 성숙하여 준비가 되었을 때 시작하는 것이 아동이 정서적인 문제없이 단기간에 조절할 수 있어 갈등과 수고를 덜게 된다. 보통 2~2.5세경에 대 · 소변의 통제가 시작되어 배변학습을 위한 준비도가 절정에 이르러 배설과 관련하여 사회적으로 받아들여질 수 있는 행동을 배울 수 있다. 남아는 여아보다 평균적으로 더 늦다. 낮 동안의 소변 조절에 대한 신체적 준비도는 대변 조절보다 다소 늦게 이루어진다.

(3) 목욕시키기 및 머리관리

목욕은 피부를 청결히 할 뿐만 아니라, 혈액 순환과 신진대사를 촉진시키고 발달을 증진시키는 효과가 있다. 비누와 물로 매일 몸을 씻어 주면, 세균감염을 예방하는 데 도움이 된다. 목욕물의 온도는 38~40℃가 적당하며, 부드러운 거즈 수건이나 목욕수건으로 목욕시킨다.

신생아나 영아의 목욕은 매일 시키는 것이 좋으나, 허약한 아기는 피로를 느끼기 쉬우므로 신체의 건강상태와 계절에 따라 조절한다. 예를 들면, 여름에는 1일 2회, 겨울에는 1일 1회 정도로 한다. 목욕시간은 젖을 먹기 1시간 전이나 먹은 후 1시간 이후가 좋다. 목욕을 시키기 전에 필요한 물품을 준비하여 점검한 후, 목욕시킬 사람은 깨끗한 앞치마나 머리 수건을 쓰고 반지, 시계 등을 뺀 후 팔꿈치까지 옷을 걷고 손을 깨끗이 씻는다.

(4) 식사훈련

식사시간이 되면 무슨 활동을 하였든지 일단 손을 깨끗이 씻은 다음에 식탁에 앉도록 한다. 식사법을 익히고 식생활의 기초적 습관이나 태도를 익히도록 한다.

식사시간에는 아동에게 식사에 대한 훈련을 시킬 뿐만 아니라 음식을 먹을 때의 예절과 절차를 교육시키는 것도 중요하다. 식사 전후에 아동들을 돕게 함으로써 자발성과 협동심을 가지게 한다. 식사 후에 입을 닦거나 씻는 것, 그리고 식사 후에는 조용히 쉬도록 하는 것도 가르친다.

식사시간은 매일 규칙적으로 하고 아동들이 즐길 수 있도록 한다. 아동들은 식사시간을 통하여 비형식적으로 언어발달을 돕는다. 예를 들면, 음식에 대해 이야기를 하는데, 어디에서 가져 왔는지 원래 형태에서 어떻게 변했는지, 좋아하는 식품과 싫어하는 식품에 대해 이야기를 하게 되면서 언어가 발달하게 된다.

(5) 휴식과 낮잠

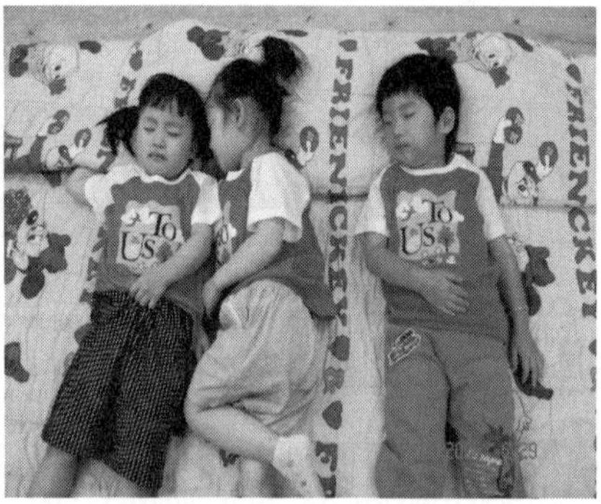
휴식과 낮잠자는 모습

수면과 휴식은 하루 일과에서 가장 중요한 부분의 하나다. 휴식과 낮잠은 신체적 · 심리적 활동 후에 영유아의 몸을 회복시켜 준다. 또한 피로가 누적되는 것을 방지하고 몸과 마음을 이완시키는 기회를 제공한다.

18개월된 영유아는 하루에 거의 16시간의 잠이 필요하다. 2세된 영유아는 12시간, 3~4세 유아는 11.5시간, 5세된 유아는 11시간 정도의 수면을 필요로 한다. 낮잠은 휴식의 기회를 제공하는 것과 더불어 이러한 평균 수면에 대한 요구를 충족시키도록 돕는다. 불충분한 휴식과 잠은 피로를 유발하는 주된 원인이며 이는 영유아의 성장과 사회적 관계를 방해한다.

(6) 치아관리

치아건강은 건강을 유지하는 데에 핵심적인 부분이다. 건강한 치아는 좋은 영양, 올바른 발음, 긍정적 자아형성을 위해 필요하다. 치아는 생후 6~7개월부터 나기 시작하여 약 2~3세가 되면 유치 20개가 모두 나오게 된다. 32개의 영구치는

6세에서 13세 사이에 나는데 제일 가운데 아랫니부터 나오며 유치는 빠지는 순서대로 대치된다.

치아관리는 태어나면서부터 특별한 관심과 함께 실행되어야 한다. 치아관리를 위해 치아의 중요성을 인식시키고 치아관리를 위한 바람직한 위생습관을 증진시키며, 치아를 위한 바람직한 영양, 치아 손상을 예방하기 위한 적절한 치아관리를 시킨다(대한소아치과학회, http : //www. kapcl.org : 충치예방연구회, http : //www.dentia.org).

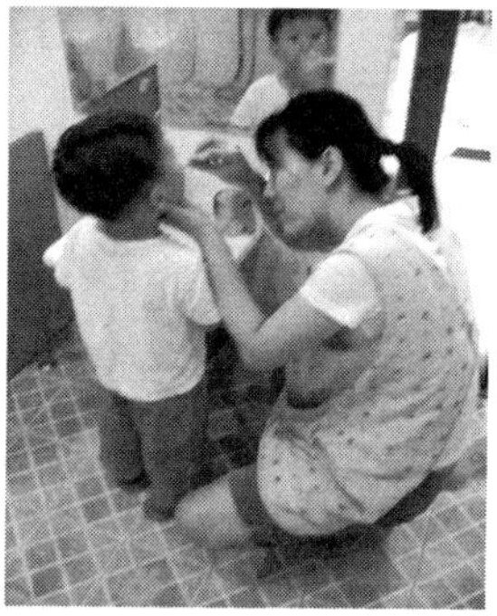

치아관리

(7) 질병관리 및 예방접종

유아기의 질병은 면역체계의 문제, 전염병균에의 노출, 신체적 특징, 유아의 행동특성으로 인한 위생상의 문제, 어린이집의 인적 · 환경적 요인 등에 의해 발생된다. 따라서 어린이집에서는 질병예방을 위해 건강을 위한 행동습관을 형성시키고 위생적으로 환경을 관리하고, 예방접종을 시켜 병원균에 대한 저항력을 높이며 좋은 영양과 휴식, 운동으로 스트레스를 조절할 수 있도록 한다.

① 결석을 요하는 질병

유아들은 장시간 같은 공간에서 생활을 하므로 질병의 전염이 빠르다. 따라서 보육교사는 유아들에게 흔히 나타나는 질병의 증상을 미리 숙지하고 적절한 의료처치를 받고 완전히 회복된 후 어린이집에 오도록 부모에게 알려준다.

② 영유아의 건강에 영향을 미치는 만성질병

알레르기는 영유아들에게 만성 질병을 유발하는 가장 대표적인 원인인데 그 중 집먼지가 가장 흔하고 그 외에 꽃가루, 곰팡이, 바퀴벌레, 동물의 털, 식품, 약품 등이 있다. 다음은 천식이 있는데 원인은 다양하지만 모유대신 인공수유를 하고 이유식을 너무 이르게 주거나 서구화된 주거환경(침대, 카펫, 커튼, 아파트 거주 등) 및 대기오염 등을 원인으로 볼 수 있다.

③ 예방접종

영유아들에게 발병되는 전염성 질병들은 기본 접종과 추가접종으로 어느 정도

예방이 가능하므로 적절한 시기에 예방접종을 실시한다.

④ 정기 건강검진

어린이집에서는 신장, 체중 등의 신체측정을 통해 정상적인 발육상태를 점검하고 체력검사와 전문의 진단을 통해 건강상태를 알 수 있도록 한다. 매년 2회 정도 실시하는 것이 바람직하다. 검사결과에 문제가 있을 때는 즉시 부모에게 알리고 개인신상기록부에 기록한다.

⑤ 영유아의 정신건강

영유아들도 스트레스로 인해 건강을 해칠 수 있다. 따라서 매일 아침 영유아를 맞이할 때 영유아의 건강상태를 살피고 부모와의 대화나 가정통신문을 통해 영유아의 건강상태에 대한 정보를 듣는다. 일과 중 영유아의 행동, 수면태도 등을 통해 변화를 관찰한다.

2. 아동의 영양

1) 아동영양의 개요

어릴 때부터의 식습관 태도 및 식생활의 경험은 아동의 건강과 신체발달에 가장 직접적인 영향을 미치게 됨으로 아동의 영양을 위한 구체적인 계획과 지도가 필요하다. 어릴 때 형성된 식사태도, 음식물에 대한 기호도, 청결습관 등은 성인이 된 후에도 유지될 가능성이 크다. 교육적인 측면에서 영유아기는 감수성이 매우 예민한 시기이며 교육에 대한 받아들임이 강한 시기이므로 지식의 흡수와 활용도가 매우 높다.

(1) 아동 영양교육의 목적

아동 영양교육의 목적은 다음과 같다.

① 아동들이 식품과 영양에 관한 지식, 기술을 이해시키는 데 목표를 둔다.
② 아동들이 먹고자 하는 의욕을 일으켜 관심을 갖게 하여 납득시킨다.
③ 감정과 의지를 일으켜 먹지 않으려는 생각을 바꾸게 한다.
④ 아동들이 먹는 태도와 행동을 변화시킨다.
⑤ 실천을 통하여 아동들이 식품 섭취를 촉진시키는 계기를 만들어서 식생활을 개선시킨다.

따라서 아동을 위한 영양교육은 식생활 개선을 목적으로 하기 때문에 교육방법에 있어서 가끔 잘못된 영양지식으로 나쁜 영향을 주는 것을 예방하고 자기 스스로 이를 올바른 건강상태로 바꾸어 놓게 하는 데 그 목적이 있다.

(2) 아동 영양교육의 기본원칙

아동 영양교육의 중요성은 건강한 신체 발달, 정신 발달에 중요한 요인이 되기 때문이다. 유아기 영양교육을 위한 기본원칙을 살펴보면 다음과 같다.

① 식습관 교육은 가능한 한 빠른 시기에 시작해야 한다. 이유기를 지나면서 성인과 유사한 식생활을 할 때부터 바람직한 식생활 교육을 시작하며 이미 잘못된 식습관이라도 유아기에는 계속적인 지도를 통하여 교정이 가능하다.
② 유아의 신체적 · 지적 발달과정에 적합한 내용으로 식습관의 자립을 진행시킨다. 유아의 신체기능과 이해력을 기준으로 연령에 따라 적합하게 지도하여야 한다. 아무리 바람직한 교육내용이라고 하더라도 도저히 따라 할 수 없는 내용이라면 효과를 기대할 수 없다.
③ 영양교육은 처음부터 끝까지 일관성 있는 태도로 지도를 해야 하며 예외를 인정하지 않는 것을 원칙으로 한다. 왜냐하면 유아의 식습관 행동은 모두 같지 않기 때문에 일관성이 없으면 혼란이 오기 때문이다.
④ 영양교육시에는 칭찬을 통해 강화한다. 좋은 행동은 칭찬하고 좋지 않은 행동을 할 때에는 즉시 정확하게 지적해 줌으로써 유아 스스로 어떤 행동이

옳고 어떤 행동이 잘못인가를 알 수 있게 한다. 일반적으로 꾸짖는 것보다 칭찬하는 것이 교육적인 효과가 크다.

⑤ 인내심을 가지고 사랑으로 지도한다. 즐겁고 편안한 상태에서 섭취해야 건강 및 신체발달에 긍정적인 도움이 된다.

⑥ 유아의 호기심을 이용한다. 유아의 호기심을 이용하면 먹고 싶은 욕구가 생겨 섭식의 어려움을 극복할 수 있다.

(3) 아동 영양교육의 내용

영양교육의 내용으로는 영양에 대한 지식을 습득하고 이를 식생활에 올바르게 적용하고 실천하여 건전한 식습관과 건강을 유지하는데 필요한 기초지식 및 행동동기유발 교육을 포함한다.

① 식품과 음식에 대한 지식 : 식품과 영양에 대한 지식과 개념, 식품과 음식에 대한 인체 내 기능, 식품에 대한 잘못된 개념

② 식품과 신체발달 및 건강과의 관계

③ 바람직한 식습관과 예절교육 : 식습관 형성과 관련된 신체기술의 발달, 바람직한 식습관

(4) 아동의 영양상태 관찰

아동의 건강상태를 관찰함으로써 건강의 유무를 알 수 있다. 따라서 아동들에게 다음과 같은 특징이 있는지 관찰을 하고 심하면 부모에게 알리고 전문기관에 의뢰한다.

① 신체적 특징 : 비만, 급격한 체중감소, 비정상적인 성장, 성장지연

② 행동 : 창백한 얼굴, 집중력 부족, 쉽게 흥분, 주의산만, 활동 미약, 모든 일에 무관심

③ 얼굴 : 건조하고 창백하고 거칠은 피부, 건조하고 뻣뻣하고 광택이 없는 머리카락

④ 눈과 입 : 충혈되고 건조한 눈, 결막증세, 구강염 증세, 거칠은 혀, 부은 잇몸.

⑤ 골격, 위장, 분비선 : 골격이 휘고 굽은 무릎, 잦은 소화불량과 빈번한 설사, 갑상선이 붓고 감기에 잘 걸리고 회복이 느림.

2) 어린이집에서의 영양 · 급식 · 위생관리

아동들은 가정뿐만 아니라 어린이집에서 하루 한끼 이상을 먹는다. 그러므로 가정과 어린이집의 영양관리가 함께 이루어져야 한다. 어린이집에서는 식단을 가정으로 보내 급식의 내용과 양을 알리도록 한다. 유아기는 식품에 대한 기호가 강하게 나타나는 시기이며 좋아하는 음식과 싫어하는 음식이 명확하다. 또한 식습관이 형성되는 시기이므로 음식을 준비하는데 유아를 참여시키고 식습관지도를 한다. 식기의 사용도 수월해지고 음식의 모양이나 색에 대한 관심이 많은 시기이므로 다양한 색, 형태, 질감의 음식을 제공해 준다.

어린이집의 영양 · 급식관리는 영유아보육법 제33조, 시행규칙 제34조 규정에 따른다.

(1) 영양관리

① 어린이집의 원장은 영유아에게 균형 있고 위생적이며 안전한 급식을 하여야 한다(영유아보육법 제33조).

② 급식은 정상적인 발달에 필요한 영양을 섭취할 수 있도록 영양사가 작성한 식단에 의하여 공급하되, 영유아 100인 미만을 보육하는 어린이집의 경우에는 인근 육아종합지원센터, 보건소 및 「어린이 식생활안전관리 특별법」 제21조에 따른 어린이급식관리지원센터 등의 영양사의 지도를 받아 식단을 작성하여야 한다(시간연장형 어린이집은 저녁식단 및 저녁간식 메뉴도 작성).

③ 영유아 100인 이상을 보육하는 어린이집은 영양사 1인을 두어야 하며 영양사는 영유아의 건강 · 영양 및 위생을 고려하여 급 · 간식을 관리하여야 한다(전담 원칙).

④ 급식은 어린이집에서 직접 조리하여 공급하는 것을 원칙으로 한다(어린이집 내에서 조리가 불가능 할 경우 그 사유와 대안을 마련하여 시 · 군 · 구청장의 승인을 얻어야 한다).

⑤ 영유아 50인 이상을 보육하는 어린이집은 「식품위생법」에 의거 시 · 군 · 구

청 위생관련 부서에 집단급식소로 신고 · 운영하고 조리사를 배치하여야 한다.

⑥ 모든 어린이집은 영유아의 건강 · 안전 및 소비자의 알권리 확보를 위해 축산물(쇠고기, 돼지고기, 닭고기)을 식재료로 사용하는 경우 식단표에 원산지를 기재하여 공개하여야 한다(농수산물의 원산지 표시에 관한 법률 제5조 제3항).

⑦ 기타 특별한 음식을 필요로 하는 1세 미만의 영아에게는 그 부모나 보호자의 의사를 반영하여 음식을 제공하여야 한다.

(2) 급식관리

① 어린이집의 조리 직원(영양사, 조리사, 취사부)은 작업 전 건강상태를 확인하고 위생화, 위생모, 위생복을 착용하고, 조리 전후 식재료 및 음식 상태를 점검하는 등 위생관리를 철저히 하고 화기 및 조리기구 사용에 유의하여 안전사고가 발생하지 않도록 한다.

② 식품과 소모품은 별도로 구분하여 보관하되 여건상 부득이 함께 보관할 경우에는 서로 섞이지 않도록 분리 보관하고 식품과 소모품의 품명, 용도 등을 표시하여야 한다. 또한 부패하기 쉬운 음식물은 철저하게 관리한다.

③ 어린이집 내 조리실은 항상 청결을 유지하되 정기적으로 식기 및 조리기구를 소독하고 급식위생관리 체크리스트를 참고하여 매일 위생점검을 실시하는 등 위생관리를 철저히 한다.

④ 시 · 군 · 구청장은 부실급식 관련 집단 민원제기, 식중독 등 급식관련 사고, 집단 전염병이 발생하였을 경우에는 시설 현황, 사고내역 및 조치사항 등을 즉시 시 · 도지사를 경유하여 보건복지부장관에게 보고하여야 한다.

표 7-1 어린이집 급식관리 체크리스트

연번	점검사항	점검
1	작업 전 건강상태를 확인한다. 감기, 설사, 손 상처자 등 조리금지)	
2	위생복, 위생화, 앞치마, 위생모를 착용한다.	
3	배식 시 배식 전용기구, 마스크, 위생장갑을 사용하고 있다.	
4	유통기간 확인 및 선입선출을 준수하고 있다.	
5	식재료 보관실은 항상 청결을 유지하고 있다.	

6	가열 식품의 중심온도를 측정 · 확인하고 있다.	
7	조리 후 관리 및 오염방지를 위한 조치를 취하고 있다.	
8	보존식 보존 및 관리기준을 준수하고 있다(배식 직전 소독된 전용 용기에 3/4 이상 채취하여 144시간 냉동 보관)	
9	식기류 및 조리기구의 세척, 소독을 철저히 하고 있다.	
10	쓰레기 및 잔반은 즉시 처리하고 있다.	
11	세제, 소독제, 살충제에 라벨을 부착하고 분리보관하여 오염 또는 혼입을 방지하고 있다.	
12	방충, 구서 등을 위한 정기적인 방역 소독필증을 보관하고 있다.	

* 출처 : 보건복지부, 2011 보육사업안내.

(3) 어린이집에서의 위생관리

영유아보육법 시행규칙 제23조 [별표 8]에 제시한 어린이집의 위생관리 내용은 다음과 같다.

1 위생관리 일반

① 조리실·화장실·침구·놀잇감 등에 대하여 정기적으로 소독을 실시하여야 한다.

② 보육교직원은 영유아의 위생에 영향을 미치는 다음 사항들에 대해 수시로 점검하여야 한다.

- 영유아의 감기, 독감, 홍역 등 유행성 질환감염 여부
- 영유아의 피부, 머리, 손톱·발톱, 치아상태
- 보육교직원의 의복 청결상태 및 피부상처 여부 등 업무 전후 위생상태
- 보육실, 교재·교구실, 조리실, 놀이터 등 어린이집 청소상태
- 침구 및 기저귀 등의 위생상태
- 욕실, 화장실, 세면도구 등의 청결 및 위생상태

③ 어린이집의 원장은 영유아와 보육교직원의 건강·위생관리를 위하여 실내 공기를 쾌적하게 유지·관리하도록 하며 환경개선 등 주기적으로 공기 정화를 위한 노력을 하여야 한다.

2 음용수 관리

① 상수도, 간이상수도를 사용하는 경우에는 물을 끓여서 사용하여야 한다.

② 정수 장치를 사용하는 경우에는 정기적인 필터 교환 등으로 수질을 관리하여야 한다.

③ 지하수를 사용할 경우에는 「먹는물 관리법」이 정하는 바에 따라 수질검사를 실시하고 수질검사성적서를 비치하여야 한다.

3 동물관리

① 어린이집에는 원칙적으로 동물(애완동물, 곤충 등)을 두어서는 안 된다.

② 동물을 둘 경우에는 사전에 부모에게 고지하여야 하며, 영유아의 알레르기, 질병, 상해 등을 방지하기 위해 정기적으로 수의사를 통해 면역조치 등을 받아야 한다.

3) 유아기 영양장애

유아기 영양문제들은 다양한데, 소아비만, 식욕감퇴 및 음식거부, 편식, 음식물 알레르기, 특정 식품의 과잉섭취, 영양불량 등을 살펴본다.

(1) 소아비만

아동의 비만증은 일종의 영양불량이며 체지방이 과잉으로 축적된 상태이다. 일반적으로 비만아의 체중은 정상 체중의 120% 이상을 말한다. 소아비만 아동들은 운동능력이 저하되고, 친구들의 놀림으로 인하여 심리적인 열등감을 갖게 될 수 있으며, 학업성적 부진 등의 원인이 될 수 있다. 소아비만은 60% 이상이 성인비만으로 발전되므로 적절한 운동과 적당한 양의 음식물을 섭취하고 필요한 경우에는 영양 상담을 하는 것이 바람직하다.

비만의 발생 원인은 유전적 요인, 대사적 요인, 환경적 요인, 기타 요인으로 나눌 수 있다.

첫째, 유전적 요인으로 비만인 부모의 가정에서 비만아가 될 확률이 정상체중인 부모의 6.8배인 남아보다 4.7배인 여아가 더 높은 경향이지만 오히려 가정 내의 식사내용에 의해서 영향을 받게 된다.

둘째, 대사적 요인으로는 선천적인 에너지 발생 능력이 이상이거나 지방합성을 촉진하는 인슐린, 성장호르몬 등의 분비에 변화가 생기는 등 지방대사 이상으로 비만이 된다.

셋째, 환경적인 요인은 국민경제 수준의 향상으로 인한 풍부한 식량, 간단히 조리해서 먹을 수 있는 인스턴트 식품의 증가, 생활의 편리화로 운동량 감소, 매스컴에 의한 광고의 영향, 가정 및 학교에서의 잘못된 식생활 교육, 장시간 이상의 TV시청 등을 들 수 있다.

넷째, 기타 요인으로 핵가족화로 인해 자녀를 과잉보호하거나 부모의 사랑과 관심이 부족한 경우 또는 부모가 자녀에게 상벌로서 음식을 사용하는 경우 등 심리적인 문제를 가지고 있을 때 보상심리로 많이 먹게 된다.

비만은 성인병과의 상관관계가 높기 때문에 문제가 되는 것이다. 즉 당뇨병, 고혈압, 담석증, 지방간, 암의 발생률 증가 및 기타 성인병(피부 곰팡이 염증, 퇴행성관절염, 신경염, 만성호흡곤란, 임신중독증)이 비만의 경우에 정상체중보다 자주 나타난다. 또한 소아비만은 성인비만으로 될 가능성이 높으며, 심리 · 정서적 문제를 일으킨다. 그러나 성인비만은 쉽게 치료되지 않지만 소아비만은 대부분 치료가 쉬울 수 있으므로 다음과 같이 비만을 예방하고 관리하도록 지도한다.

① 신체적 활동을 하도록 격려한다.
② 고 열량식(지방과 설탕 성분이 많은 음식)을 제한한다.
③ 과일주스, 초콜릿 우유와 같이 단 음료를 지나치게 많이 마시지 않도록 한다.
④ 적절한 양의 우유를 마신 다음 목이 마를 때는 물을 마시도록 한다.
⑤ 2세 이상된 유아에게는 저지방유나 탈지유를 사용한다.
⑥ 작은 그릇에 음식을 담는다.
⑦ 식이섬유가 많이 함유된 야채와 채소를 먹인다.
⑧ 일정한 식사시간에 적은 양의 음식을 먹도록 한다. 세 끼의 식사와 두 번의

간식의 양과 영양소의 균형을 미리 계획한다.

⑨ 음식을 벌이나 보상, 달래기 위한 수단으로 이용하지 않는다. 음식이 아닌 보상을 제공한다. 생일, 명절, 기타 특별한 날에 특별식 보다는 활동에 초점을 두고 기념하는 방법을 계획한다.

⑩ 음식에 의지하지 않고 감정이나 스트레스를 다룰 수 있도록 아동을 돕는다.

⑪ 성인의 식습관과 태도가 아동에게 영향을 미친다는 것을 염두에 두고 성인이 적절한 식생활 습관의 모범을 보인다.

(2) 편식

편식은 특정한 종류의 식품을 좋아하고 특정한 식품을 거부하는 감정이 강한 것을 의미한다. 개별 식품을 싫어하기보다는 식품 종류별로 먹지 않는 경우이다. 즉 식품선호가 특정 종류에만 치우쳐 발육과 성장에 지장을 초래하는 경우를 의미한다.

식습관 교정에 주의를 해야 하는 경우는 다음과 같다.

첫째, 아동이 일상의 식생활에서 설탕이 많이 든 음료, 과자류에 대한 기호도가 강해서 늘 이러한 음식을 많이 먹기 때문에 식사에 영향을 미쳐 영양의 섭취가 양적으로 균형을 잃게 될 때

둘째, 개개의 식품을 싫어하기보다 생선류 종류 여하를 불문하고 싫어하며, 채소는 모두 싫어하는 등 식품류별 단위로 음식을 먹지 않거나 싫어하는 등 섭취식품 구성에 있어서 결함이 있다고 판단될 때

셋째, 식품 선호가 어느 특정의 국한된 종류에만 편중해서 식품 선택의 범위가 좁아 발육과 영양 상태가 기준에 미치지 못한다고 판단될 때(예를 들어, 육류 및 육가공품만 좋아하여 채소류는 전혀 먹지 않는 경우)

편식을 예방하기 위한 방법

① 다양한 식품에 접할 수 있는 기회 제공
② 이유식의 조리는 자극성이 없고 부드럽게 조리
③ 부모나 가족이 편식을 하지 않는 모델링
④ 아동에게 적합한 조리법 선택
⑤ 아동들이 싫어하는 식품을 강요하지 않고 비슷한 영양성분이 함유된 식품으로 대치
⑥ 아동들이 좋아하는 식기 제공, 식사 환경 개선, 즐거운 식사분위기
⑦ 식사량에 지나치게 관심을 나타내 보이지 않음

(3) 식품 알레르기와 과민성

중요한 영양소가 함유된 식품을 먹지 못하거나 적절히 대사하지 못한다면 영양 부족의 위험이 있다. 영아와 유아는 소화기관과 면역체계가 아직 미숙하기 때문에 식품에 대한 알레르기와 과민성을 나타낼 수 있다.

식품 알레르기와 과민성(intolerance)은 식품에 대한 이상 반응으로 증상은 비슷하다. 중요한 차이는 식품 알레르기는 면역체계에 의해 유발되는 반면에 식품에 대한 과민성은 면역체계를 포함하지 않는 이상 반응이라는 것이다. 일반적으로 알레르기가 과민성보다 심각한 결과를 초래한다(Holland, 2004).

알레르기 반응을 일으키는 식품

① 우유, 달걀(특히 날달걀의 흰자위)
② 생선류 : 고등어, 청어, 꽁치, 정어리, 가다랭이, 새우, 굴 바지락 등
③ 육류 : 돼지고기, 쇠고기, 닭고기
④ 곡류 : 밀, 옥수수
⑤ 채소류 : 죽순, 토란, 가지, 우엉
⑥ 과일 : 딸기, 복숭아, 오렌지
⑦ 기타 : 초콜릿, 향신료나 색소 등의 첨가물

알레르기를 다루는 방법을 정리해 보면 다음과 같다.

① 알레르기를 일으키는 식품으로 판명된 식품은 사용하지 않는다.
② 문제가 되는 음식이나 성분이 있는지 음식의 라벨을 확인한다.
③ 부모와 협력하여 문제를 일으키는 음식을 대치할 수 있는 음식을 알아본다.
④ 아동이 여러 음식에 알레르기가 있으면, 또는 주요 식품군에 알레르기가 있으면 적절한 영양을 섭취할 수 있도록 메뉴를 신중하게 계획한다.
⑤ 다른 음식을 통해 중요한 영양소를 섭취하도록 한다. 우유에 알레르기 있다면 칼슘과 비타민 D를, 과일에 알레르기가 있다면 비타민 C를 보충해 주고, 곡류에 알레르기가 있는 경우 비타민 B군을 보충해 준다.
⑥ 식품 알레르기는 조리 또는 가공에 의해 감소되기도 하므로 날 것으로 주지 말고 조리하여 준다.
⑦ 되도록 신선한 재료를 사용한다.
⑧ 우엉, 죽순 등 독이 강한 식품은 충분히 물에 담가 독을 우려낸 후 사용한다.
⑨ 냉장고나 기타 눈에 잘 띄는 곳에 아동의 이름과 알레르기를 일으키는 음식과 식품 재료를 게시해 놓는다.

(4) 식욕부진

대부분의 아동은 발육과정에서 일시적으로 식욕과 음식의 기호가 불안정해지는 시기를 거치나 이러한 현상의 정도나 지속 기간, 식품의 범위 등에 관해서는 상당히 개인차가 심하다. 식욕부진 현상이 나타나기 쉬운 시기는 일반적으로 이유시기와 4세 전후의 시기이다.

영아기 후기와 걸음마기의 성장률 둔화는 단위 체중 당 필요 열량의 감소를 초래하며 식욕을 떨어뜨릴 수 있다. 유아가 피곤하고 지치고 병이 있다면 식욕이 떨어진다. 또는 낯선 환경에서도 식욕은 없게 된다.

이유기에 생기는 식욕부진은 이유식의 조리법이나 이유식의 제공 방법에 문제가 있거나 아동이 주어진 새로운 음식에 순응할 수 없을 때에도 식욕부진이 일어나기 쉽다. 또 3~4세경에는 자아가 발달해서 여러 가지 일에 대한 기호나 감정이 뚜렷해지므로 음식에 대해서도 싫은 것에는 거부 반응 태도를 나타내게 된다.

이러한 일은 누구에게나 어느 정도 생기는 생리 현상이므로 일시적인 현상으로 보아야 한다.

3. 아동의 안전

1) 아동 안전의 개요

아동의 안전은 자신의 안전뿐 아니라 타인의 안전을 존중하는 매우 중요한 영역으로 형식적 · 비형식적인 안전교육을 통해 보장된다. 아동 안전교육이란 유아 스스로 위험으로부터 자신을 보호할 수 있도록 안전지식과 태도 및 기능을 익히게 하여 건강한 생활을 할 수 있도록 도와 주는 것으로, 궁극적으로는 자신의 보호뿐 아니라 타인의 생명을 존중할 수 있는 인간 개개인의 존엄성을 배우는 교육이다.

어린이집에서 안전교육을 할 때 다음의 내용을 고려한다.

(1) 안전지식

아동의 발달수준에 맞는 안전사고에 대한 정보의 제공을 통해 아동이 안전사고의 유형과 원인 및 결과나 대처방법 등에 관한 기초적 지식을 학습하도록 한다. 다양한 교육 및 훈련 프로그램을 통해 아동으로 하여금 안전사고에 대한 지식의 수준을 향상시키도록 한다.

(2) 안전태도

안전에 대한 지식을 토대로 올바른 안전의식과 태도를 갖도록 한다. 이는 곧 생활 속에서 습관화하여 안전사고를 예방하고 항상 조심하며 주의를 기울일 수 있는 자세를 기르도록 한다.

(3) 안전기술

안전에 대해 많이 아는 것도 중요하지만 간접경험과 실습을 통해 구체적인 대처방법과 기술을 체험하도록 한다. 어린 시기부터 이루어진 경험학습은 성인이 된 이후에도 지속적으로 남아 있어 쉽게 잊어버리지 않으므로 안전기술 습득은 가장 현실적인 대처방법의 습득이라 할 수 있다.

교사는 아동을 대상으로 하는 안전교육을 실시할 때, 아동의 발달수준에 맞추어 다양한 방법을 활용하여 아동에게 전달한다. 아동이 보다 쉽게 학습내용을 파악할 수 있도록 다양한 방법의 교수방법을 활용한다.

2) 어린이집에서의 안전관리

어린이집에서 안전관리는 영유아보육법 시행규칙 제23조 [별표 8] 규정에 명시되어 있으며 다음의 원칙에 따른다.

① 어린이집의 원장은 보육교직원 및 부모와 함께 영유아의 안전사고예방을 위해 성실하게 노력하고 안전교육을 실시한다.

② 어린이집은 인근 소방서, 경찰서 및 가스, 유류 등의 안전상태를 점검하는 유관기관에 의해 정기점검을 실시하고 비상연락체계를 구축하며, 자체적으로 정기적인 시설 안전점검을 실시하고 기록 · 관리한다.

③ 보육교직원은 영유아의 실내 · 외 활동시 안전을 위해 영유아를 보호 · 감독하며, 영유아에 대한 물리적 환경과 인적 환경에 대한 안전확보를 위해 어린이집 및 환경을 조성하고 관리한다.

④ 어린이집 내 'CCTV 등' 설치 운영과 관련된 사항은 어린이집 영상정보 처리기기 설치 운영 가이드라인에 따른다.

3) 분야별 안전관리

(1) 물리적 환경에 대한 안전관리

① 보육교직원은 안전관리의 중요성을 인식하고 이를 실천하기 위하여 노력하

여야 한다.

② 원장은 '어린이집 통합 안전점검표'에 따라 매일, 매월 시설안전점검을 실시하여야 한다.

③ 「아동복지법」 제32조에 따라 유괴 등 범죄의 위험으로부터 아동을 보호하여야 하며, 어린이집의 주변구역을 아동보호구역으로 지정하여 폐쇄회로 텔레비전을 설치하거나 그 밖의 필요한 조치를 취할 수 있다('09, 6. 14시행).

④ 100인 이상을 보육하는 어린이집은 어린이보호구역으로 지정 · 관리할 수 있다(도로교통법 시행규칙 제14조, 시 · 군 · 구청 및 경찰서 협조).

(2) 인적 환경에 대한 안전관리

① 보육교직원은 영유아의 안전사고 예방을 위해 영유아에 대한 보호와 감독을 철저히 하여야 한다.

② 보육교직원은 안전점검방법 및 안전점검표의 활용법, 영유아의 발달단계 특성을 고려한 보호 및 안전교육 방법에 대해 숙지하여야 한다.

③ 원장은 모든 보육교직원에 대해 안전교육을 실시하고, 관련기관 등에서 전문적인 안전교육을 받을 수 있도록 조치하여야 한다.

(3) 차량안전관리(차량을 운행하는 경우)

① 차량운행은 의무사항이 아니며, 교통안전교육 이수여부 확인 및 성범죄 경력을 조회하여야 한다. 차량을 운행하고자 할 경우에는 도로교통법에서 규정하고 있는 어린이통학버스 신고요건을 구비하여 관할경찰서에 신고하여야 하며, 전세버스 운송사업자와 운송계약을 맺은 차량도 신고필증을 교부받은 경우에만 운행이 가능하다.

② 운전기사는 채용시 건강진단서를 제출하여야 하며, 교통안전교육 이수여부 확인 및 성범죄 경력을 조회하여야 한다. 그리고 차량 내부에 안전수칙을 부착하고, 차량용 소화기 및 구급상자를 비치하며 차량안전점검표에 의한 안전점검을 실시하여야 한다.

③ 교사와 영유아는 차량 운행시작 전 안전벨트를 착용하여야 한다.

(4) 안전사고 예방대책

① 어린이집의 원장은 안전사고에 대응하기 위하여 인근소방서, 경찰서 및 가스, 유류 등의 안전상태를 점검하는 유관기관 등과 비상연락체계를 구축하여야 한다.

② 어린이집의 원장은 사고에 대비하여 부모와의 비상연락망을 확보하여야 하며 응급처치동의서를 비치하여야 하며, 시 · 군 · 구에서는 중대사고의 경우 시도를 거쳐 보건복지부에 보고하며 사고통계를 관리하는 등 사고보고체계의 확립하여야 한다.

③ 어린이집의 원장은 자체안전점검 계획을 수립하여 매월 4일에 '어린이집 안전점검 체크리스트'에 따라 안전점검을 실시하여야 한다.

CHAPTER 08

보 육 제 도

보육제도는 보육서비스를 필요로 하는 아동의 복지를 위해 국가가 갖추어 놓은 여러 수단들을 의미한다. 여기에는 보육정책, 보육관련법과 규정, 보육서비스 행정체계 등이 포함되며, 이들은 서로 유기적으로 관련되어 있다. 보육제도에 대한 포괄적이면서도 심층적인 이해는 현재는 물론 미래의 보육방향과 증진에 크게 기여하게 된다. 이 장에서는 보육의 공공성을 인식하고 보육욕구를 지닌 아동이나 가족의 복지권을 존중해 주는 보육정책 중에서 현 정부의 중장기 계획인 아이사랑플랜을 주요 내용으로 다루었다. 또한 영유아보육법을 중심으로 한 보육 관련 법의 주요 내용을 살펴보고, 보육서비스의 전달체계로서 보건복지부의 전담부서인 보육정책관의 보육정책과, 보육사업기획과, 보육기반과 등의 보육업무를 제시한다.

1. 보육정책

1) 보육정책의 개념

보육정책은 궁극적으로 아동의 복지증진에 있으나 그것이 수행되는 과정에서 가족이라는 미시체계를 거치게 된다. 보육정책이라 함은 보육서비스를 시행하기 위한 국가의 원칙과 관련되는 것으로 이러한 정책을 통해서 서비스나 부조의 성격, 수혜자, 행정수행의 원칙과 절차, 재정 등의 문제가 규명되는 것이다.

보육정책의 주체는 국가이며, 국가는 일정한 방침을 정하여 보육정책을 실현한다. 그런데 각 국가들이 처해있는 정치적, 경제적, 문화적, 사회적 여건이 다르기 때문에 기본적 생존권과 생활권의 보장에 대한 국가의 대응 수준 사이에는 현실적인 문제가 발생될 수 있다. 다시 말하면, 국가는 보육의 공공성을 인식하고 보육욕구를 가진 아동과 그의 가족의 복지권을 인정하고 보장해 주기 위해 노력한다는 기본원칙을 준수하되, 그 실제적인 대책은 소위 복지이념이라고 하는 기준에 따라 선택적으로 조절하여 실시하게 된다는 점이다(이소희, 2006). 그렇기 때문에 현실적으로 볼 때, 보육복지의 수준은 국가가 지향하는 정치 이념에 따라 설정될 가능성이 높다. 그 대표적인 예로 어린이집에 대한 보육재정의 지원과 같은 것이다. 따라서 보육의 사회성은 어떠한 수준에서 수용하고 실천할 것인가에 대한 사회적 합의의 도출은 매우 중요한 과제라고 할 수 있다.

우리나라는 헌법에서 자유민주주의 이념을 지향함을 밝히고 있듯이 보육정책이 사회정책의 하위 영역이다. 이러한 이념적 특성을 볼 때 우리나라 보육의 이념적 특성은 기본적으로 생활능력이 있는 보호자의 자녀를 보호 대상자로 하기 때문에 수익자 부담을 원칙으로 하지만 보육능력이 없는 저소득층 자녀에 대하여 국가 또는 지방자치단체가 보육에 필요한 비용을 전부 또는 일부를 부담하도록 하고 있다.

2) 보육정책의 연혁

1920년대부터 시작된 보육정책은 많은 시행착오를 거치면서 현재에 이르렀다. 1921년 태화기독교사회관에서 저소득층 자녀 위주의 탁아사업을 시작하여, 1961년~1981년까지 아동복리법에 근거하여 보건복지부가 탁아사업을 관리하였다. 1982년 유아교육진흥법 제정으로 어린이집, 새마을협동유아원 및 농번기탁아소를 새마을유아원으로 흡수 · 통합하였고, 1987년 노동부에서 남녀고용평등법에 따라 직장탁아제가 도입된 이후 1991년 영유아보육법 제정으로 탁아에서 보육으로 발전하였다. 그동안 교육부, 내무부, 보건사회부에서 담당하던 보육사업의 주관부처가 보건복지부로 일원화된 것이다.

2004년 참여정부가 들어서면서 보육업무를 보건복지부에서 여성가족부로 이관하여 담당하였다. 참여정부의 육아지원정책(2004.6~2008.2)은 고령화및미래사회위원회에서 "보육 및 육아교육 지원의 공공성 확대"에 대한 대책으로 제1차 육아지원정책(2004. 6)을 수립하여 1년간 육아휴직, 어린이집 평가인증제 도입, 보육교사 국가자격제도 시행 등이 발표되었다. 제2차 육아지원정책(2005. 5)은 "출산율 제고 및 여성경제활동 참가"에 대한 대책으로 어린이집 표준보육료 · 교육비 산정, 영아기본보조금 제도를 도입하였다. 여성가족부에서는 공보육 강화를 위한 제1차 중장기보육계획인 새싹플랜(2006~2010)을 발표(2006. 7)하여 국공립 어린이집을 2010년까지 어린이집 이용아동의 30% 수준까지 확충하고 영아 기본보조금을 확대 지원, 어린이집 차등보육료를 이용자의 평균소득 130%이하까지 확대(2009)하였다.

2008년 이후 정부는 보육업무를 여성가족부의 보육정책국에서 보건복지부 보육정책관실로 이관(2008. 3)하여, 보육정책의 방향을 양적 성장에서 질적 수준 향상과 수요자 중심 정책으로 전환을 추구하였다. 보건복지부는 제1차 중장기보육계획(새싹플랜 2006~2010)을 보완 · 수정하여 "아이사랑플랜(2009~2012)"을 수립하고 보육에 대한 국가책임을 강화하고 수요자 중심의 보육정책으로 개편하여 시행하였다. 2013년에 제2차 중장기보육계획(2012~2017)을 마련하고 2014년에 이행계획을 마련하고 추진하고 있다.

3) 보육정책의 중장기 발전계획

(1) 아이사랑플랜(2009~2012)

① 비전 : 아이와 부모가 행복한 세상

- [아이] 아이는 보육이 궁극적으로 지향해야 할 정책목표이자 정책 대상
- [부모] 부모는 아이를 돌보는 책임과 권리를 가진 제1차적 보호자
- [아이와 부모가 행복한 세상] 아이는 나이와 특성에 맞게 건강하게 성장 발달하고, 부모는 아이를 기르는 보람과 기쁨이 넘칠 수 있는 사회·경제적 환경이 마련된 세상

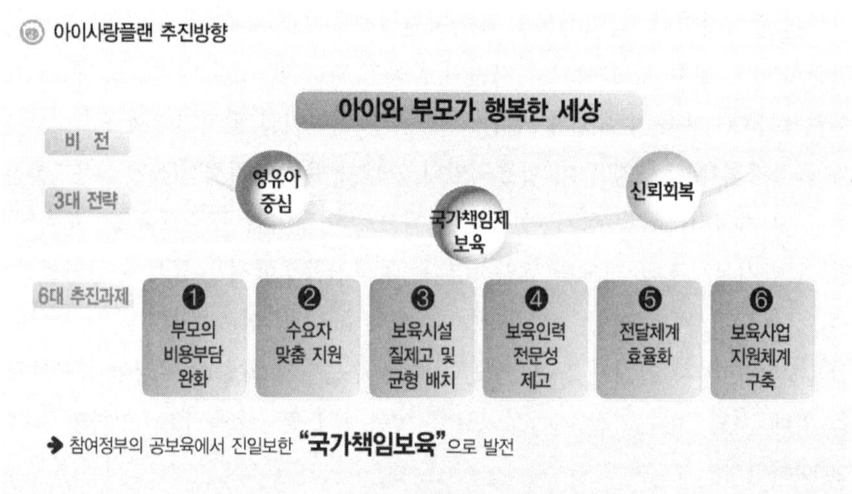

[그림 8-1] 아이사랑플랜 추진과제 체계도

* 출처 : 보건복지부(2011). 아이사랑플랜.

② 3대 전략 : 영유아중심, 국가책임제 보육, 신뢰구축

- [영유아 중심] 영유아의 건강한 성장·발달을 최우선시
  - 정책대상을 어린이집 이용아동에서 모든 영유아까지 확대
  - 영유아 및 부모의 특성을 고려한 예방·맞춤·통합형 보육정책 추진
- [국가책임제 보육] 보육에 대한 국가책임을 강화

–참여정부에서 조성된 공보육을 강화하여 국가책임 보육으로 발전
–새싹플랜의 잘된 점은 계속 발전시키고, 부족한 점은 수정 · 보완

- [신뢰구축] 신뢰를 토대로 정책을 수립 · 추진
  –부모가 보육정책에 관심을 갖고 적극적으로 참여할 수 있도록 정책통로를 마련하고, 보육관련 총괄적 정보제공 강화
  –어린이집, 학계 및 전문가 의견을 정책형성 · 집행과정에서 수렴

3 6대 추진과제

- [부모의 비용부담 완화] 어린이집 이용시에는 보육료를 지원하고, 미이용시에는 양육수당을 지급
  –[보육료 지원확대] 어린이집 이용에 대한 부모의 비용부담 완화
  –[양육수당 도입] 어린이집, 유치원을 이용하지 않고 집에 있는 영유아에는 아동양육에 필요한 비용 지원
- [수요자 맞춤 지원] 부모 및 아동의 개별 특성에 맞는 양육지원서비스 제공
  –아동 및 부모의 특성 : 다문화 가정, 한부모(미혼모, 조손가구)가정, 장애아동 가정, 장애부모가정, 빈곤 · 실직 · 실종부모, 입양아 가정, 농어업인 가정
- [어린이집 질 제고 및 균형 배치] 집근처에 있는 어느 어린이집이나 안심하고 아이를 맡길 수 있도록 어린이집 질적 수준 및 접근성 제고
  –[보육프로그램 강화] 보육교사와 아동의 상호작용의 질을 높이고, 아동의 적절한 놀이와 경험제공을 위한 보육프로그램 강화
  –[안전하고 쾌적한 어린이집 환경조성] 어린이집 환경기준 개선 및 보육교직원의 건강 · 영양 · 안전 관련 역량 강화
  –[어린이집 평가인증 활성화] 모든 어린이집이 최소한의 질적 수준을 유지하도록 평가인증 강화
  –[어린이집 균형 배치] 부모가 원하는 어린이집이 충분히 공급되도록 다양한 유형의 어린이집 균형 배치
- [보육교직원 전문성 제고] 보육교사가 전문성과 자긍심을 가지고 보육

업무에 전념할 수 있도록 처우 및 근무환경 개선

- [전달체계 효율화] 보육서비스를 신속하고 편리하게 받을 수 있도록 행정부담을 최대한 경감하고 보육서비스 제공체계의 효율성 강화
- [보육사업 지원체계 구축] 보육사업을 체계적으로 지원하는 정책연구 강화, 지원기구 개편, 어린이집 안전사고 지원 및 부모의 참여 활성화

(2) 제2차 중장기보육계획(2013~2017)

2013년 3월부터 전 계층 보육료 · 양육수당이 본격 시행되면서 부모의 양육부담이 경감되는 등 보육 · 양육에 대한 국가 책임이 강화되었다. 누리과정 보육료 단가가 인상(2012년 17.7~20만원 → 2013년 22만원)되었고, 적정보육료 지원을 위해 표준보육비용을 재 계측(2013.9~ 육아정책연구소)하였으며, 『안심보육 특별대책』을 시행(2013.5)하여 부모와 아이가 안심할 수 있는 보육환경의 기반이 마련되었다. 또한 다양한 맞춤형 서비스를 제공하기 위해 일시보육서비스 시범사업(8개 지자체, 15개 기관) 및 육아종합지원센터를 단계별로 확충(2013년 17개소 신축)하였다. 보육교사 자격취득을 위한 실습기준을 강화(야간실습 금지, 지도교사 대 실습생 비율 설정)하는 등 전문성을 제고하였고 처우개선비(0~2세 5만 → 12만원) · 대체교사 · 보조교사를 확대(2013년 6,420명 채용)하였으며 사후 관리 강화(2013.3) 및 평가인증 결과를 공개(2013. 9)하는 등 인증제도를 내실화하였다.

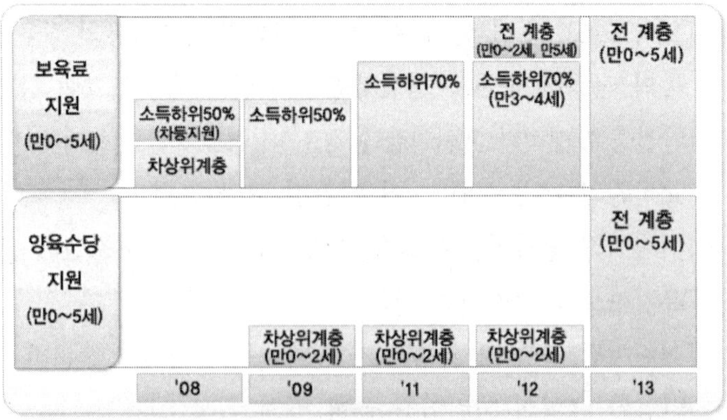

[그림 8-2] 연도별 지원 대상 확대 추이

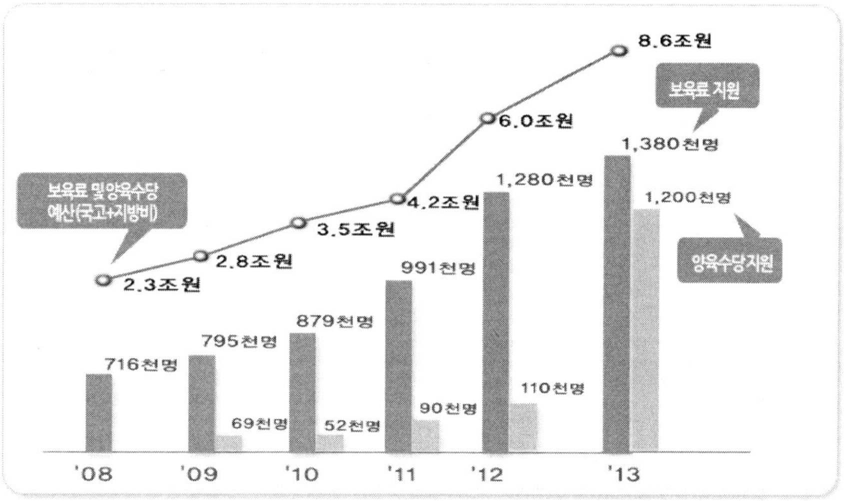

[그림 8-3] **재정 투자 및 지원 아동수 추이**

제2차 중장기보육정책에 따라 2014년 이후 보육제도가 다음과 같이 달라지고 있다.

① 가정양육수당 계층지원 확대
② 표준보육비용 계측 및 보육료 적정화
③ 누리과정 단가 단계적 인상
④ 임소대기 관리 시스템 도입
⑤ 국공립 및 공공형 어린이집 확충
⑥ 생계형 시설 진입 제한
⑦ 어린이집 평가인증 내실화
⑧ 엄격한 자격 관리 및 전문성 지원 강화
⑨ 근로환경 개선 및 급여 인상 등 처우 현실화
⑩ 안전사고 예방교육 강화 및 노후 시설 개선 지원

비 전	아이는 행복하고 부모는 안심할 수 있는 세상		
3대전략	아이의 건강한 성장 발달	국가 책임 실현	참여와 신뢰 증진

6대 추진과제

1. 부모의 보육 · 양육 부담 경감
   - ▸ 0–5세 보육료 · 양육수당 전 계층 지원
   - ▸ 보육료 적정화 및 부모 추가비용 경감
2. 수요자 맞춤형 보육 · 양육 지원
   - ▸ 아동과 가족 특성별 맞춤형 지원
   - ▸ 장애아 · 다문화 영유아 맞춤형 지원
3. 공공성 확대와 품질 관리 강화
   - ▸ 믿고 맡길 수 있는 어린이집 확대
   - ▸ 서비스 질 관리 강화 및 진입 · 퇴출 등 연계
4. 양질의 안심 보육 여건 조성
   - ▸ 보육 인력의 역량 지원 강화 및 처우 개선
   - ▸ 영유아의 발달에 적합한 질 높은 보육프로그램 제공
   - ▸ 아이가 안전한 보육 환경 기반 마련
5. 신뢰가 있고 투명한 보육 생태계 구축
   - ▸ 참여 · 정보공개 · 신뢰 등 민관 협력 기반 조성
   - ▸ 효율적 · 체계적인 보육 3.0 관리시스템 구축
6. 보육서비스 재정 및 전달체계 개선
   - ▸ 체감도 높은 보육 · 양육지원 전달체계 강화
   - ▸ 중앙–지방간 보육 재정의 합리적 분담
   - ▸ 바람직한 한국형 유보통합 추진방안 검토

[그림 8-4] **제2차 중장기 보육계획의 체계도**

【TIP】

영유아보육법 제정되기까지의 연혁

시행일	내 용	관련근거	비 고
1962~1981	복지부 주관으로 탁아사업 실시 (어린이집 691개소 설치 · 운영)	아동복리법	
1981. 4. 13.	「아동복리법」을 「아동복지법」으로 전문개정	아동복지법	법률 제3438호
1982. 이후	「어린이집」 691개소를 「새마을유아원」으로 흡수 · 운영 · 법제정 · 장학지도 : 교육부 · 시설운영 · 행정지도 : 내무부 · 보건의료 : 보건사회부	유아교육진흥법	
1987.12. 4.	「직장탁아제」 도입	남녀고용평등법	
1989. 9. 19.	탁아사업 실시근거 부활	아동복지법시행령	
1990. 1. 15.	탁아시설의 설치 · 운영 근거 마련	탁아시설의 설치 · 운영규정	
1991. 1. 14.	「영유아보육법」 제정 · 공포 (법률에 의한 보육사업 실시) · 보육사업을 보건복지부로 일원화 · 종전 단순"탁아"에서 보호와 교육을 통합한 "보육"으로 기능 확대	영유아보육법	
1991. 8. 1.	「영유아보육법시행령」 제정 · 공포	영유아보육법시행령	
1991. 8. 8.	「영유아보육법시행규칙」 제정 · 공포	영유아보육법 시행규칙	
1991. 8. 26.	「탁아시설의 설치 · 운영규정」 폐지	탁아시설의 설치 · 운영규정	

2. 보육관계법

보육과 관련된 법은 보육 서비스를 실시하기 위한 법적 근거가 되는데, 국가가 아동의 복지를 실현하고 부모에게는 자녀를 건전하게 양육하도록 도움을 주는 공적인 차원에서 제정된 법이다.

1) 영유아보육법

여성의 사회참여 증가, 가족구조의 변화 등으로 보육 욕구가 증가해 왔는데, 이러한 욕구를 충족시키기 위한 근거가 되는 법으로서 1981년에 개정된 「아동복지법」이 있으나, 사회복지시설은 국가 또는 지방자치단체, 사회복지법인, 기타 비영리법인만이 설치되기는 어려운 형편이었다. 이에 정부는 어린이집을 공급, 확대, 체계화시켜 아동을 건전하게 보호, 교육하기 위해 「아동복지법」과 「사회복지사업법」에 대한 특별법으로서 1991년 1월 14일로 「영유아보육법」을 제정하였고, 여러 차례의 개정을 거쳐 현재에 이르렀다(제2장 참고). 영유아보육법의 제정 이후 우리나라 보육정책에는 많은 발전이 있었다. 현재까지의 변화가 어린이집의 양적인 증가는 물론 질적 성장과 함께 영유아보육에 대한 관심과 지지가 확장되고 보육서비스의 질 제고를 위한 발전기로 접어든 시기로 볼 수 있다.

사실 영유아보육법을 개정하기 위한 노력은 제정된 이후 꾸준히 있어 왔고, 그 노력의 결과 보육정책의 방향이 공공성의 강화와 전문성 향상을 위한 내용이 반영되었다. 보육에서의 공공성이란 국가 발전 목표 및 사회적 필요에 따라 모든 영유아들에게 보육서비스에 접근할 수 있는 기회가 균등하게 주어져야 하는 한편, 안정적이고 질 높은 보육서비스 제공에 대해 국가가 책임지고 적극적이고 계획적으로 정책을 수립하고 시행하는 것을 의미한다.

2004년 법 개정을 계기로 이러한 문제들을 극복하기 위한 여러 방안들이 각계에서 마련되어 무엇보다도 시행령, 시행규칙 등의 하위법령이 보다 현실적인 타당성에 기초하면서 미래 지향적인 내용으로 내실있게 구성되어야 할 것이다.

개정된 영유아보육법 특성을 살펴보면 다음과 같다(이순형 외, 2005).

첫째, 영유아보육법의 개정된 법 제1조에서는 보육의 대상 범위를 전체 유아로 확대하였다. 이것은 보육이 보편적인 서비스로의 전환을 의미하는 것이다.

둘째, 제3조에서 보육의 이념 조항을 신설하여 보육에서 영유아의 이익을 최우선적으로 고려되어야 한다는 것과, 보호자의 성, 연령, 종교, 사회적 신분, 재산, 장애 및 출생지역 등에 따라 어떠한 차별을 받지 않고 보육되어야 함을 표명하였다.

셋째, 보육을 관련부처와의 협의를 바탕으로 이루어져야 함을 강조하여 보육을 범정부적인 정책과제로 설정하였다.

넷째, 개정된 법에서는 정부가 어린이집에 대한 감독을 강화하도록 하고 지방자치단체에서도 보육정책 수립에 적극적으로 임하도록 책임을 부과함으로써 보육의 공공성이 강화되었다.

다섯째, 보육에 대한 연구와 정보제공, 프로그램 개발, 보육교직원의 연수 등의 업무를 수행하도록 명시하고 보육교사의 국가 자격증제도 도입 및 표준보육과정 개발과 보급을 강조함으로써 보육의 전문성이 강화되었다.

여섯째, 보육수요자들인 부모들을 보육정책 및 운영에 적극 참여시킴으로써 보육수요자들의 욕구를 반영하고 이에 부응하는 현실적인 보육서비스를 실천해야 함을 강조하고 있다.

「영유아보육법」은 보육 서비스의 근간이 되는 대표적인 법으로서 1997, 1999, 2001년에 일부 개정, 2004년에 전문개정, 2005, 2007, 2008, 2011, 2013, 2014, 2015, 2016년에 일부 개정을 통해 오늘에 이르고 있다. 영유아보육법의 주요내용은 다음과 같다.

표 8-1 영유아보육법의 주요 내용

목 적	· 영유아의 심신을 보호하고 건전하게 교육하여 건강한 사회구성원으로 육성함과, 보호자의 경제적 사회적 활동이 원활하게 이루어지도록 하여 영유아 및 가정의 복지 증진에 이바지함을 목적으로 한다.(제1조)
대 상	· 6세 미만의 취학전 아동(제2조, 제27조)을 원칙으로 12세까지 연장할 수 있다.(제27조) · 국민기초생활보장법, 한부모가족지원법, 장애인복지법, 다문화가정지원법 등에 의한 수급자와 보건복지부 장관이 정하는 저소득층 자녀, 근로자의 자녀(직장어린이집의 경우)를 우선적으로 입소시켜야 한다.(제28조)
서비스 내용	· 보육과정(제29조) : 영유아의 신체적 · 지적 · 정서적 및 사회적 발달 등을 도모하는 내용을 포함하여야 하며, 보건복지부 장관은 표준보육과정을 개발, 보급하여야 한다. · 어린이집 생활기록(제29조의 2) · 어린이집 평가인증(제30조) · 건강관리 및 응급조치(제31조) · 어린이집 안전공제사업 등(제31조의 2) · 치료 및 예방조치(제32조) · 급식관리(제33조) · 어린이집 차량안전관리(제33조의 2)
서비스 전달 인력	· 보육교직원의 배치 및 기준(제17조, 제18조, 제19조, 제20조, 제21조, 제22조) · 어린이집의 원장 및 보육교사의 보수교육(제23조, 제23조의 2)
서비스 전달 조직	· 어린이집(제2조), 어린이집의 종류(제10조), 어린이집의 운영기준(제24조) 등 · 보육정책조정위원회(제5조), 보육정책위원회(제6조) · 육아종합지원센터(제7조), 보육개발원(제8조) · 어린이집운영위원회(제25조), 부모모니터링단(제25조의 2)
재 정	· 무상보육(제34조), 양육수당(제34조의 2), 보육서비스 이용권(제34조의 3) · 비용의 보조(제36조) · 사업주의 비용부담(제37조) · 보육료 등의 수납(제38조) · 세제지원(제39조) · 비용 및 보조금의 반환명령(제40조)

기 타	· 보육실태조사(제9조) · 보육계획의 수립 및 시행(제11조) · 국 · 공립어린이집의 설치 등(제12조) · 국 · 공립어린이집 외의 어린이집 설치(제13조) · 직장어린이집의 설치 등(제14조) · 어린이집 설치기준(제15조), 놀이터 설치(제15조의 2), 비상재해대비시설(제15조의 3), 폐쇄회로 텔레비전의 설치(제15조의 4), 영상정보의 열람금지(제15조의 5) · 결격사유(제16조) · 취약보육 우선실시 등(제26조), 일시보육서비스(제26조의 2) · 지도 · 감독(제41조, 제42조) · 벌칙(제54조), 과태료(제56조)

2) 아동복지법

아동복지법은 18세 미만의 아동이 건강하게 출생하여 행복하고 안전하게 자라나도록 그 복지를 보장함을 목적으로 한다. 1961년 12월 아동복리법으로 제정 · 공포되었다가 1981년 4월 전문 개정되면서 '아동복지법'으로 개칭되었고, 아동전체의 건전육성과 복지에 가족과 더불어 국가 및 사회가 책임질 필요가 있음을 강조하고 보호대상아동을 중심으로 한 아동복지사업의 발전에 기여하였다.

아동복지법은 2000, 2011년에 전문 개정되었고, 2004, 2005, 2006, 2008, 2014, 2015, 2016년에 일부 개정을 거쳤다. 개정된 아동복지법에서는 사회의 아동복지 수용에 보다 능동적으로 대처하고 심각한 사회문제로 지적되고 있는 아동학대에 대한 제도적 뒷받침을 공고히 하기 위해 아동학대에 대한 신고를 의무화하고, 관련 전문기관의 설치와 종사자들에 대한 법적 조치를 취함으로써 기존의 아동복지법의 내용을 보다 확대시켰다. 아동은 자신 또는 부모의 성별과 연령, 종교, 사회적 신분, 재산, 장애유무, 출생, 지역 등에 따른 어떠한 종류의 차별도 받지 않고 자라나야 하며, 안정된 가정환경에서 자라나야 한다. 또한 아동에 관한 모든 활동에서 아동의 이익이 최우선적으로 고려되어야 한다.

아동복지법의 주요내용은 다음과 같다.

표 8-2 아동복지법의 주요 내용

목 적	· 아동이 건강하게 출생하여 행복하고 안전하게 자랄 수 있도록 보장함을 목적으로 한다.(제1조)
기본 이념	· 아동은 어떠한 종류의 차별도 받지 않아야 하며, 안정된 가정환경에서 행복하게 자라야 하고, 아동에 관한 모든 활동에서 아동의 이익이 최우선 되어야 하며, 보호와 지원을 받을 권리를 가진다.(제2조)
대 상	· 적용대상은 18세 미만인 사람을 말한다.(제3조)
책 임	· 아동의 보호자와 더불어 국가와 지방자치단체 그리고 모든 국민이 아동의 복지를 위해 노력하여야 한다.(제4조, 제5조) · 아동의 보호자는 아동의 성장 시기에 맞추어 건강하고 안전하게 양육하여야 한다.(제5조)
복지서비스의 내용	· 아동보호서비스 : 보호조치(제15조), 퇴소조치 등(제16조), 아동의 발달에 해하는 금지행위(제17조), 친권행사의 제한 및 친권상실의 선고 조치(제18조), 아동의 후견인 선임 청구(제19조) · 아동학대의 예방 및 방지 : 아동학대의 예방과 방지 의무(제22조), 아동학대예방의 날(제23조), 아동학대신고의무자에 대한 교육(제26조), 아동학대 등의 홍보(제27조의 2), 피해아동 응급조치에 대한 거부금지(제27조의 3), 사후관리 등(제28조), 피해아동 및 그 가족에 대한 지원(제29조), 국가아동학대정보시스템(제28조 2), 피해아동 및 그 가족에 대한 지원(제29조) · 아동 안전 및 건강지원 : 안전에 대한 교육(제31조), 아동보호구역에서의 영상정보처리기기 설치 등(제32조), 아동안전 보호인력의 배치 등(제33조), 아동긴급보호소 지정 및 운영(제34조), 건강한 심신의 보존(제35조) · 취약계층 아동 통합서비스 지원 및 자립지원 등 : 통합서비스 지원(제37조), 자립지원(제38조), 자립지원전담기관의 설치 및 운영(제40조), 아동자립지원추진협의회(제41조), 자산형성지원사업(제42조) · 아동보호전문기관의 설치 등과 업무(제45조, 제46조) · 가정위탁지원센터의 설치 등과 업무(제48조, 제49조) · 아동복지시설의 설치(제50조, 제52조)) · 아동전용시설의 설치(제53조), 학대피해아동쉼터의 지정(제53조의 2) · 아동복지시설 종사자의 교육훈련(제55조) · 아동복지전담기관 및 아동복지시설에 대한 관리 · 처분(제57조, 제58조)
서비스 전달 인력	· 아동정책조정위원회(제10조) · 아동복지심의위원회(제12조) · 아동복지전담공무원(제13조)

	· 아동위원(제14조) · 아동복지시설 종사자(제54조)
서비스 전달 조직	· 보건소(제36조) · 아동보호전문기관(제45조) · 가정위탁지원센터(제48조) · 아동복지시설(제52조)) · 아동전용시설(제53조) · 아동복지단체(제58조)
재 정	· 국가 및 지방자치단체의 비용보조(제59조) · 비용의 징수(제60조) · 보조금의 반환명령(제61조) · 국유 · 공유재산의 대부 등(제62조) · 면세(제63조)
기 타	· 비밀유지의 의무(제65조) · 조사 등(제66조) · 권한의 위임(제68조) · 금지행위 위반에 대한 벌칙(제71조) · 상습범, 미수범의 처벌(제72조, 제73조) · 양벌규정(제74조), 과태료(제75조)

3) 한부모가족지원법

최근 전통적인 가족형태가 깨지고 다양화되면서 사별, 이혼, 유기, 별거 등의 사유로 배우자가 없거나 배우자가 제 기능을 할 수 없는 가정의 수가 많아지고 있다. 이들은 대체로 사회적으로 불이익 계층에 속하기 때문에 1989년 모자복지법이 제정되어 모자가정이 자립, 자활할 수 있도록 생계보호, 교육보호, 생업자금 융자, 주택제공 등을 할 수 있도록 하였다.

1989년 모자복지법으로 제정된 이 법은 2002년 모 · 부자복지법으로 명칭을 변경하여 모자가정뿐 아니라 저소득 부자가정을 지원하게 되었으며, 2006년에 일부 개정되었고, 2007년에 모 · 부자복지법은 한부모가족지원법으로 법령이 변경되면서 일부 개정되었고, 이 후 2010년과 2011, 2012, 2013, 2014, 2016년에 일부 개정되었다.

한부모가족지원법의 주요내용은 다음과 같다.

표 8-3 한부모가족지원법의 주요 내용

구분	내용
목 적	· 한부모가족이 건강하고 문화적인 생활을 영위할 수 있도록 한부모가족의 생활안정과 복지증진에 이바지함을 목적으로 한다.(제1조)
대 상	· 법의 대상인 "모" 또는 "부"라 함은 배우자와 사별 또는 이혼하거나 배우자로부터 유기된 자, 정신 또는 신체장애로 인해 장기간 근로능력을 상실한 배우자를 가진 자, 미혼자를 의미한다.(제4조 1항) · "모 · 부자가정"이라 함은 제1항에 해당하는 모 또는 부가 세대주인 가정을 말한다.(제4조 2항) · "아동"이라 함은 제1항의 모 또는 부에 의해 양육되는 18세 미만(다만, 취학시에는 22세 미만)의 자를 말한다.(제4조 3항)
서비스의 내용	· 보호대상자의 조사보고(제10조) · 복지급여의 신청 및 내용(제11조, 제12조), 금융정보 등의 제공(제12조의 3) · 복지자금의 대여(제13조) · 고용의 촉진(제14조), 고용지원 연계(제14조의 2) · 공공시설에 매점 및 시설 설치(제15조) · 시설 우선이용(제16조) · 가족지원서비스(제17조), 청소년한부모에 대한 교육지원(제17조의 2), 양육비 이해지원(제7조의 3), 청소년한부모의 자립지원(제17조의 4) · 국민주택의 분양 및 임대(제18조)
서비스 전달 조직	· 한부모가족복지 단체의 육성(제9조) · 한부모가족복지시설(제19조) : 시설의 종류로는 모자가족복지시설, 부자가족복지시설, 미혼모자가족복지시설, 일시지원복지시설, 한부모가족복지상담소 등이 있다.
재 정	· 비용 보조(제25조).
기 타	· 벌칙(제29조), 양벌규정(제30조), 과태료(제30조의 2), 권한위임(제31조)

4) 국민기초생활보장법

국민기초생활보장법은 생활유지 능력이 없거나 생활이 어려운 자에게 필요한 보호를 행하여 주어 이들의 최저생활을 보장하고 자활을 조성하여 사회복지의 향상을 목적으로 하여 제정 · 공포된 법이다. 이 법은 우리나라 공공부조의 핵심적인 기능을 담당해 온 생활보호법적 성격을 계승하여 새롭게 제정된 법이다.

국민기초생활보장법은 모든 저소득층에 대한 기초생활을 보장하여 사회안전망의 사각지대를 해소하고 수급권자의 권리를 강조하고 빈곤에 대한 사회적 책임을 강조하며 자립과 자활을 촉진하는 종합적 빈곤대책으로 전환함에 그 목적이 있다.

이 법이 보육서비스와의 관련은 국민기초생활보장법에 따른 수급자가 우선적으로 어린이집을 이용할 수 있도록 영유아보육법 제28조에 명시하고 있다는 점이다.

5) 모자보건법

모자보건법은 모성 및 영유아의 생명과 건강을 보호하고 건전한 자녀의 출산과 양육을 도모함으로써 국민보건 향상에 이바지함을 목적으로 한다.

이 법의 대상은 임산부, 신생아 및 영유아, 미숙아, 선천성이상아 등이며(제2조), 주요 서비스의 내용으로는 임산부의 신고 등(제8조), 모자보건수첩의 발급(제9조), 임산부 · 영유아 · 미숙아 등에 대한 건강관리 등(제10조), 안전분만조치(제11조), 피임시술 및 피임약제의 보급(제12조) 등이다. 서비스 전달조직으로는 모자보건심의회(제6조), 모자보건기구의 설치(제7조), 인구보건복지협회(제16조)에 관한 규정이 있으며, 서비스 전달인력으로는 모자보건요원(제2조), 피임시술자의 자격(제13조)이 있다. 재정으로는 국가의 경비보조(제21조), 국유재산의 무상대부(제22조) 등의 규정이 있으며, 기타 벌칙(제26조), 과태료(제27조) 등이 있다.

6) 건강가정기본법

건강가정기본법은 급변하는 현대사회에서 제기되고 있는 다양한 가족의 문제를 예방, 해결하고 건강한 가정을 구현하기 위하여 가정중심의 통합적 복지서비스 체계를 확립한다는 목적을 갖고 2004년 2월 제정하였고, 자녀 양육지원 사업의 안정적 추진을 위한 관련 법적 근거와 예산지원 근거 마련 등을 위해 2011년 일부 개정하였다. 우리나라에서 최초로 저출산, 이혼율, 빈곤가족의 증가 등과 같은 가족문제에 대한 사회적 관심 환기, 정부차원의 정책적 개입 필요성이 제기되었다.

건강가정기본법에서는 ① 국무총리 소속 하에 중앙건강가정정책위원회 설치 · 운영, ② 전국의 모든 시 · 군 · 구에 건강가정지원센터 설치, ③ 5년마다 건강가정 기본계획 수립 및 가족실태조사 실시, ④ 매년 5월은 '가정의 달', 5월 15일은 '가정의 날' 지정, ⑤ 가정상담, 가정생활교육 및 정보제공, 가정생활문화운동 전개, ⑥ 국가 및 지방자치단체가 가정봉사원 양성, 건강가정교육 지원 등의 내용을 담고 있다.

건강가정기본법에 의한 건강가정사는 건강가정센터에서 다음과 같은 사업을 전개하고 있다. 가정에 의한 지원사업(제21조), 자녀양육 지원사업(제22조), 가족단위 복지증진(제23조), 가족의 건강증진(제24조), 가족부양 지원사업(제25조), 민주적이고 양성평등한 가족관계 증진사업(제26조), 가족단위의 시민적 역할(제27조), 가정생활문화 발전을 위한 사업(제28조), 가정의례(제29조), 가정봉사원제도의 실시(제30조), 이혼예방 및 이혼가정 지원사업(제31조), 건강가정교육사업(제32조), 자원봉사활동 지원사업(제33조) 등의 서비스이다(조추용 외, 2008 : 86~87).

7) 장애인복지법

장애인복지법은 우리나라가 산업화, 도시화 추세에 있음에 대처하여 심신장애의 발생예방과 심신장애자의 의료, 직업재활 및 생활보호 등 복지시책을 효과적으로 추진함으로써 장애자의 재활자립과 그 가족의 정상적인 경제, 사회활동을 도와주며, 나아가 사회복지의 증진에 기여하기 위하여 만들어졌다. 장애인의 복지에 관한 사항을 종합적으로 추진하기 위해 1981년에 제정되었다. 장애인복지법은 장애인의 인간다운 삶과 권리의 보장을 위한 국가와 지방자치단체 등의 책임을 명백히 하며, 장애인복지 대책의 종합적 추진을 도모하며, 장애인의 자립, 보호 및 수당의 지급 등에 관하여 필요한 사항을 정함으로써 장애인의 생활안정에 기여하는 등 장애인의 복지증진 및 사회활동 참여증진에 기여함을 목적으로 한다.

장애인복지의 기본이념은 장애인의 완전한 사회참여와 평등을 통한 사회통합을 이루는 데 있다. 장애인은 인간으로서의 존엄과 가치를 존중받는다. 누구든지 장애를 이유로 정치 · 경제 · 사회 · 문화생활의 모든 영역에 있어 차별을 받지 않는다. 장애인은 가지고 있는 능력을 최대한으로 활용하여 사회 · 경제 활동에 참여하도록 노력하여야 하며, 장애인의 가족은 장애인의 자립 촉진을 위하여 노력하여야 한다.

국가와 지방자치단체는 장애의 발생을 예방하고, 장애의 조기발견에 대한 국민의 관심을 높이고 자립을 지원하며 필요한 보호를 실시하여 장애인의 복지를 증진할 책임을 진다. 모든 국민은 장애인의 인격을 존중하고 장애인 복지증진에 협력하여야 한다. 국무총리 소속 하에 장애인복지조정위원회를 둔다. 매년 4월 20일을 장애인의 날로 하고 장애인의 날부터 1주간을 장애인 주간으로 한다.

국가와 지방자치단체는 장애발생 예방, 의료 · 재활치료, 교육, 문화 환경의 정비 등을 위한 시책과 제도를 강구하고 실시하여야 한다. 재단법인으로 한국장애인복지진흥회를 설립한다. 장애인은 시장 · 군수 · 구청장에게 등록하여야 한다. 시 · 군 · 구에 장애인복지 상담원을 둔다. 국가와 지방자치단체는 장애인복지시설을 설치할 수 있다. 사회복지법인으로 장애인복지단체협의회를 설립할 수 있다. 보건복지부장관은 재활보조 기구의 품목과 기준 · 규격을 정하여 고시할 수 있다. 국가와 지방자치단체 기타 공공단체는 장애인복지 전문 인력의 양성 및 훈련에 노력하여야 한다. 장애인은 복지조치에 대하여 이의가 있을 때에는 장애인복지 실시기관에 심사를 청구할 수 있다.

기본 시책의 강구, 복지조치, 복지시설 및 단체, 재활보조 기구, 장애인복지 전문 인력, 벌칙에 대하여는 각각 별개의 장으로 자세한 규정을 두고 있다.

8) 장애인 등에 대한 특수교육법

1977년 특수교육진흥법이 제정되어 국가가 작위적으로 장애아동 교육에 적극적으로 개입하여 그들의 교육권을 보장하게 되었다. 특수교육진흥법은 1994년 특수교육을 필요로 하는 자에게 국가 및 지방자치단체가 적절하고 고른 교육 기회를 제공하고, 교육방법 및 여건을 개선하여 자주적인 생활 능력을 기르게 함으로써 그들의 생활안정과 사회참여에 기여함을 목적으로 전면 개정되었다. 이 법에서는 국가 및 지방자치단체는 장애를 지닌 유아에 대한 유치원 과정의 교육을 촉진하기 위하여 장애의 조기발견, 교원양성, 교육시설 설비의 확충 등 조기 특수교육에 필요한 시책을 강구하였다.

그러나 최근 현장의 요구나 특수교육 동향을 반영하기 위하여 이 법을 폐지하고 「장애인 등에 대한 특수교육법」을 새로이 제정하였다. 이 법은 「교육기본법」 제18조에 따라 국가 및 지방자치단체가 장애인 및 특별한 교육적 요구가 있는 사람에게 통합된 교육환경을 제공하고 생애주기에 따라 장애유형 장애정도의 특성을 고려한 교육을 실시하여 이들의 자아실현과 사회통합을 하는데 기여함을 목적으로 한다. 만 3세 미만의 장애영아교육은 무상으로 하며 만 3세부터 만 17세까지의 특수교육대상자는 의무교육을 받을 권리를 가진다.

9) 의료급여법

의료급여법은 생활유지의 능력이 없거나 생활이 어려운 자에게 의료보호를 실시하여 국민보건의 향상과 사회복지의 증진에 이바지함을 목적으로 한다. 의료급여법에 의해 제공되는 의료보호는 국민기초생활보장법에 의한 생계보호와 함께 우리나라 공공부조제도의 근간을 이루는 제도로서 국가재정에 의한 의료서비스를 가장 직접적이고 최종적으로 보장해 준다.

이 법의 영유아보육법과의 관련은 국민기초생활보장법의 적용을 받는 자는 영유아보육법에 의한 보육서비스를 무료로 받을 수 있으며, 동시에 의료급여법에 의한 의료보호도 받을 수 있다는 점이다. 즉 일정한 수준 이하의 저소득층을 대상으로 국가가 공공의 재정 부담을 가지고 필요한 의료서비스에 대한 접근을 가장 직접적이고 최종적으로 보장해 주는 근거가 되는 법이다.

3. 보육서비스 전달체계

보육서비스의 전달체계는 보육서비스 공급자와 영유아 및 부모 사이의 구조 및 기능에 관한 장치이다. 즉 중앙정부에서 지방 일선 기관에 이르기까지의 보육 관련 행정조직과 어린이집, 그리고 이와 관련된 공적 · 사적 조직의 구조적 배열을 의미한다. 보육사업의 정책적 지침이 보육서비스 전달체계를 통해서 나타날 뿐 아니라 전달체계가 어떻게 구성되어 있느냐에 따라서 보육서비스의 내용과 질에 차이가 난다. 그러므로 보육수혜자에게 적절한 보육서비스를 제공하기 위해서는 보육서비스 전달체계가 잘 마련되어야 한다.

우리나라의 보육서비스 전달체계는 행정체계와 집행체계로 구분할 수 있다. 전달체계는 좁은 의미에서 서비스 전달자와 수혜자와 일련의 공간에서 대면적인 상호관계를 통하여 직접 만나게 되는 집행체계이다. 그러나 집행 전달체계는 상부의 행정체계로부터 규제, 지원, 감독을 받기 때문에 넓은 의미에서의 전달체계는 행정체계가 포함된다(성규탁, 1992). 서비스 전달체계 성격에 따라서는 집행체계와 행정체계의 구분이 명확하지 않은 경우도 있고, 특정 전달체계의 경우 행정체계와 집행체계 중 하나로 분류하기는 어렵다.

1) 보육행정체계

현행 보육서비스의 행정체계는 보건복지부를 정점으로 시 · 도→시 · 군 · 구→읍 · 면 · 동의 수직적인 전달구조로 구성되어 있다. 보육서비스의 주관부서인 보건복지부의 조직도 [그림 8-5]에서 보는 바와 같이 인구정책실에는 3개 관(인구아동정책관, 노인정책관, 보육정책관)이 있고, 보육사업은 보육정책관 내에 보육정책과, 보육사업기획과, 보육기반과에서 각각 보육업무를 분담하여 수행하고, 시 · 도 및 시 · 군 · 구에서는 주로 가정복지과에서 담당하며 지방자치단체에 따라서는 보육계를 두는 경우도 있다.

[그림 8-5] 보건복지부의 조직도

* 출처 : 보건복지부

보건복지부 보육정책관에서 담당하고 있는 보육업무는 다음과 같으며 보육정책과, 보육사업기획과, 보육기반과의 각 부서 업무내용은 〈표 8-4〉와 같다.

- 중앙행정기관 및 지방자치단체의 영유아 정책(유아교육정책은 제외한다. 이하 같다)의 협의 · 조정
- 영유아 정책에 대한 평가 및 제도 개선
- 보육예산의 편성 및 집행의 관리
- 보육행정 전산화 및 보육서비스 이용권 제도 운영 · 관리
- 보육교직원의 양성 및 자격관리
- 영유아 보육료 · 양육수당 지원 및 가정양육 지원에 관한 사항
- 영아 · 장애아 · 다문화 가정 영유아 등 취약보육 서비스 등의 지원에 관한 사항
- 표준보육과정 및 보육프로그램의 개발 · 보급
- 어린이집의 평가인증
- 국 · 공립 어린이집 등의 확충 및 환경 개선
- 어린이집의 설치 및 인가 기준에 관한 사항
- 어린이집의 지원 및 지도 · 감독

표 8-4 보육정책관 내 각 부서의 업무내용

구분	업 무 내 용
보육정책과	· 중앙부처 및 지방자치단체의 영유아정책(유아교육 정책은 제외) 지원정책 협의 · 조정 · 총괄 · 영유아정책에 대한 조사 · 연구 · 평가 및 제도 개선 · 영유아 정책에 관한 종합계획의 수립 및 연도별 시행계획의 총괄 · 보육정책위원회의 운영 · 보육관련 법령의 관리, 운영 · 보육재정의 중장기 투자계획 수립 · 보육예산의 편성 · 집행관리 및 정산 · 결산 · 보육서비스 이용권 제도(보육전자바우처)의 운영 및 관리 · 보육행정 전산화 · 지방자치단체 보육공무원 교육 · 보육개발원의 설립 및 지도, 감독

	· 영유아(보육 포함)정책에 대한 홍보 및 국민인식 개선사업 · 보육관련 대외협력 및 교류활성화의 지원 · 보육통계의 생산 및 관리 · 어린이집연합회 등 법인 · 단체의 지도 · 감독 · 어린이집 평가인증 계획수립 및 평가인증 제도 운영
보육사업기획과	· 영유아 보육료의 지원 · 양육수당 지원에 관한 사항 · 표준보육비용에 관한 사항 · 영유아 및 부모 지원 보육서비스의 개발 · 영아 · 장애아 및 다문화가족 아동의 보육서비스에 관한 사항 · 보육료 · 양육수당 지원 대상자 선정 및 적정관리에 관한 사항 · 보육료 · 양육수당 지원 대상자 소득기준액 결정에 관한 사항 · 보육교직원 처우 개선에 관한 사항 · 보육교직원의 양성 및 교육훈련의 지원 · 보육교직원의 경력 및 자격관리 · 가정양육 지원에 관한 사항
보육기반과	· 국 · 공립 어린이집 등 어린이집의 확충 및 지원계획 수립 · 「영유아보육법」에 따른 어린이집의 설치 · 인가 기준의 수립 및 해당시설의 관리 · 어린이집의 설치 및 운영 지원 · 어린이집의 기능 보강 등 환경개선 지원 · 국 · 공립 등 어린이집 인건비 및 운영비 지원 · 어린이집에 대한 지도, 점검 · 어린이집운영위원회의 설치 및 운영 · 보육아동의 건강 · 영양 · 안전 등의 관리 · 표준보육과정 및 보육프로그램의 개발 · 보급 · 직장보육서비스의 확충 · 부모협동보육시설의 활성화 · 육아종합지원센터의 확충 및 운영 관리 · 영유아 이용시설의 설치 및 지원

* 출처 : 보건복지부 홈페이지(2016. 1)

2) 보육집행체계

어린이집은 보육서비스를 제공하는 서비스 제공자와 수혜자가 만나는 곳으로서 전달체계의 최일선이다. 어린이집 서비스 전달에 관련하여서는 인력의 전문성, 기능 수행상 접근성, 노력성, 통합성, 형평성 등 여러 측면에서 평가될 수 있다.

보육서비스 전달체계도를 살펴보면 [그림 8-6]과 같다.

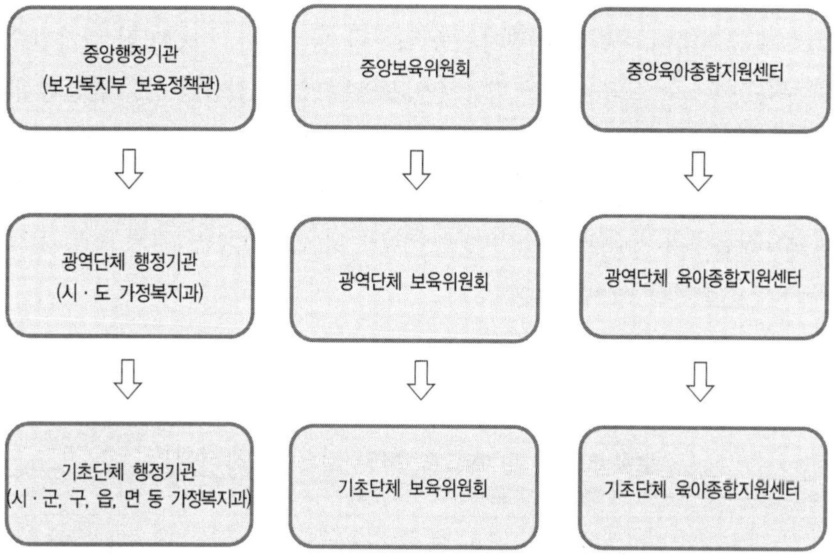

[그림 8-6] **보육서비스의 전달체계**

보육정책위원회는 구체적인 보육사업을 원활하게 운영하는 데 필요한 결정사항을 심의하는 심의기구이다. 중앙에는 보건복지부 내에 중앙보육정책위원회를 두고 시 · 도 및 시 · 군 · 구에는 지방보육정책위원회를 두고 있다.

보건복지부 이외에 보육행정에 관련된 중앙부처로는 교육부가 보건복지부의 협조요청에 의하여 어린이집에 대하여 장학지도를 할 수 있도록 되어 있고, 직장어린이집의 일부 업무를 노동부에서 관장하고 있다.

3) 보육지원체계

(1) 한국보육진흥원

한국보육진흥원은 보육관련 사업을 효과적으로 수행하여 보육의 질 향상을 도모하고, 체계적인 보육정책 지원을 통해 영유아와 부모, 보육교직원 등 수요자의 만족에 기여하고자 2009년 12월에 설립되었다. 한국보육진흥원에서는 질 높은 보육서비스를 제공하기 위한 어린이집 평가인증사업을 하고 있다. 영유아보육법 제30조에 근거하여 어린이집 평가인증 업무를 실시한다. 어린이집 평가인증을 통해 보육서비스의 질적 수준을 향상시키고 영유아들의 건강한 성장 발달을 도모한다. 또한 보육교직원의 자격증 업무를 담당하고 있다. 어린이집 원장과 보육교사의 자격 검정 및 자격증 발급 체계를 구축하여 전문적이고 시행하고 있다. 한국보육진흥원의 비전과 핵심가치, 전략목표 및 전략과제는 [그림 8-7]과 같다(한국보육진흥원 홈페이지: www.kcpi.or.kr).

미션	보육서비스 질 제고를 통한 보육선진화 견인			
비전	대한민국 영유아의 행복한 보육을 책임지는 보육서비스 중추기관			
핵심가치	책임과 신뢰	소통과 협업	변화와 행복	
전략목표	보육서비스 국가적 질 관리	보육교직원의 전문적 역량 강화	영유아와 부모 중심 서비스 강화	효율적 보육사업 추진체계 구축
전략과제	• 국가수준의 보육 서비스 기준 제시를 통한 영유아의 건강한 성장 지원 • 합리적이고 공정한 평가 체계 운영으로 양질의 보육서비스 유지 · 관리 • 우수 보육서비스 구축 및 관리 지원으로 보육현장의 전반적 질 선도	• 자격관리 강화를 통한 보육교직원의 인성 및 자질 향상 • 체계적인 이력관리 및 교육지원을 통한 보육 교직원의 전문성 제고 • 수준별 맞춤형 교육과정의 개발 및 보급으로 보육 교직원의 전문성 함양	• 맞춤형 보육서비스 개발 및 지원으로 양육지원 강화 • 부모대상콘텐츠 개발 · 보급으로 건강한 양육 문화 조성 지원 • 보육정책 안내시스템 구축운영을 통한 수요자의 신뢰 및 만족도 향상	• 보육정책의 원활한 집행을 위해 중앙과 지방을 연계하는 효율적 전달체계 확립 • 유관기관 및 단체 등 네트워크 구축으로 보육정책의 다양성과 일관성 추구 • 효과적 보육정책 수행을 위해 기능 및 책임성 강화

[그림 8-7] 한국보육진흥원의 비전, 핵심가치, 전략목표 및 전략과제

(2) 육아종합지원센터

육아종합지원센터는 영유아보육법 제7조 및 시행령 제12조와 지방자치단체 조례의 근거에 의해 설치한다. 보육 및 양육에 관한 정보의 수집 · 제공 및 보육교직원 · 부모상담 등을 제공하기 위하여 보건복지부장관과 지방자치단체의 장이 설치 · 운영하는 육아지원 기관이다. 센터의 사업목적은 지역사회 내 육아지원을 위한 거점기관으로서 어린이집 지원 · 관리 및 가정양육 보호자에 대한 맞춤형

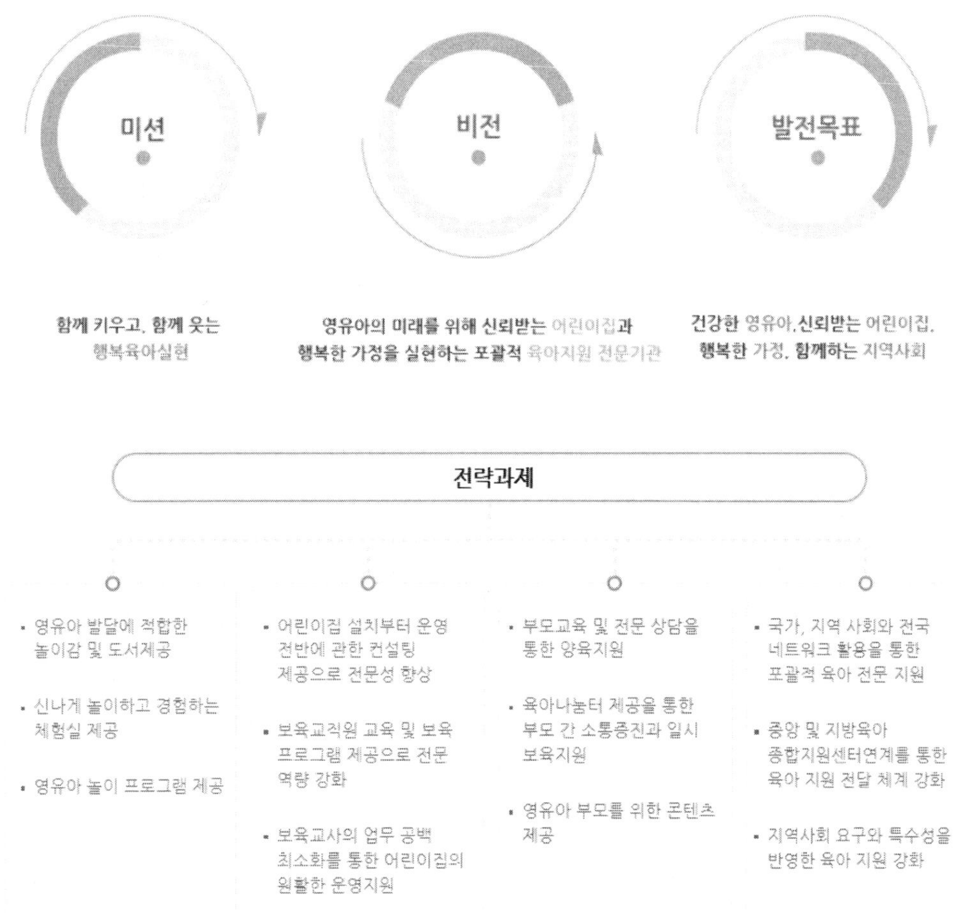

[그림 8-8] **육아종합지원센터의 미션, 비전, 발전목표 및 전략과제**

지원을 한다. 보육컨설팅, 교직원 상담 및 교육 등 어린이집 지원 기능과 부모에 대한 상담 및 교육, 일시보육서비스 제공 등 가정양육 지원 기능의 지역내 One-stop 육아지원서비스를 제공하고 있다(보육사업안내, 2016:387-394; 중앙육아종합지원센터 홈페이지: central.childcare.go.kr).

(3) 보육위원회

보육위원회는 보육사업의 기획, 조사, 실시 등에 관하여 필요한 사항을 심의하기 위하여 보건복지부에 중앙보육위원회를 두고 지방자치단체에 지방보육위원회를 두고 있다.

지방보육위원회는 시 · 도지사 및 시장 · 군수 · 구청장이 지방보육위원을 임명 또는 위촉하게 되어 있고 기초단체의 보육위원회는 영유아보육사업의 기본방향 및 정책과 시 · 도의 시행계획에 따른 시 · 군 · 구의 시행계획의 수립, 어린이집의 설치 · 운영, 어린이집 입소대상 연령의 연장, 어린이집에서의 비용수납, 기타 시장 · 군수 · 구청장이 회의에 부치는 사항을 심의한다.

(4) 한국어린이집총연합회

한국어린이집총연합회는 영유아보육법 제53조, 시행규칙 제41조에 설치 근거를 둔 단체로서 1992년 3월「한국영유아보육시설연합회」이름으로 창립되었고, 1996년에 지금의 명칭으로 개정되었다. 보건복지부에 소속된 법정단체로서 영유아 보육에 대한 제반 정보를 제공하고 어린이집과의 연계를 구축하여 어린이집 운영의 효율성을 높이는 것을 목적으로 한다. 업무를 효율적으로 수행하기 위하여 어린이집의 종류별로 국 · 공립어린이집, 법인시설, 민간어린이집, 직장어린이집, 가정어린이집, 부모협동어린이집 등 기관별로 분과위원회로 이루어져 있다. 1999년에 제1회 전국보육인대회 및 '보육인의 날'을 신설한 이래 현재까지 전국보육인대회를 매년 개최하고 있다. 한국어린이집총연합회의 주요사업으로는 보육에 관한 조사연구, 보육에 관한 자료수집 및 간행물 발간, 보육사업에 관한 계몽 및 홍보, 보육교직원의 교육훈련 및 국제교류, 보육사업에 관한 정책 건의, 육아종합지원센터 운영, 어린이집 운영, 보육교직원의 복리증진 등이다(www.koreaeducare. or.kr).

CHAPTER 09

보육실천의 다양화

1. 특수보육 서비스의 다양화
2. 다문화보육 서비스의 보급화

현대사회의 변화는 다양한 유형의 보육서비스를 요구하고 있다. 3~5세 유아 대상의 어린이집이 보편적으로 운영되었다면 이제는 특정대상, 즉 영아나 방과후 아동, 장애아동을 위한 어린이집의 확대 운영이 요구되고 있다. 기존의 어린이집이 12시간 보육을 원칙으로 운영되고 있으나 오후 7시 이후부터 운영되는 야간보육, 휴일보육, 24시간 등 특정 시간대의 보육서비스를 요구하고 있다. 그리고 21세기를 대비한 세계화에 맞는 교육프로그램이 보육현장에 적용 실시될 것을 요구하고 있다. 세계화의 흐름 속에서 각 문화의 다양성과 차별성을 지식으로 아는 것이 아닌, 생활 속에서 호흡하고 느끼고 이해할 수 있도록 보육현장에서는 다문화 이해와 태도를 형성시켜 주는 포괄적인 보육접근이 필요하다.

1. 특수보육 서비스의 다양화

특수 어린이집 유형으로는 영아전담 어린이집, 장애아전담 어린이집, 장애아통합 어린이집, 시간연장 어린이집, 24시간 어린이집, 휴일 어린이집, 방과후 운영 어린이집 등이 있다.

1) 영아전담 보육

영아전담 어린이집은 만 3세 미만의 영아만을 20인 이상 보육하는 어린이집을 말한다. 지원대상은 2004년 이전 영아전담시설로 지정받았거나 국고보조금으로 영아전담 신축비를 지원받은 시설(민간지정, 국·공립 및 사회복지법인시설)이다.

(1) 필요성

여성의 연령별 경제활동 참가율은 20~24세 60.8%, 25~29세 55.9%, 30~34세는 48.5%로 뚝 떨어졌다가 35~39세부터 다시 상승하는 M자형 곡선의 형태를 그린다. 여성들은 주로 한창 일할 나이에 출산 시점과 함께 일터에서 물러나는 것이다. 기혼 여성이 취업을 하지 않는 이유가 자녀 양육 때문이라고 볼 때 여성인력의 활용을 위해서 0~3세까지의 영아전담 어린이집이 필요하다.

출산휴가를 끝내고 직장으로 돌아가야 할 때 돌이 안 된 아기를 맡기는 일은 쉽지 않다. 아이를 돌봐줄 가족이 없는 경우 비싼 비용을 지불하고 베이비시터나 가정도우미, 보육교사에게 맡길 수밖에 없는 실정이다. 출생 후 바로 어린이집에 맡겨지는 경우는 드물지만, 1~2개월의 출산휴가를 통해 2개월 이후부터 2세까지의 영아를 대상으로 운영되는 어린이집이 필요하다. 영아보육은 모성적 보육경험을 제공하는 방향으로 구성되어야 하며, 단순히 유아의 보육과정을 하향화시켜 제공하는 것은 적절하지 않다.

(2) 법적 기준

영아전담 어린이집은 만 2세까지의 영아 20명 이상을 보육하고 있는 어린이집으로 예산 범위 내에서 지정하여 국비지원을 한다. 영아전담 어린이집의 설치는 원칙적으로 1층에 하여야 하며, 그 외에 바닥 난방시설, 냉·온수시설, 우유병 소독기 비상약품, 영아용 보육용품, 기타 영아보육에 필요한 설비 등을 갖추어야 하며, 민간어린이집인 경우 원장과 대표자가 겸임인 영아전담 어린이집을 우선 지정한다.

영아전담 어린이집은 만 2세 이상 반만으로 보육정원을 책정할 수 없으며 만 2세 미만 반이 2세반 보다 많게 되도록 편성하여야 한다. 2세 미만 영아 5인당 교사 1인, 2세 영아는 7인당 교사 1인을 기준으로 하고 있으나 나이가 어릴수록 인건비 등 부담이 높아 영아보육을 기피하고 있다. 국비지원은 국·공립과 법인어린이집일 경우 신축·증축·개축비를 우선 지원하며 교사 인선비는 100%, 4개반 이상 편성 어린이집에는 원장 인건비, 취사부 1명 인건비를 지원하며 농어촌 어린이집의 경우 차량운영비를 월 15만원 지원한다.

(3) 지도방법

영아보육시 겪게 되는 어려움 중 하나는 분리불안이다. 처음 등원한 후 부모와 분리가 어려울 수 있으므로 부모가 자녀에게 아무런 신호 없이 갑자기 사라지는 것보다 부모가 아이의 손을 잡고 있는 상태에서 보육교사와 이야기를 나눈 후 교사에게 아이를 건네주고 자녀와 부모가 작별인사를 한 후 부모와 분리하는 것이 바람직하다. 부모와의 일정 시간 동안의 격리가 영아에게 분리불안을 유발시키기도 하지만 부모가 약속한 시간에 아이를 데리러 오고 아이가 어린이집이라는 새로운 환경에서 잘 적응하고 있음을 칭찬하면 아이들은 곧 새로운 환경에 적응하게 된다.

영아가 새로운 환경에 적응하는 데는 시간이 소요되므로 부모와 헤어지고 재결합해야 하는 새로운 상황에 영아가 잘 적응할 수 있도록 부모와 보육교사는 인내심을 가지고 기다려야 한다. 아이를 급히 떼어 놓거나 아이가 부모로부터 거절당했다는 느낌을 갖게 해서는 안 되며 또한 금방 올 것이라는 거짓말을 해서도 안 된다. 이것은 영아에게 불신감을 갖게 하고 자신이 놀이에 정신이 팔려 있거나 부모에게 등을 돌리고 있을 때 부모가 떠날 것이라는 두려움을 주게 된다. 따라서 부모와 일정시간 떨어져 있어야 하지만 그 시간이 지나면 어머니, 아버지가 자신을 데리러 올 것이라는 믿음을 갖도록 해 주고, 어린이집에서 재미있는 활동을 하며 어린이집이 흥미로운 곳이라는 인상을 심어 주어야 한다.

보육교사는 부모와의 격리로 인해 스트레스를 받는 영아에게 부모로부터 버려졌다는 감정을 극복할 수 있도록 심리적인 위안을 제공해야 한다. 종종 영아들은 낯선 성인의 신체적인 접촉이나 위안을 거부하므로, 보육교사는 영아의 분리불안의 감정을 존중하고 소리친다거나 발로 차면서 심한 거부적 행동을 보일 경우, 다른 아이에게 해가 되지 않는다면 무시하되 만약 보육교사나 또래 또는 물건 등을 부수거나 공격적 행위를 한다면 제지하고 다른 또래 아이들이 그 행동으로 인해 놀라거나 모방하지 않도록 일시적으로 또래들로부터 아이를 떼어 놓는 것이 좋다.

정도에 따라 보육교사는 부모와의 격리로부터 파생된 영아의 분노와 두려움을 수용해 주면서 가족구성원이 곧 올 것임을 아이에게 확신시키도록 한다. 교사로부터 영아가 사랑받고 있음을 알게 하면 감정을 진정시키기 쉬우므로 등을 토닥이거나 업어 주는 등 인내심을 가지고 기다리면 곧 진정된다. 영아는 시간이 흐르면서 부모가 다시 돌아올 것이라는 확신을 가지고 그에 따른 대응전략을 학습하게 됨으로 영아는 차츰 부모와의 격리에 적응하게 된다.

영아가 잘 성장하기 위해서는 보호받고 있다는 느낌, 사랑받는 느낌, 안전하게 도전하고 자극받는 환경의 지속적인 경험이 필요하다. 이러한 경험들은 영아가 안정과 신뢰감, 긍정적 자기인식, 호기심과 창의성 그리고 타인과 주변세계와 적극적으로 상호작용할 수 있는 능력을 획득하게 한다(지성애 외, 2001).

영아기의 주요 발달 과업은 애착형성과 자율성의 기초로써 배변훈련, 초기의 바람직한 식습관 형성 등이다. 영아는 이를 통해 자신감과 성취감을 경험하게 된다. 따라서 교사는 영아의 음식에 대한 기본욕구, 기저귀 갈기, 잠자기, 신체적 접촉 등의 요구에 민감해야 하며, 부드러운 접촉, 격려와 칭찬, 따뜻한 훈육 등 긍정적인 반응을 보여준다. 영아기의 애착형성은 매우 중요하므로 영아가 안정적

애착을 가질 수 있도록 각 영아의 개인차를 배려한 일관성있는 반응적인 보육환경을 제공해 준다.

2) 장애아 보육

장애아전문 어린이집은 12명 이상의 장애영유아를 보육할 수 있는 시설을 갖춘 어린이집이고 장애아통합어린이집은 3명 이상의 장애영유아를 보육하는 어린이집을 말한다. 지원대상은 시 · 도지사의 추천을 받은 지방자치단체 또는 사회복지법인이다. 어린이집에서는 장애아동을 대상으로 인근 장애아전문 · 통합어린이집 또는 장애인복지관과 연계하여 특수교육 진단평가, 개별화 교육프로그램(IEP) 등을 시행함으로써 장애아동이 제대로 된 보호서비스를 받을 수 있도록 하여야 한다.

(1) 장애아전문 어린이집

장애아전문어린이집(교사대아동비율 1:3을 전제)으로 지정받고 보건복지부장관이 인건비 지원을 승인한 시설에는 인건비를 지원하고, 인건비지원 미승인 시설의 경우 장애아 1인당 기본보육료 402천원을 지원한다. 인건비 지원 대상 시설은 장애아동복지지원법 제32조에 따라 요건을 갖추고 상시 12명 이상의 장애아(단, 미취학장애아 9명 이상 포함)를 보육하는 시설 중 시장 · 군수 · 구청장이 장애아전문 어린이집으로 지정한 시설로서 시 · 도지사를 거쳐 보건복지부 장관이 인건비 지원을 승인한 시설이다. 치료사, 취사부, 차량운영비는 지원대상이 아니다.

장애아전문 어린이집으로 지정받고자 하는 자는 장애아동복지지원법 시행규칙 [별지 제4호서식]의 지정 신청서를 작성하여 시장 · 군수 · 구청장에게 제출한다. 시장 · 군수 · 구청장은 신청서 내용 등을 검토하고 장애아동복지지원법령 및 영유아보육법령이 정하는 장애아전문어린이집 기준을 충족하는 시설에 대하여 장애아동복지지원법 시행규칙 [별지 제5호서식] 의 지정서를 교부한다(정부지원 사전승인을 받아야 인건비 지원 가능).

(2) 장애아통합 어린이집

장애아통합 어린이집은 미취학 장애아를 3명 이상 보육하는 어린이집으로서 시장 · 군수 · 구청장이 지정한 어린이집이다. 보육정원의 20% 이내에서 장애아 종일반을 편성운영하거나 장애아종일반을 별도로 편성하지 않은 채 미취학장애아를 3명 이상 통합보육하고 있는 어린이집(종일반 기준임)이다. 통합시설의 장애아동(미취학, 취학 장애아 포함)은 시설정원의 20% 이내여야 한다. 교사대 아동비율 준수(1:3)를 전제로 하고 장애아 통합보육 교사 인건비를 월 지급액의 80% 또는 138만원 지원한다.

국공립 · 법인 등 정부지원어린이집의 경우 우선적으로 장애아 통합반을 구성하여 운영하여야 한다. 시장 · 군수 · 구청장은 국공립어린이집의 운영자를 신규로 선정하거나 재위탁 계약을 하는 경우에는 우선적으로 장애아 통합보육 실시를 전제로 위탁한다. 장애아통합보육 실시를 전제로 위탁을 받은 어린이집은 장애아 종일반 · 통합반을 1개 이상 개설을 원칙으로 한다.

장애아와 비장애아를 통합하여 보육하되 교사는 장애전담교사, 일반 보육교사 각각 1인씩 배치한다. 장애아 통합을 위한 장애아전담 교사 또는 특수교사를 별도로 채용하는 경우에만 인건비를 지원한다. 일반 보육교사는 반드시 장애아보육 보수교육 과정을 이수한 자여야 하며, 부득이한 경우 6개월 이내에 보수교육과정 이수를 전제로 지원할 수 있다. 장애영유아 보육교사 및 특수교사 자격을 가진 특수교사는 월 20만원의 수당을 별도로 지원한다.

장애아통합 어린이집으로 지정받고자 하는 자는 장애아동복지지원법 시행규칙 [별지 제4호서식]의 지정 신청서를 작성하여 시 · 군 · 구청장에게 제출한다. 시 · 군 · 구청장은 신청서 내용 등을 검토하고 장애아동복지지원법령 및 영유아보육법령과 보건복지부장관이 정하는 장애아통합어린이집 기준을 충족하는 시설에 대하여 장애아동복지지원법 시행규칙 [별지 제5호서식]의 지정서를 교부한다.

3) 시간연장, 24시간, 휴일보육

시간연장 어린이집은 기준보육시간(07 : 30~19 : 30)을 경과하여 최대 24:00까지

시간을 연장하여 보육하는 어린이집을 말하며, 24시간 어린이집은 부모의 경제활동이나 가정형편으로 불가피하게 야간 보육이 필요한 아동을 대상으로 24시간(07:30~익일 7:30) 보육서비스를 제공하는 어린이집이며, 휴일 어린이집은 일요일 및 공휴일에 보육하는 어린이집을 말한다.

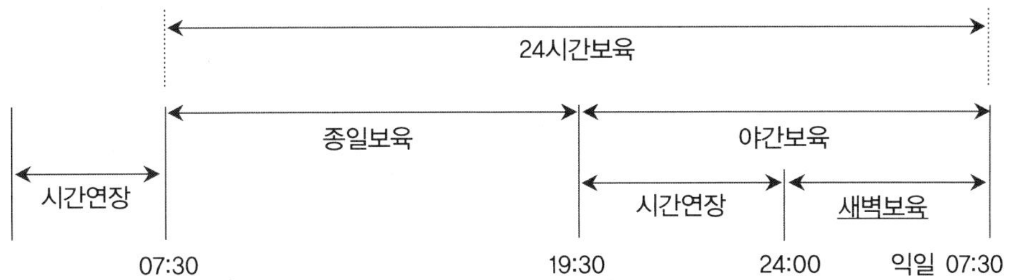

※ 시간연장형 보육 : 24시간보육(종일보육+시간연장보육+새벽보육), 시간연장보육, 야간보육(시간연장+새벽보육), 휴일보육

[그림 9-1] **시간연장형 보육개념**

(1) 필요성

보육유형을 운영시간별로 구분하면 종일보육, 반일보육, 휴일보육, 일시보육, 연장보육, 24시간 보육으로 구분할 수 있다. 야간 및 24시간 보육은 밤늦게까지 일하는 한부모 가정 및 맞벌이 가정에서 주로 야간 및 24시간 어린이집을 이용한다. 야간 및 24시간 보육 대상 영유아들은 결손가정(한부모가정, 이혼가정, 별거가정 등)의 자녀들이거나 부모의 직업 때문에 가족과 함께 하는 시간이 적은 경우가 많으므로, 가정의 기능을 보완하여 안정적인 정서 발달을 도모하기 위해 필요하다.

최근에는 야간 및 24시간 보육과 함께 아이를 돌봐줄 다른 가족이 없을 경우 일시적으로 병원, 미용실, 은행, 운전면허학원, 수영장 또는 쇼핑센터, 영화관, 극장 등의 장소에서 일정시간 동안 보육활동을 제공하는 일시보호가 증가하고 있다.

(2) 법적 기준

최근 지원자가 많아 저소득층, 한부모가정, 실직자, 맞벌이 가정의 자녀 순으로 받고 있다. 정부는 24시간 어린이집에 3천만원의 시설비 지원을 해 주며, 야간보육은 보육료의 120%, 24시간은 150%를 받는다. 하지만 24시간 운영으로 인한 추가 운영비, 예를 들면 냉·난방비·경비시스템 용역비 등의 비용은 이러한 지원만으로 해결되지 않는 실정이다. 그러므로 특수보육을 장려하기 위해 정원제의 자율성 강화 및 시설비 지원규모 확충, 그리고 보육교직원의 안전을 보장해야 보다 질 좋은 보육서비스를 제공할 수 있다.

(3) 지도방법

야간 및 24시간 보육은 밤늦게까지 아이를 맡아 주거나 또는 같이 잠을 재우는 형태이다. 야간 및 24시간 보육은 종일제와 병행해서 운영하는 체제이므로 낮시간에는 종일제 프로그램과 동일하게 진행되고 자유놀이, 종이접기, 색칠공부, 동화 등과 같은 활동을 저녁 7시 30분 이후 시간부터 제공하고 있다. 저녁시간에는 취침준비 활동을 하나의 활동영역으로 구성하고, 주로 가정과 같은 편안한 수면환경을 조성하고, 동화·동시 들려주기, 음악감상, 스트레칭, VTR 시청, 하루 중 있었던 일이나 궁금한 것을 부모와 이야기하듯 편안하게 교사와 이야기 나누기를 한 후 취침을 지도한다.

4) 방과후 보육

방과후 어린이집은 초등학생을 대상으로 방과후 보육서비스를 제공하는 어린이집을 말하며, 보육서비스 시간은 4시간 이상(~19:30분까지) 제공한다.

(1) 필요성

방과후 어린이집은 맞벌이 부부의 자녀 등 방과후 보호가 필요한 초등학교 저학년 아동을 대상으로 학습지도, 특기교육, 인성교육 등을 하는 어린이집을 말한다. 방과후 보육은 초등학생을 주요대상으로 방과 전후와 방학 중의 시간에 보육활동을 제공하며, 성인의 보호 없이 지내는 아동을 유해한 환경에서 보호하기 위해 필요하다(서영숙 외, 1996).

방과후 보육은 아동을 안전하게 보호하는 것과 학교교육을 보완하는 측면에서 제공한다. 방과후 혼자 남겨지는 아동들을 각종 안전사고와 위험에 노출되어 있을 뿐 아니라 과도한 TV 시청, 부적절한 비디오프로그램 시청, 폭력적 오락이나 나쁜 만화 등에 쉽게 빠질 수 있으므로(정민자 외, 1997), 아동의 흥미와 욕구를 충족시키는 활동과 숙제지도 및 과외활동 프로그램을 제공해야 한다.

(2) 법적 기준

방과후 아동지도는 학교교육의 연장이 아니라 가정교육의 보충적 성격을 지니며 초등학교가 파한 후 방학 중 또는 학교의 수업시간 전에 운영할 수 있다. 방과후 교실의 1개반은 30명을 정원으로 하며, 어린이집 부설 방과후 교실이 아동이 10명 미만인 경우에는 유아반 정원에 포함되므로 별도로 신고하지 않고 운영할 수 있다.

보육시간은 13:30~19:30(6시간)을 원칙으로 하며, 아동의 귀가시간에 따라 신축적으로 운영할 수 있으나 최소 4시간 이상 보육하여야 한다. 2부제 시행지역은 오전, 오후에 각각 방과후 보육을 실시할 수 있으며, 방학기간 중에는 종일제로 운영할 수 있다. 방과후 보육에 지장이 없는 오전시간(13 : 30까지)에는 영유아를 대상으로 방과후 아동 정원범위 내에서 시간제 보육을 할 수 있다.

(3) 지도방법

초등학교 시기는 생활습관과 학습습관이 형성되는 중요한 시기이다. 습관의 형성과 함께 아동이 신체적, 지적, 언어적, 정서적, 사회적으로 성장하게 된다. 방과후 보육은 지역사회의 여건과 가족의 문화적 조건을 감안하여 그림지도, 노래지도, 독서지도, 생활지도, 건강관리, 건강검진, 간식 및 식사 등을 제공한다. 또한 각종 안전사고의 위험에서 보호해야 하며, 해당학교의 규율 및 규칙을 준수하여 교사중심이 아니라 아동중심 수업을 실시하고 부모모임을 가질 여건이 되지 않을 경우 가정통신문을 전달하여야 한다.

방과후 아동을 지도할 때 교사는 학교 교사와 달리 아동의 학교생활이나 문제를 부담 없이 이야기할 수 있는 편안한 상대가 되어야 한다. 교사는 교수활동을 활발하게 하기 위해 질문을 할 경우 충분히 생각할 시간을 주고 학습한 것을 표현해 보도록 한다. 숙제는 아동이 스스로 해결하도록 하는 것이 중요하므로 숙제지도 전에 교사는 학습분위기를 조성하고 아동의 능력을 파악하여 숙제하는 시간을 아동이 조절할 수 있도록 해 준다. 또한 아동이 이해하지 못하는 부분은 신문, 잡지, 화보, 백과사전, 인터넷 등의 학습보조자료를 활용하여 스스로 문제를 해결하려는 태도를 갖게 하고, 부족한 부분은 개인지도 및 집단지도를 한다.

2. 다문화 보육서비스의 보급화

오늘날 사회는 세계화(globalization)가 보편적 문화코드로 자리매김하면서 복잡하고 다양한 지구촌을 통합하려는 다원화 시대에 있다. 이러한 다원화 사회는 보육분야에도 다문화 보육과정이라는 요구가 새롭게 요청되고 있다. 세계가 하나로 연결된다는 것은 물자뿐만이 아니라 인력, 정보, 문화의 흐름이 국가의 경제를 뛰어넘어 자유롭게 이동한다는 뜻이다.

1) 다문화 보육서비스의 개념

(1) 다문화 보육서비스의 정의

다문화 보육서비스란 다른 인종, 성, 사회계층, 언어 및 문화적 배경을 가진 사람들을 이해하고 존중하도록 함으로써 다양한 문화적 세계에서 아동들이 공동의 목표를 달성하기 위해 상호 교류하고 협력할 수 있도록 준비하는 보육활동이다. 기존의 선입견, 고정관념 및 편견에 도전하는 보다 능동적이고 적극적인 접근방식으로 편견이나 불공정에 대한 대처방식을 다루는 것도 포함한다.

보육현장에서는 다문화 보육보다는 다문화 교육이라는 표현으로 사용되고 있다. 다문화 교육이 다양한 문화, 민족, 성, 사회계층의 배경을 가진 유아들이 다문화의 이질감이 주는 억압에서 벗어나 공평한 교육적 기회를 교육과정 내에서 갖도록 하자는 개념이라면, 그 방법론에 있어 보다 적극적이고 포괄적인 수단으로서 제시할 수 있는 것이 반편견 교육이라고 할 수 있다(정순영, 2003 : 5). 현재 다문화 교육(multicultural education), 세계화교육(global education), 반편견교육(anti-bias education), 다민족교육(multiethnic education) 등 다양한 개념이 소개되고 있으며, 이러한 경향은 세계화라는 공통의 관심을 반영하고 있다.

바커(Baker, 1979)는 다민족, 다문화, 세계화 교육에 대한 개념을 다음과 같이 제시하고 있다. [그림 9-2]에서 보면 다민족 교육은 다문화 교육 속에 포함되며, 세계화 교육은 이들을 모두 포함하고 있다. 다민족 교육은 다민족 국가인 미국에서 1960년대 소수민족의 권리와 가치를 존중하며, 이러한 정신을 공교육에 반영하기 위하여 법(The Civil Rights of 1964)을 제정하면서 사용되기 시작하였다.

다민족 교육이 소수민족에 대한 배려에서 시작되었다면, 다문화 교육은 문화적 다양성을 가치있는 자원으로서 오히려 지원하고 확장하려는 교육이다. 즉 다른 문화를 단순히 인정해 주는 것이 아니라, 다양성이야말로 앞으로의 세계에서 가장 중요한 요소라는 인식의 변화를 의미한다. 더 나아가 다문화 교육은 개인차는 물론 인종, 민족, 종교, 성별, 사회 경제적 수준, 연령, 능력, 신체적 조건 등의 다양성까지를 모두 포함하는 보다 광의의 개념으로 확장되어 사용되고 있다. 따라서 가장 빈번히 사용되고 넓은 의미로 사용되고 있다.

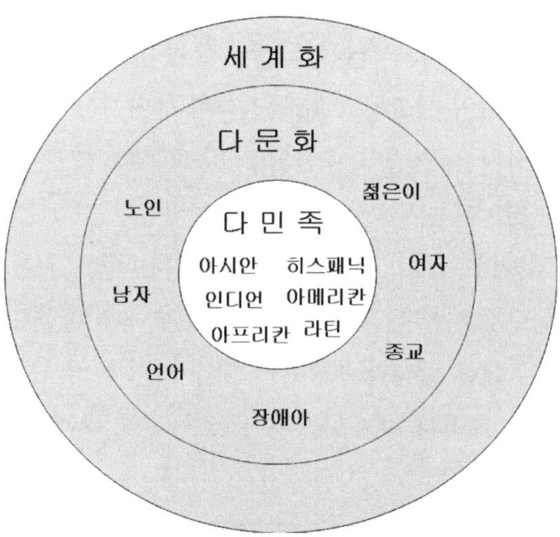

[그림 9-2] **다민족, 다문화, 세계화 교육의 개념**

세계화교육은 국제적 관점에서 다양성을 이해하도록 돕는 교육으로, 민족이나 문화적 다양성에만 초점을 맞추는 것이 아니라 서로의 차이점을 뛰어넘어 서로의 가치를 존중하고 공정하게 대할 수 있도록 교육하는 것을 목적으로 한다(Baker, 1994 ; 장영희, 1997 : 299).

(2) 다문화 보육서비스의 필요성

미래를 살아갈 유아들을 대상으로 세계화에 대한 교육적 방향과 내용, 방법 등에 대한 관심이 제기되고 있다. 아동보육현장에서 다문화 보육서비스의 필요성이 강조되는 것은 아주 어린 유아들조차도 타인을 탐색하는 과정을 통해 인종, 민족성, 성역할, 사회적 계층에 대한 편견이나 고정관념을 접하게 되고 이것은 유아들의 자아정체감 형성에 큰 영향을 미치기 때문이다(정선희, 1997). 영유아는 2세경부터 성, 인종에 관한 차이점을 인식하고 3, 4세경이 되면 자신이 속한 가족, 문화 등에 근거한 문화적 정체성을 이해하기 시작하여 편견을 인식하고 영향을 받게 된다. 따라서 반편견 보육프로그램은 연령별 발달 수준에 맞추어 영유아 시기부터 시작되어야 한다. 또한 유아기에 습득한 편견이나 고정관념은 변화되기가 어려우므로 보다 정확하고 다양한 정보와 지식을 제공해 주는 다문화 보육프로그램이 요구된다(정순영, 2003 : 1).

세계화라는 물결을 마음으로 수용하고 주체성과 함께 개방성을 갖춘 인간으로 보육하고자 하는 필요성이 강조되고 있으며 특히 유아기는 이러한 보육을 시작할 수 있는 최적의 시기라는 인식이 확산되고 있다(장영희, 1997 : 296). 이러한 추세 속에서 세계화라는 단어에는 익숙하지만 이를 뒷받침할 수 있는 이론적인 체계나 보육적 적용이 거의 이루어지고 있지 않은 실정이다. 특히 우리 나라는 단일민족이라는 강한 자부심으로 다른 나라나 민족에 대하여 매우 편견적인 태도와 사고가 짙다. 다문화 보육에 대한 관심과 연구들이 대개 다민족 국가들을 중심으로 활발하게 전개되어 왔다. 그러나 세계화라는 새로운 흐름 속에서 다른 민족, 다른 나라, 다른 문화에 대한 개방적이고 반편견적인 이해와 태도가 필요하며 단일민족으로서 우리나라는 더욱 이러한 보육적 접근이 필요하다.

2) 다문화 보육서비스의 목적과 내용

(1) 다문화 보육서비스의 목적

다문화 보육서비스의 가장 기본적인 목적은 '자유의 연습(practice of freedom)'이라 할 수 있다(Derman-Sparks & ABC Task Force, 1989). 즉 각 개인이 서로를 존중하는 진정한 자유를 누릴 수 있는 능력을 길러 주는 것이다. 이는 유아들이 다른 민족이나 인종, 성에 대한 올바른 지식을 구성하도록 하고, 모든 유아들이 긍정적인 자아정체감을 확립하도록 돕고, 다른 사람의 감정을 공감하며 수용하고 다양한 차이를 편안하게 느끼도록 하며, 자신과 타인에게 직면한 불의를 타파할 수 있는 비판적 사고를 기르는 것이라고 할 수 있다.

다문화 보육의 목표를 구체적으로 정리해 보면 다음과 같다(정순영, 2003 : 5).

① 아동들이 자신의 문화와 가치를 존중하는 것과 마찬가지로 다른 사람의 문화와 가치도 존중할 수 있게 양육한다.
② 다문화 사회에서 성공적으로 살아갈 수 있는 태도와 능력을 기른다.
③ 인종주의 등에 의해 가장 영향을 많이 받는 유색인종의 아동들이 긍정적인 자아개념을 형성할 수 있도록 도와 준다.
④ 문화적인 다양성과 인간으로서의 공통성을 모두 긍정적으로 경험하도록 돕는다.
⑤ 다문화적인 전체의 공동체 사회에서 서로 독특한 역할을 맡아 수행할 수 있도록 격려한다.

다문화 보육서비스 활동은 아동들이 아주 어린 시기부터 다른 사람의 문화와 가치를 이해하고 수용하는 태도를 연습하게 함으로써 궁극적으로 다문화적인 공동체 사회에서의 반응력을 신장시켜 주는 데 그 목적이 있다. 그런데 다문화 보육활동은 문화적인 다양성과 차이의 이해를 중요한 목적으로 보는 동시에 공동체 의식을 강조한다. 이 두 가지 목적 중에서 차이를 인식시키는 목적에 더 비중을 두는 경향이 있는데, 다문화 보육활동이 의도하는 진정한 목적은 서로 다른 각각의 사람들의 모습 속에서 다양성과 구심점을 발견하고 이것을 하나의 공동체로 발전시키고자 하는 것이다(정선희, 1997 ; 정순영, 2003 : 5).

다문화 보육활동은 서로 상반되는 두 가지 가치를 지향하고 있어서 때때로 많은 갈등과 혼란을 가져오기도 한다(Lynch, 1986). 그럼에도 불구하고 다문화 보육활동이 이렇게 상반되는 듯한 가치를 지향하는 것은 다문화적인 사회에서는 어떤 하나의 동질성에 의존하기 보다는 여러 개의 동질적인 집단-각자의 집단은 이질적-과 함께 살아가야 하는 법을 배워야 하기 때문이다.

또한 다문화 보육활동은 주류문화 속에서 성장하는 유아에게는 다양한 문화와 생활방식이 존재한다는 것을 이해하게 하고, 반대로 비주류 문화 속에서 성장하는 유아에게는 자기 문화를 존중하고 인정할 수 있어야 한다(Ramsey, 1982). 사람들 간의 차이를 인식할 수 있는 환경을 제공해 주는 것이며, 조정되어야 하는 단점이기보다는 보육프로그램에 있어서 문화적 차이를 인식하고 차이와 예외성의 모든 것들이 다 중요하다는 것을 보다 강조하는 것이다(Hemandez, 1989).

(2) 다문화 보육서비스의 내용

다문화 보육의 개념을 이해하고 그 보육목적을 성취하기 위해서는 구체적이고 객관적인 보육과정과 내용이 준비되고 실행되어야 한다.

홀과 롬버그(Hall & Rhomberg, 1995)는 유아가 사회화되어 가는 과정에서 영향받기 쉬운 편견의 영역으로 능력(ability), 연령(age), 외모(appearance), 신념(belief), 계층(class), 문화(culture), 가족구성(family), 성(gender), 인종(race), 성적 관심(sexuality)을 제시하면서 이러한 영역의 편견을 극복하기 위한 보육과정에 상호존중을 위한 기술, 적극적 경청을 위한 기술, 정의적 기술, 행동으로 옮기는 기술 등의 내용을 포함시킬 수 있다고 하였다(정순영, 2003 : 10). 이를 토대로 우리 나라 보육 상황에서 적용될 수 있는 적절한 주제는 민족의 차이점과 공통점, 능력, 성 정체성, 문화적 유사점과 차이점, 고정관념과 차별적 행동 등이다. 이 주제들에서 다루어질 수 있는 하위범주와 내용은 〈표 9-1〉과 같다(이경우 · 이은화, 1999 : 284).

표 9-1 다문화 보육의 주제와 하위범주

보육주제	하위범주	범주설명
민족의 차이점과 공통점	인종, 긍정적 자아 (민족적 정체성)	민족의 차이점/공통점 인식과 피부색, 머리카락 형태, 얼굴 및 눈색 등과 같이 유전적인 신체적 특징, 그리고 자아정체성과 관련된 것을 포함
능력	재능, 장애, 편견에 대응하기, 다른 사람 이해, 의사전달하는 방법(수화)	재능, 무능력, 그리고 장애를 포함한 포괄적인 개념인 능력으로서 편견에 대응하는 것과 자신과 타인에 대한 존중 및 가치를 포함
성 정체성	성 역할, 성 행동, 양성성	정형화되지 않은 성 역할과 행동 그리고 양성성의 개념도 포함
문화적 유사점과 차이점	다문화, 문화간 유사점과 차이점	다양한 문화의 독특성과 유사점/차이점, 삶의 방식으로서 특별한 날들, 기념일, 습관, 언어 등을 포함
고정관념과 차별적 행동	가족, 계층, 신념, 지역, 편견, 연령, 외모	다양한 가족구조와 역할, 사회·경제적 계층, 종교, 연령 및 세대 간의 차이, 외모에 대한 고정관념과 차별적 행동
기타	갈등, 협동	문제해결, 협동

* 출처 : 이경우·이은화(1999 : 284).

다문화 교육의 주제와 내용은 우리가 살아가는 사회와 집단이면 어느 축이든 적용할 수 있고 전반적으로 관련된 것들이다. 다문화 보육활동의 전개 지침을 정리하면 다음과 같다(Derman-Spars, 1989).

① 관광식 접근의 실수를 피하기 위해 가족, 매일의 생활 및 학급활동에 연결시키는 것이 필요하며 문화는 추상적인 것이 아니므로 가족들이 상호작용하는 방식(언어, 가족의 가치, 영적인 삶), 집안의 관습, 그리고 가족구성원들이 하는 일 등과 같이 일상을 통해 매일 학습되고 전달됨을 알아야 한다.

② 모든 사람이 다른 문화를 소유한다는 것을 아동이 인식하게 하는 것이 필요하며 교실 환경 내에서 다양성을 경험하게 함으로써 문화의 유사성과 차이점에 대해 인식하게 한다.

③ 동질성에 대한 가정으로 우리라는 말보다는 우리 내에서 각 개인은 다를 수 있음을 인식하도록 해 주는 것이 좋다. '우리'라는 말은 동질성, 혹은 편견에 대한 가정을 낳게 하며, 따라서 '이것은 내가 하는 것이다' 라든지,

'이것은 우리 학급에서 우리가 하는 것이다'라고 정확하게 용어를 사용한다.

④ 문화의 다양성에 대한 학습은 학급 내에서 교사와 아동들 사이의 다양성에 대한 탐색으로부터 시작하는 것이 좋다. 이를 통해 서로 유사성도 발견해 나갈 수 있으며 모든 활동들을 각각의 방식으로 하여 우월하거나 열등한 것이 아니라는 점을 인식하게 한다.

이러한 보육내용들을 살펴보면 다문화 보육활동은 이제 소수민족이나 인종을 위한 주류문화 집단과의 평등화와 정체성 유지를 위한 교육이 아니라, 미래를 살아갈 모든 아동들이 다양성과 상호관련성이 필연이 되는 세계에서 성공적인 삶을 살 수 있도록 하는 필수적인 교육이라는 점을 확인하게 된다.

3) 다문화 보육서비스의 교수활동

(1) 교수방법

다문화 보육내용을 아동에게 적용시킬 수 있는 교수방법은 무엇인가? 문화의 다양성을 이해하고 조화시킬 수 있는 능력이란 단순한 사실과 지식을 통해서 획득되는 것이 아니며, 단지 다른 문화를 배우는 것으로 성취될 수 없다. 따라서 다문화, 세계화 교수방법은 크게 과정중심, 통합적인 방법을 통한 이해와 태도의 변화를 추구는 것이다.

다문화 보육활동의 교수방법을 정리하면 다음과 같다(장영희, 1997 : 307).

첫째, 다문화 교육은 결과중심적인 교육이 아니라 과정중심적인 교육이어야 한다. 다양성을 이해하고 조화시킬 수 있는 능력이란 단순한 사실과 지식을 통해서 획득되는 것이 아니며, 단지 다른 문화를 배우는 것으로는 성취할 수 없다. 그보다는 다양한 삶의 가치, 방식, 신념 등을 경험하고 그것을 표현해 볼 수 있는 기회를 필요로 하기 때문에 과정중심적인 접근이 필요하다.

둘째, 단편적인 소재나 활동보다는 포괄적이며 통합적인 방법이어야 한다. 실제로 다른 나라를 소개할 때 가장 많이 사용하는 방법은 그 나라의 특징을 단편적으로 소개하는 것이다. 즉 이 나라는 이러한 집에서 살고, 이러한 옷을 입으며,

민속춤과 노래에는 이러한 것이 있다는 것을 알려 주는 것이다. 이러한 방법은 삶의 겉모습만을 소개할 수 있을 뿐이며 이러한 방법은 관광식 교수방법이라 하여 비판을 받고 있다.

셋째, 문화란 고정되어 있는 것이 아니라 항상 변화하고 발전하는 것이다. 문화란 유기체와 같이 끊임없이 새로움을 추구하고 옛 것을 버리기도 하며 끊임없이 변화되고 있다. 따라서 고정화되고 정형화된 문화에 대한 접근방식은 가장 지양되어야 할 방법이다.

세계화의 흐름 속에서 각 문화의 다양성과 차별성이 더욱 심화될 것으로 보고 있는데, 이러한 측면에서 "가장 한국적인 것이 가장 세계적인 것이다"라는 표현이 가장 적절한 의미를 갖는다. 한국인으로써의 자아동일시와 한국문화에 대한 이해를 영유아기의 보육단계에서부터 적용하여야 한다. 그러나 문화란 끊임없이 움직이는 유기체와 같은 것이라고 볼 때 박물관이나 책에 있는 문화가 아니라 생활 속에서 호흡하고 느끼고 이해할 수 있는 교수방법적 접근이 요청된다.

세계화가 다원화된 가치체계를 전제로 한다면 그 동안 우리 나라는 단일민족이라는 강한 자부심으로 다른 나라나 다른 민족에 대하여 매우 편견적인 사고를 해온 것이 사실이며 그만큼 다른 문화를 접하고 이해하고 수용해야 할 기회와 필요가 적었던 것도 사실이다. 특히 아동보육 현장에서는 다문화 보육활동을 각 나라의 의상, 춤, 공예품, 노래 등을 소개하거나 각 나라의 특징을 단편적으로 소개하는 방법 등을 가장 많이 사용하고 있다. 그러나 이러한 내용이나 방법은 관광식 교수방법이라 하여 비판받고 있으며 이해나 태도를 중심으로 하는 새로운 교수방법이 다른 나라에서 활발히 적용되고 있으므로 이에 대한 연구가 시급하다. 따라서 다른 민족, 다른 나라, 다른 문화 등에 대한 포괄적이고 반편견적인 이해와 태도를 형성시켜 주기 위한 교수방법이 필요하며 단일민족으로서의 우리나라는 더욱더 이러한 접근이 필요하다.

(2) 교사의 역할

다양한 주제의 다문화 보육활동을 전개할 때에는 다른 어떤 보육 프로그램 보다 교사의 태도나 역할이 특히 중요하다. 왜냐하면 교사의 태도나 행동을 통해 아동들은 나와 다른 사람을 어떻게 이해하고 협력해야 하는지를 배우기도 하고, 반대로 다른 사람에 대해 편견이나 고정관념을 갖게 될 수도 있기 때문이다. 따라서 교사들은 자신의 행동이나 태도가 부지불식간에 아동들에게 큰 영향을 미친다는 것을 깨닫고 계속해서 자신을 돌아볼 수 있어야 한다(정선희, 1997 ; 정순영, 2003 : 12-13).

다문화 보육을 하기 위해서는 무엇보다도 그러한 역할을 수행하기 위한 교사의 자질 함양을 위한 방안을 모색해야 할 것이며 교사 자신도 역량강화를 위해 적극적인 교육의 기회에 참여하고자 하는 노력이 필요하다.

멜렌데즈와 벡(Melendez & Beck, 2007)은 유아교육을 담당하는 교사들을 위해 요구되는 역할 및 자질들을 다음과 같이 제시한다(배화여자대학교, 2008 : 26~27; 구정화 외, 2009, 239~240, 재인용).

① 다른 문화를 올바르게 인식하기 위해 교사 자신이 가진 믿음, 가치, 습관 등 문화적 관점을 발견하고 자신과 영유아들의 다양성을 인식하고 편견과 신념에 관한 자신의 생각을 명확히 한다.
② 영유아발달에 기초하여 모든 영유아들에게 평등한 기대를 가지고 그들의 잠재력을 최대한 발달시켜줄 수 있도록 돕는다. 또한 영유아들이 사회의 다양성을 이해할 수 있도록 도울 수 있어야 한다.
③ 관용, 존중, 관대함을 배울 수 있고, 다른 사람을 이해하는 교실 환경을 만들고 교실 내에 다른 집단에 대한 고정관념에 대해 살펴보고 목록을 작성한다.
④ 다양한 문화에 관심을 가지고 다른 문화에 대한 지식을 넓힌다.
⑤ 자신과 다른 사람들에게 긍정적이고 개방적인 태도를 갖고 다문화 교육을 발전시키기 위해 지속적으로 새로운 접근 방법을 모색하며 영유아들의 요구에 적절한 새로운 방법과 요소들을 시도한다.
⑥ 영유아의 전반적인 발달에 있어서 가족의 영향을 인정하고 올바르게 인식하며 가족들과 협력자로서 존중하며 상호교류한다.

보육교직원

CHAPTER 10

어린이집이 그 역할을 수행하기 위해서는 보육대상인 아동, 시설과 설비, 프로그램, 보육교직원 등 4가지 기본 요소를 갖추어야 하는데, 이 중에서도 보육교직원은 이 모든 요소를 유기적으로 연결하여 의미있는 결과를 창출하는 핵심적인 요소이다. 특히 어린이집에서의 보육 활동은 다양한 연령과 다양한 가정 배경을 가진 아동들을 기본적인 생리적 욕구부터 시작하여 인지 발달을 촉진하고 사회성 활동을 돕는 등의 교육적 활동까지 수행하므로 관련 보육교직원들의 역할과 자질은 보육의 성패를 결정할 만큼 중요하다. 따라서 보육 관련법인 영유아보육법에서는 보육교직원의 종류와 자격, 수 및 역할 등을 규정하고 있으며, 개인적으로도 인간적인 성숙을 위한 부단한 노력을 촉구하는 것이다. 이 장에서는 보육교직원의 배치와 역할, 자격과 양성 및 보수교육 등에 대해 살펴본다.

1. 보육교직원의 배치와 역할

보육교직원이란 어린이집에서 보육과 관련된 일에 종사하는 사람으로서 관계법에 규정된 자를 말한다. 보육교직원의 자격은 관련 법적 근거 하에서 정당성을 인정받을 수 있는 직원을 말하며, 우리나라에서는 영유아보육법에 규정되어 있는 직접적인 관계를 지니는 사람을 뜻한다.

「영유아보육법」(제2조)에서 '보육교직원'이라 함은 어린이집에서 영유아의 보육, 건강관리 및 보호자와의 상담, 그 밖에 어린이집의 관리 운영 등의 업무를 담당하는 자로서 어린이집의 원장, 보육교사와 그 밖의 인력을 말한다. 법에 명시된 바와 같이 보육교직원은 어린이집에서 영유아에게 보육을 제공하는 인력이며, 영유아에 대한 보육의 실무, 건강관리, 학부모관리 및 제반 어린이집의 관리 및 운영을 담당하며, 업무수행에 요구되는 각각의 전문적 자질과 역할 수행능력을 지녀야 한다.

보육교직원을 유형별로 구분하여 보면 다양하게 분류되고 있다. 보육교직원들의 프로그램의 관련 여부에 따라 프로그램 관련직과 프로그램 비관련직으로 구분하기도 한다(Decker & Decker, 1976; 최미현 외, 2000 : 333). 프로그램 관련직이란 아동보육에 직접적인 책임을 맡는 원장, 보육교사, 특수교사, 보조교사 등을 의미하며, 프로그램 비관련직이란 프로그램을 지원하고 도와 주는 일을 담당하는 영양사, 사회복지사, 의료인, 관리인, 일반 사무직, 운전기사, 자원봉사자 등을 의미한다.

또한 보육교직원을 교육기능 교직원과 보호기능 교직원으로 대별하여(이원영, 1990), 교육기능 교직원에 원장, 원감, 유치원교사, 보육교사를 두고, 보호기능 교직원에 보모, 영양사, 간호사, 의사, 사회복지사, 상담자, 사무원, 운전기사, 관리원을 두기도 한다.

1) 보육교직원의 배치

보육교직원의 배치는 「영유아보육법」 제17조에 어린이집에는 보육교직원을 두어야 한다는 조항과 보육교직원의 배치기준 등에 관하여 필요한 사항은 보건복지부령으로 정한다는 조항이 명시되어 있다. 보육교직원에는 원장, 보육교사, 간호사, 영양사, 취사부, 그 밖의 어린이집의 특성과 상황에 따라 의사(또는 촉탁의사), 사회복지사, 사무원, 관리인, 위생원, 운전기사, 치료사 등을 배치할 수 있다. 〈표 10-1〉은 「영유아보육법」 시행규칙 제10조 관련 [별표 2]에 명시된 보육교직원의 배치기준이다.

표 10-1 보육교직원의 배치기준

보육교직원	배 치 기 준	비고
어린이집의 원장	· 어린이집의 원장 1명 ※ 단, 영유아 20명 이하를 보육하는 어린이집은 어린이집의 원장이 보육교사를 겸임할 수 있다.	어린이집의 원장이 간호사 또는 영양사 자격이 있는 경우에는 간호사 또는 영양사를 겸직하게 할 수 있다.
보육교사	만 1세 미만의 영아 3명당 1명을 원칙으로 한다. · 만 1세 이상 만 2세 미만의 영아 5명당 1명을 원칙으로 한다. · 만 2세 이상 만 3세 미만의 영아 7명당 1명을 원칙으로 한다. · 만 3세 이상 만 4세 미만의 유아 15명당 1명을 원칙으로 한다. · 만 4세 이상 미취학 유아 20명당 1명을 원칙으로 하며, 이 경우 유아 40명당 1명은 보육교사 1급 자격을 가진 자이어야 한다. · 취학아동 20명당 1명을 원칙으로 한다. · 장애아 보육은 장애아 3명당 1명을 원칙으로 하되, 장애아 9명당 1명은 특수교사 자격소지자로 한다.	
간호사	· 영유아 100명 이상을 보육하는 어린이집의 경우 간호사(간호조무사를 포함) 1명을 두어야 한다.	
영양사	· 영유아 100명 이상을 보육하는 어린이집의 경우 영양사 1인을 두는 것을 원칙으로 하되, 어린이집 단독으로 영양사를 두는 것이 곤란한 경우에는 동일 시 · 군 · 구의 5개 이내 어린이집이 공동으로 영양사를 둘 수 있다.	
취사부	· 영유아 40명 이상 80명 이하를 보육하는 어린이집의 경우 취사부 1명을 두며, 영유아 매 80명을 초과할 때마다 1명씩 증원한다.	

그 밖의 보육교직원	· 어린이집의 규모와 특성에 따라 의사(또는 촉탁의사), 사회복지사, 사무원, 관리인, 위생원, 운전기사, 치료사 등의 보육교직원을 둘 수 있다.

* 출처 : 영유아보육법 시행규칙 제10조 관련 별표 2.

보육교직원의 복무 내용을 살펴보면, 어린이집의 원장은 전임이어야 하며, 다른 어린이집의 업무를 겸임할 수 없도록 규정되어 있다. 보육교사의 근무시간은 평일 8시간을 원칙으로 하고, 그 밖에 전후로 연장되는 시간은 어린이집의 원장과 보육교사가 교대 근무하며, 초과근무수당을 지급하여야 한다. 또한 보육교직원의 휴가는 보육공백을 최소화할 수 있도록 순번제로 실시하고, 보수교육, 출산휴가 등으로 공백이 생기는 경우에는 대체교사를 배치하도록 규정되어 있다.

보육교직원의 자격과 비율은 최소의 법적 수준이므로 최대한의 전문성을 확보할 수 있도록 교직원을 배치하는 일이 무엇보다도 중요하다. 어머니가 여러 자녀를 한꺼번에 잘 돌볼 수 없는 상황을 생각하면 보육교사 대 영유아의 비율은 신중하게 고려해야 할 과제라 할 수 있다.

2) 보육교직원의 역할

보육교직원은 어린이집이라는 조직체에서 역할을 수행한다. 일반적으로 조직은 구조적 요인과 인간적 요인으로 대별되는 데, 구조적 요인이 외형적이고, 형식적이라면 인간적 요인은 보다 내면적이고, 내용적인 요인이라 할 수 있다. 그런데 구조적 요인보다는 인간적인 요인이 더 중요하게 고려되는 데, 그것은 아무리 구조가 잘 짜여져 있다고 하더라도 그 구조 속에서 인간적인 요인이 기능적이지 못하다면 조직의 목표 달성이 어렵기 때문이다. 왜냐하면 조직을 구성하고 있는 사람들의 재정과 물자를 활용하여 어떻게 유기적인 관계를 맺고, 활동하느냐에 따라 조직이 추구하는 목표 달성에 영향을 미치기 때문이다.

어린이집도 하나의 중요한 조직, 더구나 아동복지 서비스 조직이기 때문에 조직체로서의 기관에서 일하는 교직원의 역할은 매우 중요하다. 더구나 어린이집은 대규모의 조직에 비해서 그 규모가 적기 때문에 교직원의 역할은 그야말로 어린이집의 성공적인 운영을 가름하게 된다. 따라서 우선적으로 보육 활동에 애정과 사명감 및 전문성을 지닌 교직원을 적재적소에 배치하고, 구성원간에 유기적인 관계를 갖도록 활동 전반을 체계화하는 일이 매우 중요하다. 예를 들어, 보육교사의 경우, 영아반과 유아반이 있는데 영아반의 경우 교육보다도 보호적인 기능이 강조되기 때문에 영아의 발달과 특성을 잘 이해하고, 어머니같이 양육할 수 있는 지혜와 기술을 갖춘 자를 배치하여야 할 것이다. 또한 간호사도 일반적인 근무 장소인 병원과는 달리 어린이집이라는 기능적, 구조적 특성을 잘 이해하여 다른 교직원들과 유기적인 관계를 가지고 적극적으로 동참할 수 있는 자세를 가진 자를 채용하고 배치해야 한다.

그 다음으로 각각의 보육교직원이 자신의 역할을 잘 이해하고, 그 역할을 다하기 위해서 최선의 노력을 해야 한다. 동시에 이러한 역할 수행은 자신만의 노력에 의해 완수되는 것도 있지만, 다양한 역할의 조정 및 다른 사람들과의 협조에 의해 보다 효과적으로 성취될 수 있다는 사실을 숙지하고 실천해 나가야 한다.

어린이집에 배치된 교직원들은 각 분야의 전문성 이외에 아동의 특성 전반에 대한 지식과 인성적 자질을 갖추고 있어야 한다. 영유아보육법에 규정된 보육교직원의 역할과 자질을 살펴보면 다음과 같다.

(1) 어린이집의 원장

원장은 어린이집의 전반적인 운영계획자로서, 재원 확보자로서, 원아의 모집과 관리자로서, 어린이집 내 교직원들의 채용과 관리 및 감독자로서, 설비와 장비 및 교재 · 교구 구입자로서, 운영 전반에 대한 기록과 보고 책임자로서, 원아의 부모 교육자로서, 지역사회 계몽자로서, 아동 및 교사나 학부모의 상담자 등 다양한 역할을 수행하며 전반적인 운영을 책임진다.

이 중에서도 가장 우선적이고 핵심이 되는 것은 보육철학에 따른 보육 운영목표와 방침일 것이다. 왜냐하면 원장이 설정한 운영 목표와 방침에 따라 전반적인 보육 활동의 방향이 결정되고, 보육 효과에 영향을 주기 때문이다. 따라서 원장은 복지와 교육적인 사고방식과 신념 및 전문적인 지식을 갖춘 보육행정가가 되기 위해서 다음과 같은 역할을 수행하여야 한다.

첫째, 보육교직원은 물론, 학부모와 어린이집의 운영과 직 · 간접적으로 관계하는 지역사회의 다양한 사람들과 원만한 관계를 이루도록 노력하여야 한다.

둘째, 해당 지역사회의 환경적 특성과 보육 아동의 발달 특성과 가정 환경적 특성을 고려한 어린이집을 형성하고, 그에 합당한 운영을 하도록 노력하여야 한다. 이 운영에는 인간관리, 어린이집 관리, 보육프로그램 관리 등을 모두 포함한다.

셋째, 변화하는 사회에 걸맞는 보육을 실천하기 위해 보육 관련 지식과 기술을 습득하여 보육교직원을 지도하고, 어린이집을 운영하는 데 참조하여야 한다.

(2) 보육교사

어린이집의 궁극적인 설치 목적은 영유아의 발달과 복지를 보장하기 위함이며, 어린이집에서 가장 우선적으로 고려하여야 할 대상은 두 말할 나위 없이 영유아이다. 영유아들과 함께 장시간 생활하는 교직원은 바로 보육교사이다. 따라서 보육교사는 아동복지적 입장에서 영유아에게 영향력이 가장 큰 교직원이며, 당연히 그의 역할과 자질은 매우 중요하게 된다.

보육교사의 역할 및 자질은 다음과 같이 요약할 수 있다(한국어린이육영회, 1990).

1 기본 욕구 충족 및 건강, 안전지도의 역할

보육교사는 영유아의 기본적인 생리적인 욕구를 충족시켜 주어야 하며, 영유아의 건강을 돌보고 안전을 지켜 주어야 한다. 특히 유아와는 달리 영아를 보육하는 보육교사는 다른 보육교사들과 동일한 수준의 자질을 지녀야 하지만, 부가적인 자질도 요구된다. 즉 영아들과 개별적인 관계를 형성시켜서 개별적인 보육을 하여야 한다는 점이며, 일상적인 보육활동인 수유, 기저귀 갈아주기 등과 같이 생리적 욕구 충족을 위해 민감하게 반응해야 한다. 또한 가정 보육의 형태로 영아 보육을 담당하는 보육교사는 보호자로서, 교사로서, 조리사 및 영양사로서 때로는 운전사의 역할까지 수행해야 하는 어려운 역할을 해야 한다. 따라서 영유아보육에 관한 전문적인 지식과 기술 및 사명감과 열정, 헌신적 자세가 필요한, 즉 전문화된 어머니(professional mother)로서의 역할이 요구된다.

2 교수자로서의 역할

보육교사는 교육보호(educare)의 개념에 입각하여 매일의 프로그램에서 영유아의 학습을 도와 주는 교수자의 역할을 담당해야 한다. 이 경우에 단편적인 지식의 제공자 내지는 전달자가 아니라 지식과 기술의 중재를 통해서 새로운 지식을 창조케 하는, 즉 창조적 교수자이자 학습의 촉진자임을 인식해야 한다. 따라서 보육교사는 영유아에 대한 이해를 기반으로 교육 프로그램을 계획하고 실행할 수 있어야 하는데, 즉 영유아에게 적절한 활동과 자료, 시설을 제공하고 프로그램의 모든 절차를 효율적으로 수행해야 한다.

이러한 교수자로서의 역할을 구체적으로 제시하면 다음과 같다.

① 관찰자 및 기록자

보육교사는 영유아의 특별한 요구와 특성을 평가하고 계획하기 위해 영유아의 행동을 지속적으로 관찰해야 한다. 특히 언어적 표현 능력이 부족한 영아 개개인의 특별한 욕구를 잘 관찰하여 이에 즉각적으로 반응해 주어야 한다. 또한 보육교사는 부모와 정보 교환, 보육과정 계획 및 프로그램 운영, 보육 활동 평가를 위하여 매우 상세하고 포괄적인 기록을 해야 한다.

② 조직자

보육교사는 영유아의 발달 단계를 기초로 프로그램의 내용을 계획하고, 개별 영유아의 특성을 반영하여 일과를 계획한다. 또한 영유아의 발달적 요구에 맞게 적절한 변화를 주면서 교재 · 교구 및 교실이나 놀이터 환경을 조직해야 한다.

③ 운영자

보육교사는 매일의 일과 계획안에서 시간을 융통성 있게 조정 · 운영하고, 영유아가 긍정적인 경험을 할 수 있도록 보육환경 공간을 융통성 있게 조정해야 한다.

④ 촉진자

보육교사는 영유아의 수준과 발달단계에 맞게 개입함으로써 학습을 돕고 발달을 촉진시키는 역할을 수행해야 한다.

⑤ 평가자

평가는 모든 프로그램에서 기초적이며 필수적인 과정이다. 따라서 보육교사는 교육의 질적 개선과 영유아의 발달을 촉진하기 위해 평가자로서의 역할을 수행해야 한다. 평가는 크게 영유아에 대한 평가와 프로그램에 대한 평가로 구분되며, 어린 영아일수록 보육교사의 역할이 더욱 중요하므로 자신의 행동에 대한 평가도 아울러 병행되어야 한다.

3 부모 및 지역사회와의 교류자로서의 역할

보육교사는 영유아와 가정의 요구를 파악하기 위하여 부모와 원활한 의사소통을 해야 하며, 부모와 어린이집 사이의 신뢰감을 형성하기 위해 노력해야 한다. 또한 보육교사들은 지역사회에 어린이집의 프로그램을 소개하고, 자원봉사자 선정을 도우며, 지역 공동체로부터 지원을 얻는 역할도 해야 한다.

한편 영유아들의 건강관리나 치료를 위해 필요한 경우에는 의사, 사회사업가, 심리학자 등의 도움을 요청해야 하며, 이들과 부모 그리고 교사 자신을 포함한 삼자간의 의사소통이 원활하게 이루어지도록 노력해야 한다.

보육교사가 위와 같이 다양하고도 중요한 역할을 수행하기 위해서는 다음과 같은 기본적인 자질을 갖출 것이 요구된다. 물론 자질이기 때문에 태어날 때부터 가지고 태어난 생래적인 측면도 있지만, 후천적인 노력에 의해 길러진다는 것을 잊어서는 안 된다. 그리고 이러한 자세는 전문성(profession)으로 심화되어야 한다.

① 신체적으로나 정신적으로 건강해야 한다.

② 아동들의 욕구를 세밀히 살펴서 충족시켜 주고자 하는 적극적인 자세를 지녀야 한다.

③ 아동들과 생활하는 것이 때로는 번잡스럽지만, 아동들을 위해 봉사하고 도와주려는 마음을 가져야 한다.

④ 아동들이 하는 갖가지 행동들에 대해 기대와 인내를 가지고 지켜보며, 바람직한 방향으로 발달할 수 있도록 도와주어야 한다.

⑤ 아동들에게 발생한 문제 행동을 수정해 주고자 하는 마음을 지니고, 이를 위해 전문적인 노력을 계속해야 한다.

⑥ 아동의 사회적 역량을 길러 주기 위해 새로운 지식을 습득하고, 창의적인 교수법을 개발하여야 한다.
⑦ 아동의 발달 및 특성을 이해하고, 전인적 발달을 할 수 있도록 조력해야 한다.
⑧ 아동 개개인이 지닌 특성을 고려한 보육이 되도록 융통성 있는 자세가 요구된다.
⑨ 아동에게 본이 되기 위해 자기 성숙을 위한 부단한 노력을 하여야 하며, 자신의 일을 사랑하고 긍지를 느껴야 한다.
⑩ 보육 및 이와 관련한 제반 업무를 효율적으로 수행하기 위해 협조적인 자세를 지녀야 한다.

(3) 의사와 간호사

어린이집은 영아부터 초등학생에 이르기까지 다양한 연령대의 아동들이 거의 온종일을 생활하므로 건강과 안전상의 여러 문제가 발생되기 쉽다. 따라서 의사와 간호사의 적절한 도움이 필요하다. 어린이집에서 의사와 간호사는 다양한 역할을 할 수 있다. 즉 위생 관리, 영양 지도, 안전 지도, 건강 및 보건 상담, 정기검진 등이다.

그러나 현실적으로 볼 때, 의사의 상주는 매우 어렵다. 또한 간호사의 경우도 대규모의 어린이집이 아니면 안전사고와 질병의 발생 빈도가 낮으므로 상주 간호사를 두어서 높은 인건비를 부담하기에는 경제적이지 못하다. 따라서 영유아보육법에서도 간호사의 경우, 영유아 100명 이상을 보육하는 경우에 두도록 하고 있다.

(4) 영양사 및 취사부

어린이집은 아동들이 장시간 머무르는 곳이기 때문에 식사 제공은 필수적이다. 영양사는 아동의 발달단계, 영양 상태를 고려하여 식사와 간식의 양과 종류를 조절하여 식단을 작성하며, 아동으로 하여금 올바른 식습관을 형성하도록 배려하는 역할을 하게 된다. 그러나 현실적으로 볼 때, 영양사도 어린이집에 상주하기 어려우므로 영유아보육법에는 영유아 100명 이상을 보육하는 경우에 1명의 영양사를 두는 것을 원칙으로 하되, 어린이집 단독으로 영양사를 두는 것이 곤란한 때에는 동일 시 · 군 · 구의 5개 이내 어린이집이 공동으로 영양사를 둘 수 있다고 명시하고 있다. 또한 영유아 40명 이상을 보육하는 어린이집의 경우 취사부 1명을 두며, 영유아 80명을 초과할 때마다 1명씩 증원하도록 규정하고 있다.

(5) 특수교사

장애아동 보육교사는 일반 보육교사의 역할 외에 장애아동을 보육하는 부가적인 역할이 요구된다. 먼저 유형별 장애아동의 특성을 이해하고, 독특한 요구를 확인함과 동시에 그 다양한 요구를 충족시킬 수 있는 보육계획안을 수립하고 실시하여야 한다. 또한 성공적인 통합보육이 되기 위해서는 보육프로그램에 여러 가지 기능들이 포함될 수 있도록 하는 일이 무엇보다도 중요하다. 보육교사의 장애아동을 받아들이는 수용적인 태도와 가치관은 통합보육의 첫걸음이라 할 수 있다. 통합보육이 장애아동 뿐만 아니라 모든 일반아동들에게도 보다 나은 보육활동이 될 수 있으며, 교사의 전문적인 역할에 대한 인식이 무엇보다도 필요하다.

(6) 방과후 교사

방과후 교사는 초등학교 아동을 대상으로 정규 학교교육 시간 이외의 시간에 보호하고 지도하는 자이다. 방과후 교사는 무엇보다도 초등학교 아동기의 발달특성과 방과후 지도를 할 수밖에 없는 가정환경적 특성을 이해하여 지도하는 역할이 무엇보다도 중요하다. 특히 학교에서 오랫동안 구조적인 학습에 지친 아동들에게 정서적 휴식과 신체적 기술을 도울 수 있는 능력을 갖추어야 하고, 가정이나 학교에서 소홀히 할 수 있는 건전한 취미활동의 지도와 여가시간을 유익하고 창의적으로 지낼 수 있도록 지도할 수 있는 능력이 요구된다(이옥 · 노성향, 1996). 또한 교육방법이나 내용에 있어서도 사회적, 정서적 발달에 초점을 두고 아동 개개인의 요구에 맞는 비형식적 교육방법이 요구된다(이소희 외, 2002 : 189).

(7) 그 밖의 보육교직원

어린이집의 필요에 따라서 사회복지사, 사무원, 관리인, 취사부, 치료사 등을 둘 수 있다. 또한 아동들의 등·하원을 위한 버스 운전기사도 둘 수 있다. 운전기사는 아동의 안전을 위해 정기적인 안전교육을 받아야 하며, 차량관리와 교통안전 규칙준수에 최선을 다해야 한다.

2. 보육교직원의 자격

보육교직원의 자격을 법적으로 규정하는 것은 보육 대상아동이 처하고 있는 상황과 관련하여 그들이 가지고 있는 사회적 욕구와 문제에 적절히 대응할 수 있는 전문가이어야 하기 때문이다. 물론 여기서 말하는 자격이란 해당직무를 수행하기 위해서 지녀야 할 지식 및 기술과 전문성의 수준을 말한다.

1) 보육교직원의 법적 자격기준

(1) 어린이집 원장의 자격기준

「영유아보육법」 제21조에는 어린이집의 원장 또는 보육교사의 자격기준을 명시하고 있다. 〈표 10-2〉는 영유아보육법 제21조 제1항 및 제3항에 따른 어린이집 원장의 자격기준인데, 이러한 자격기준을 갖춘 자가 어린이집을 설치·운영할 수 있다.

표 10-2 어린이집 원장의 자격기준

구 분	자격기준
일반 기준	① 보육교사 1급 자격을 취득한 후 3년 이상의 보육 등 아동복지업무 경력이 있는 사람

	② 「유아교육법」에 따른 유치원 정교사 1급 자격을 취득한 후 3년 이상의 보육 등 아동복지업무 경력이 있는 사람 ③ 유치원 원장의 자격을 가진 사람 ④ 「초·중등교육법」에 따른 초등학교 정교사 자격을 취득한 후 5년 이상의 보육 등 아동복지업무 경력이 있는 사람 ⑤ 「사회복지사업법」에 따른 사회복지사 1급 자격을 취득한 후 5년 이상의 보육 등 아동복지업무 경력이 있는 사람 ⑥ 「의료법」에 따른 간호사 면허를 취득한 후 7년 이상의 보육 등 아동복지업무 경력이 있는 사람 ⑦ 국가 또는 지방자치단체에서 7급 이상의 공무원으로 보육 등 아동복지업무에 5년 이상 근무한 경력이 있는 사람
가정 어린이집	① 일반기준에서 정한 자격을 갖춘 사람 ② 보육교사 1급 이상의 자격을 취득한 후 1년 이상의 보육업무 경력이 있는 사람
영아전담 어린이집	만 3세 미만의 영아만을 20명 이상 보육하는 어린이집 ① 일반기준에서 정한 자격을 갖춘 사람 ② 간호사 면허를 취득한 후 5년 이상의 아동간호업무 경력이 있는 사람
장애아 전담 어린이집	「장애인복지법」 제32조에 따라 장애인으로 등록된 영유아만을 20명 이상 보육하는 어린이집 - 일반기준에서 정한 자격을 갖춘 사람으로서 다음 각 호의 어느 하나에 해당하는 사람 ① 대학(전문대학을 포함한다)에서 장애인복지 및 재활관련학과를 전공한 사람 ② 장애아어린이집에서 2년 이상의 보육업무 경력이 있는 사람
기타	「고등교육법」에 따른 대학(전문대학을 포함한다) 또는 법 제21조 제2항 제2호에 다른 교육훈련시설이 운영(위탁 또는 부설 운영을 말한다)하는 어린이집 - 어린이집을 운영하는 대학의 전임강사 또는 교육훈련시설의 전임교수 이상으로 보육관련 교과목에 대하여 3년 이상의 교육경력이 있는 사람

* 출처 : 영유아보육법시행령 제21조 관련 별표 1.

어린이집 원장 자격기준에서 '보육 등 아동복지 업무 경력', '보육업무 경력', '아동간호 업무 경력'이라 함은 〈표 10-3〉의 어느 하나에 해당하는 경력을 말한다.

표 10-3 어린이집 원장 자격기준에 해당하는 경력 내용

구 분	해당하는 경력
보육 등 아동복지업무 경력	가. 어린이집에서 어린이집의 원장, 보육교사, 특수교사 「초·중등교육법」 제21조 제2항에 따라 특수학교의 정교사, 준교사 또는 실기교사(담당과목이 재활복지과목인 경우만 해당한다)의 자격증을 가진 사람과 이에 준하는 사람으로 보건복지부장관이 인정하는 사람을 말한다. 이하 같다) 또는 치료사로 근무하거나 보육정보센터에서 보육정보센터의 장, 보육전문요원 또는 특수교사로 근무한 경력 나. 「유아교육법」에 따른 유치원에서 원장, 원감, 수석교사 또는 교사로 근무한 경력 다. 「아동복지법」에 따른 아동복지시설에서 시설장, 총무, 보육사, 생활복지사, 상담지도원 또는 자립지원전담요원으로 근무한 경력 라. 「장애인복지법」에 따른 장애 영유아 생활시설에서 장애아동과 관련된 업무에 종사한 경력 마. 「유아교육법」 및 「초·중등교육법」에 따른 특수학교(유치원 과정)에서 특수학교 교원으로 근무한 경력 바. 법률 제7120호 유아교육법 제정으로 폐지되기 전 「유아교육진흥법」에 따른 새마을유아원에서 근무한 경력 사. 위의 가목부터 바목까지의 아동복지업무를 수행하는 시설 등에서 간호사로 근무한 경력 아. 국가 또는 지방자치단체에서 7급 이상의 공무원으로 보육 등 아동복지에 관한 행정 업무에 근무한 경력
보육업무 경력	가. 어린이집에서 어린이집의 원장, 보육교사, 특수교사 또는 치료사로 근무하거나 보육정보센터에서 보육정보센터의 장, 보육전문요원 또는 특수교사로 근무한 경력 나. 「유아교육법」에 따른 종일제 유치원에서 원장, 원감, 수석교사 또는 교사로 근무한 경력
아동간호업무 경력	병원 소아청소년과나 신생아실, 보건소 모자보건센터, 초등학교 보건실 등에서 근무한 경력

* 출처 : 영유아보육법시행령 제21조 관련 별표 1.

(2) 보육교사의 자격기준

보육교사의 자격기준은 〈표 10-4〉와 같다. 보육관련 대학원이라 함은 ① 학과(전공) 및 학위명에 '보육, (영)유아, 아동'의 단어가 포함된 대학원, ② ①의 경우가 해당되지 않을 경우 보육관련 교과목 이수기준으로 인정(보육관련 교과목 최소 4과목

이상 12학점 이상 이수 여부를 확인하여 인정)한다.

표 10-4 어린이집교사 등급별 자격기준

등 급	자격기준
보육교사 1급	1. 보육교사 2급 자격을 취득한 이후 3년 이상의 보육업무 경력이 있는 사람으로서 보건복지부장관이 정하는 승급교육을 받은 사람 2. 보육교사 2급 자격을 취득한 후 보육관련 대학원에서 석사학위를 취득한 자로서 1년 이상의 보육업무 경력이 있는 사람으로서 보건복지부장관이 정하는 승급교육을 받은 사람
보육교사 2급	1. 전문대학 또는 이와 같은 수준 이상의 학교에서 보건복지부령으로 정하는 보육 관련 교과목 및 학점을 이수하고 졸업한 사람 2. 보육교사 3급 자격을 취득한 후 2년 이상의 보육업무 경력이 있는 사람으로서 보건복지부장관이 정하는 승급교육을 받은 사람
보육교사 3급	고등학교 또는 이와 동등 이상의 학교를 졸업한 사람으로서 보건복지부령으로 정하는 교육훈련시설에서 정해진 교육과정을 수료한 사람

* 출처 : 영유아보육법시행령 제21조 관련 별표 1.

2) 보육교직원의 자격관리

(1) 자격 검정 및 자격증 발급기관

어린이집의 원장 및 보육교사의 자격 검정과 자격증 발급에 관한 업무는 한국보육진흥원에서 수행한다. 보육교사 자격증의 교부 등에 관한 규정은 영유아보육법 제22조에 보건복지부장관은 보육교사의 자격을 검정하고 자격증을 교부하도록 명시하고 있으며, 이 규정에 따른 자격의 검정 및 자격증의 교부 등에 관한 필요사항은 보건복지부령으로 정하도록 하고 있다.

(2) 자격증 발급신청 및 교부절차

자격증 발급신청은 인터넷 신청을 통해 신청구비 서류와 함께 자격증 신청을 하면 「한국보육진흥원 보육인력개발국」에서 해당 자격기준에 의거하여 자격인정 여부를 평가하고 해당 자격증을 발급한다.

보육교사 자격증 발급 및 교부의 방법은 [그림 10-1]과 같다.

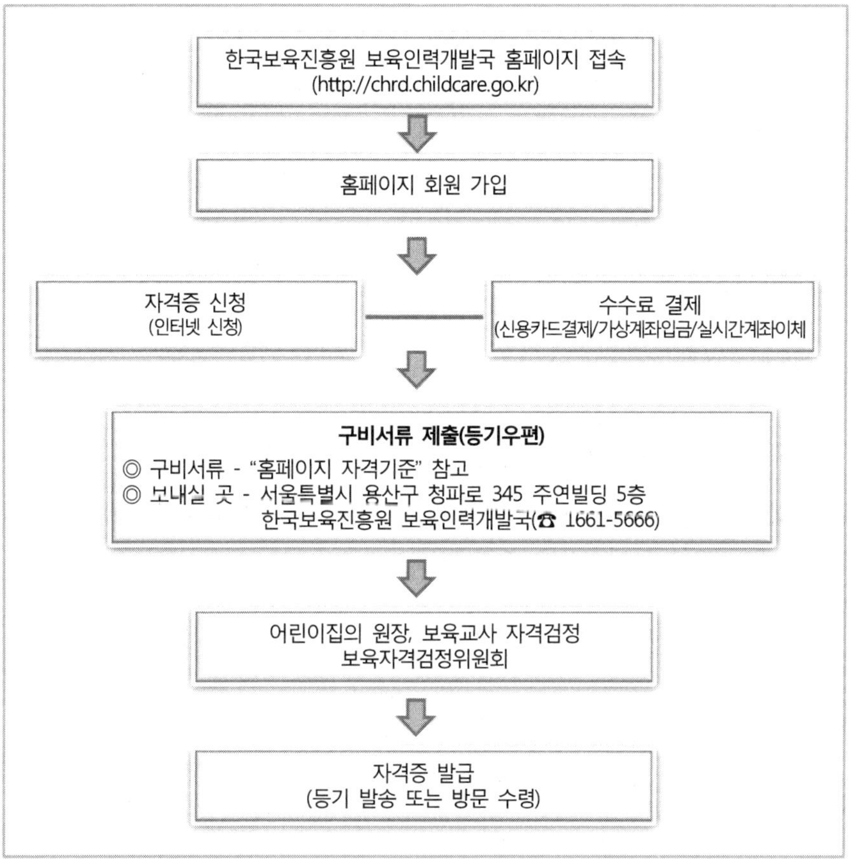

* 출처: http : www.ctcm.or.kr

[그림 10-1] **보육교사 자격증 발급신청 및 교부절차**

자격 검정 및 자격증 발급기관

〈한국보육진흥원 보육인력개발국〉

- http://chrd.childcare.go.kr ☎ 1661-5666
- 서울특별시 용산구 청파로 345 주연빌딩 5층

3) 특수교사 및 치료사의 자격기준

어린이집에서 장애아를 보육할 경우 장애아 9인당 1인의 특수교사를 배치하여야 하고 추가로 치료사를 배치할 수 있다. 보육교직원 임면권자가 특수교사 또는 치료사를 채용하는 경우에는 자격기준을 갖춘 자를 채용하여야 하고, 보육교직원 임면보고를 받은 시 · 군 · 구청장은 자격의 적격성 여부를 확인하여야 한다. 특수교사 및 치료사의 자격은 원장 또는 보육교사 자격과 달리 국가자격증을 발급하지 않으므로, 어린이집 및 시 · 군 · 구청에서 자격의 적격성 여부를 확인하여 무자격자가 채용되는 사례가 없도록 하여야 한다(보건복지부, 2016 : 142-149).

(1) 특수교사의 자격기준

특수교사의 자격이 인정되는 범위는 다음과 같다.

① 초중등교육법 제21조제2항에 의한 교사자격기준 중 특수학교 정교사 1급 및 2급, 준교사 자격증을 취득한 자

※ 특수교육법 제 19조에 의해 의무교육이 가능한 특수학교 유치원교사는 초중등교육법 제21조제2항에 의한 교사자격기준 중 유치원 특수학교 정교사 1급 및 2급을 의미함

> ※ 특수교육법 제19조에 의해 의무교육을 받고 있는 것으로 보는 어린이집의 요건 (동법 시행령 제15조)
>
> • 영유아보육법 제 30조 제1항에 따른 평가인증을 받은 어린이집
> • 장애아 3명마다 보육교사 1명을 배치한 어린이집(보육교사가 3명 이상인 경우에는 보육교사 3명중 1명은 초 · 중등교육법 제 21조 제2항에 따른 특수학교 유치원교사 자격증을 소지한 교사여야 함)

② 초중등교육법 제21조 제2항에 의한 교사자격기준 중 치료교육 과목의 특수학교 실기교사 자격증을 취득한 자(2007.10.26. 이전에는 실기교사 자격증 표시과목이 치료교육, 2007.10.26. 이후에는 실기교사 자격증 표시과목이 재활복지인 경우에 한함)

③ 대학(전문대학 및 대학원을 포함한다)에서 특수교육 또는 재활관련학과를 전공하고 졸업한 자

- 특수교육 또는 재활관련학과를 전공하고 졸업한 자란 「장애아동복지지원법」 시행규칙에 따른 기본교과목 및 학점을 이수하고 졸업한 자를 말함
- 교과목과 명칭이 다르더라도 「장애아동복지지원법」 시행규칙에 따른 유사

교과목을 이수한 경우에도 기본 교과목을 이수한 것으로 인정

※ 기본교과목 및 유사교과목은 장애아동복지지원법 시행규칙 [별표 3] 특수교육 또는 재활관련 교과목 및 학점 참고)

※ 유사교과목 외에 교과목 내용이 유사하면 유사교과목으로 인정할 수 있으나, 유사교과목확인서 〈서식 Ⅲ-2〉를 통하여 확인

자격의 적격성 판단 기준은 다음과 같다.

① 특수학교 정교사, 준교사, 치료교육 과목의 특수학교 실기교사에 대해서는 교육부장관이 발급하는 자격증을 소지한 경우에 자격의 적격성을 인정한다.

② 대학에서(전문대학 및 대학원 포함) 특수교육 또는 재활관련학과를 전공하고 졸업한 자에 대해서는 자격증빙서류를 제출받아 관련 교과목 이수 여부를 확인하고 자격의 적격성을 인정한다.

※ 위 자격 기준에 해당하는 경우 어린이집에서 특수교사 및 장애아전담보육교사로 근무 가능하나, 2016년 3월 1일부터는 순차적으로 취학하지 아니한 만 5세 장애영유아부터 장애아동복지지원법령에 따른 자격기준(특수학교 정교사 2급 이상의 자격(유치원 과정))을 충족한 경우 특수교사로 근무할 수 있음

※ 자격증빙서류

- 신규채용자 : 졸업증명서(공통), 성적증명서(공통), 유사교과목 확인서(해당자에 한함), 장애영유아를 위한 보육교사 확인서(해당자에 한함)
- 특수교사로 근무한 경력자 : 경력증명서

참고 **장애아동복지지원법 시행규칙**(별표 3, 특수교육 또는 재활관련 교과목 및 학점(제12조 관련))

2012년 8월 5일 이후에 편입하거나 입학한 사람

가. 특수교육 및 재활 관련 기본 교과목 및 학점

기본 교과목	특수교육학개론, (특수아)통합교육, 개별화 교육계획, 언어치료학개론, 장애영유아교수방법론, 특수아(장애아)부모교육론, 특수아 행동지도, 정신지체아교육, 청각장애아교육, 정서장애아교육, 학습장애아교육, 지체부자유아교육, 언어발달장애, 자폐장애교육, 특수아 상담 및 가족지원, 특수교육 측정 및 평가, 시각장애아교육, 장애아동보육론, 감각장애아교육, 특수교구교재제작, 장애아보육실습, 장애아보육교사론, 발달지체영유아 조기 개입
학점	8과목(24학점) 이상

나. 유사 교과목 인정 기준: 가목의 기본 교과목 명칭과 동일하지 아니한 교과목이더라도 다음의 유사 교과목에 해당하는 경우에는 그에 해당하는 기본 교과목을 이수한 것으로 본다.

기본 교과목	유사 교과목
특수교육학개론	재활 및 특수교육, 유아특수교육개론, 특수아동교육, 특수교육개론, 특수교육학, 유아특수교육학,

기본 교과목	유사 교과목
	특수아동지도
(특수아)통합교육	장애영유아통합교육, 통합교육, 특수아 통합 및 보육 세미나
개별화 교육계획	개별화교육프로그램
언어치료학개론	언어지도 및 치료, 언어치료학, 언어치료 및 실습, 언어장애아교육
장애영유아 교수방법론	장애영유아 교수법, 장애아동 보육론, 특수아동지도, 특수아동 프로그램 개발 및 평가, 특수교육공학
특수아 행동지도	아동관찰 및 행동연구, 행동수정, 학습이론과 행동수정, 장애아문제행동지도
정신지체아교육	정신지체교육, 정신지체아교수방법 및 실습, 정신지체인 교육과 재활, 정신지체아심리 및 교육
청각장애아교육	언어청각장애아교육, 청각장애, 청각장애인교육과 재활, 청각장애교육, 청각장애아심리 및 교육
정서장애아교육	정서장애교육, 정서 및 행동장애아 교육, 정서학습장애아교육, 정서 및 사회부적응아 교육, 정서행동장애인 교육과 재활, 정서 및 행동장애아 심리 및 교육
학습장애아교육	정서학습장애아교육, 학습장애인 교육과 재활, 학습장애아 심리 및 교육, 경도장애아 교육
지체부자유아교육	지체아동교육, 지체부자유교육, 지체장애인 교육과 재활, 지체부자유아 심리 및 교육
언어발달장애	언어청각장애아교육, 언어지도 및 치료, 의사소통장애개론, 언어장애아교육
자폐장애교육	자폐스펙트럼장애 교육
특수아 상담 및 가족지원	재활상담, 장애가족상담, 특수아 상담, 가족상담
특수교육 측정 및 평가	장애 유아 진단평가, 장애진단 및 평가, 장애아 심리 및 검사, 장애진단과 평가, 특수아(장애아) 진단 및 평가
시각장애아교육	시각장애인교육과 재활
장애아동보육론	장애아 보육과정 운영
감각장애아교육	감각장애아동교육
특수교구교재제작	특수교구 및 교재개발
장애아보육실습	장애아 전문 어린이집 혹은 장애아 통합 어린이집 실습

* 교과목의 명칭이 제1호 및 제2호의 교과목 명칭과 동일하지 아니한 교과목이더라도 보건복지부장관이 인정하는 법인 또는 단체가 교과목 내용이 동일한지를 심사하여 제1호 및 제2호에 따른 교과목과 동일하다고 인정하는 경우에는 그 교과목을 제1호 및 제2호에 따른 교과목으로 본다.

* 보건복지부장관은 특수교육 또는 재활 관련 교과목 및 학점 충족 여부의 확인 등에 필요한 사항을 정하여 고시한다.

(2) 치료사의 자격기준

치료사의 자격으로 인정이 되는 범위는 다음과 같다.

① 국가에서 발급한 치료사 자격증 소지자(물리치료사, 작업치료사, 임상심리사 등)

② 자격기본법에서 정한 절차에 따라 국가가 공인한 치료관련 민간자격을 소지한 자

③ 한국학술진흥재단에 등재(후보)된 학술지를 발간하는 학회에서 소정의 절차를 거쳐 발급하는 치료사 자격증 소지자[언어치료(교육)사, 행동치료사, 미술치료사 등에 한함]

※ 한국학술진흥재단에 등재된 학회명 : 한국언어청각임상학회, 한국언어치료학회, 한국정서·행동장애아교육학회, 한국미술치료학회, 대한작업치료학회, 한국전문물리치료학회, 한국아동심리재활학회 등

④ 한국언어치료전문가협회에서 발급하는 언어치료사 자격증 소지자
한국언어치료전무가협회는 한국언어청각임상학회 및 한국언어치료학회에서 발급하던 자격증을 통합하여 발급하는 기관이므로 인정

3. 보육교직원의 교육과정

보육사업을 원활하게 추진하기 위해서는 필요한 전문인을 양성하여 충원하고, 현직 보육교직원에게는 사회 변천에 따라 요구되는 새로운 전문 지식과 기술을 터득시켜 자질 향상을 꾀할 수 있는 교육 훈련이 필요하다. 이러한 취지에서 영유아보육법에는 보육교직원의 양성과 자질 향상을 위한 교육을 실시해야 한다고 규정하고 있다.

어린이집의 원장과 보육교사에 대한 교육과정은 양성 교육과정과 보수 교육과정으로 나누어진다. 양성 교육과정은 자격 취득에 필요한 교육을 실시하여 원장이나 보육교사로서의 바람직한 자질과 역량을 갖추도록 하며 어린이집의 관리·운영이나 아동의 건전한 보육을 위하여 필요한 기초이론이나 실무를 익히도록 하고, 보수 교육과정은 기존 보육교직원의 자격 및 자질 향상을 위한 승급교육과 직무교

육으로 구분한다(보건복지부, 2016. 보육사업안내).

1) 보육교사 자격취득을 위한 교육과정

(1) 보육교사 자격취득을 위한 보육관련 교과목 및 학점 기준

영유아보육법 시행규칙 제12조 제1항 [별표 4]('14. 3. 1. 시행)의 규정에 의해 보육관련 교과목 중 총 17과목 51학점 이상 이수하고 졸업하는 경우 보육교사 2급 자격증 취득이 가능하다(※ 학위를 수여한 기관에서 인정한 교과목으로, 성적증명서에 기재된 교과목과 학점을 의미함).

영 역	교 과 목	이수과목(학점)
보육필수	아동복지(론), 보육학개론, 영아발달, 유아발달, 보육과정, 보육교사론	6과목(18학점) 필수
발달 및 지도	인간행동과 사회환경, 아동관찰 및 행동연구, 아동생활지도, 아동상담(론), 특수아동이해, 장애아지도	1과목(3학점) 이상 선택
영유아교육	놀이지도, 언어지도, 아동문학, 아동음악, 아동동작, 아동미술, 아동수학지도, 아동과학지도, 영유아프로그램 개발과 평가, 영유아교수방법(론)	6과목(18학점) 이상 선택
건강·영양 및 안전	아동건강교육, 아동간호학, 아동안전관리, 아동영양학, 정신건강(론)	2과목(6학점) 이상 선택
가족 및 지역사회 협력 등	부모교육(론), 가족복지(론), 가족관계(론), 지역사회복지(론), 보육정책(론), 어린이집 운영과 관리	1과목(3학점) 이상 선택
보육실습	보육실습	1과목(3학점) 필수
전 체	17과목(51학점) 이상	

※ 각 과목은 3학점을 기준으로 하며 최소 2학점 이상이어야 함

※ 상기 교과목 이외에 교과목 명칭이 동일하지 아니하더라도 교과 내용이 동일하다고 인정받고자 하는 경우, 동일교과목 심의를 보육교직원 자격검정위원회로 요청하여 동일과목으로 인정받아야 하며, 심의절차는 자격검정위원회 운영규정에 따름. 단, 심의결과는 당해 대학에만 인정되고, 타 대학은 미적용(당해 사건에 개별적 효력만 인정)

다만 영유아보육법 시행규칙 부칙 〈보건복지부령 제92호〉 제3조(보육 관련 교과목 및 학점에 관한 경과조치)에 따라 다음에 해당하는 사람이 이수해야 할 보육 관련 교과목 및 학점은 종전의 규정(12과목 35학점)에 따른다.

- 법 제21조제2항제1호에 해당하는 사람으로서 2014년 1월 1일 전에 입학한 사람
- 법 제21조제2항제1호의2에 해당하는 사람으로서 2014년 3월 1일 전에 학위를 취득한 사람

※ 영유아보육법(2014.3.1. 시행)에 따른 보육 관련 교과목의 유사교과목 인정범위, 편(재)입학생의 보육 관련 교과목 및 학점 이수 기준은 보육인력국가자격증 홈페이지 참조(http://chrd.childcare.go.kr, ☎ 1661-5666)

(2) 보육실습 기준

1 보육실습 교과목 및 학점 기준

보육실습은 '보육실습'이라는 교과목으로 이수하는 것이 원칙이다. 따라서 성적증명서를 통하여 교과목 확인이 가능하여야 한다. 다만, 교과목 명칭이 다르더라도 다음의 유사교과목을 이수한 경우로서 실습기관과 실습기간의 조건을 만족하는 경우에는 보육실습 교과목을 이수한 것으로 인정한다(※ 유사교과목 인정 범위 : 보육현장실습, 교육실습, 학교현장실습)

보육실습 교과목은 반드시 3학점 이상으로 이수하여야 하고, 평가점수가 80점 이상(B학점)인 경우에만 실습을 이수한 것으로 인정하므로, 80점 (B학점) 이상의 성적을 취득하여야 한다.

2 보육실습 실시 기준

보육교사 자격증 취득을 위해서는 보육실습 교과목을 이수하고 어린이집, 「유아교육법」에 따른 교육과정과 방과후 과정을 운영하는 유치원에서 보육실습을 실시하여야 하며, 실습 실시 기준은 다음과 같음

① 실습기관

정원 15인 이상인 어린이집 또는 교육과정과 방과후 과정을 운영하는 유치원(교육청에 방과후 과정 운영 유치원으로 등록되어야 함)에서 실시

② 실습기간

4주, 160시간을 원칙으로 하되, 야간대학 등의 경우에는 실습을 2회에 나누어 실시할 수 있다. 다만, 2009년 2월까지의 보육실습 이수자에 한해 4주 160시간의 실습기간에 대한 해석 기준 중 연속 실습, 1일 실습시간에 대한 예외를 인정할 수 있다.

③ 실습 인정시간

연속하여(월요일~금요일) 평일 오전 9시부터 오후 7시 사이에 한 경우에만 인정하며 그 외의 시간에 한 실습은 인정하지 아니한다(※ 2013.3.1 이후 보육실습을 이수하는 경우 반드시 실습 인정시간 준수).

④ 실습시기

실습은 보육실습 교과목이 개설된 학기(직전후 방학 포함)에 실시한다. 다만, 2009년 2월까지의 보육실습 이수자에 한해 실습시기(보육실습 교과목이 개설된 학기에 실시)에 대한 예외를 인정할 수 있다.

⑤ 실습 지도교사

실습 지도교사는 실습지도 이전에 보육교사 1급 또는 유치원 정교사 1급 자격증을 소지한 사람이어야 한다. 실습 지도교사 1명당 보육실습생 3명 이내로 지도하여야 한다(※ 2013.3.1 이후 보육실습을 이수하는 경우 반드시 실습 지도교사 기준 준수).

⑥ 보육실습확인서

보육교사 자격증을 발급받고자 하는 사람은 보육교사 자격증 발급 신청 시 보육실습 내용의 적절성을 증명하는 〈서식 Ⅲ-3〉의 보육실습확인서를 제출한다.

⑦ 실습관리 시스템을 통한 보육실습 관리

2013. 3. 1.이후 어린이집에서 보육실습을 이수하는 경우, 어린이집지원시스템에 보육실습 내용을 등록 · 제출하여야 한다.

어린이집지원시스템을 통한 보육실습 내용 등록·제출방법

① 보육실습 내용 등록방법 : 어린이집지원시스템 → [교육관리] → [보육실습생관리] → [등록]에서 보육실습생 정보와 실습지도교사 정보를 입력 → [저장]하여 등록 완료
② 보육실습 내용 제출방법 : 어린이집지원시스템 → [교육관리] → [보육실습생관리] → 대상자 조회 후 [선택] → [제출](메세지 창 확인) → [확인]하여 제출 완료
※ 주의 : 야간대학, 한국방송통신대학, 원격대학에서 2회로 나누어서 실습한 경우에는 보육실습생 등록 및 제출을 각각 해야 함. 제출된 내용은 자격취득을 위한 정보로 전송되므로 제출 이후에는 수정 불가

2) 보육교사 자격강화를 위한 취득 교과목 변경

보육교사의 질적 수준 제고를 위해 2016년 영유아보육법 시행규칙이 개정되었다. 보육교사 자격증을 취득하기 위해서 대면교육이 강화되고 보육실습이 확대되었다. 이는 보육교사의 인성과 자질을 향상시켜 전문성을 높이고 보육서비스의 질적 수준향상을 위해 보육교사 자격기준을 변경(영유아보육법 시행규칙 개정(2016. 1. 12. 공포, 보건복지부령 제392호)한 것이다.

(1) 교육영역별 교과목 및 학점

구 분		교과목	이수과목(학점)
교사 인성 영역	필수 교과목	보육교사(인성)론, 아동권리와 복지	2과목(6학점)
보육 지식과 기술 영역	필수 교과목	보육학개론, 보육과정, 영유아발달, 영유아교수방법론, 놀이지도, 언어지도, 아동음악(또는 아동동작, 아동미술), 아동수학지도(또는 아동과학지도), 아동안전관리(또는 아동생활지도)	9과목(27학점)
	선택 교과목	아동건강교육, 영유아 사회정서지도, 아동문학교육, 아동상담론, 장애아 지도, 특수아동 이해, 어린이집 운영관리, 영유아 보육프로그램 개발과 평가, 보육정책론, 정신건강론, 인간행동과 사회환경, 아동간호학, 아동영양학, 부모교육론, 가족복지론, 가족관계론, 지역사회복지론	4과목(12학점) 이상
보육실무 영역	필수 교과목	아동관찰 및 행동연구, 보육실습	2과목(6학점)
전체		17과목 51학점 이상	

(2) 대면 교과목

구 분	교과목
인성 영역	보육교사(인성)론, 아동권리와 복지
보육 지식과 기술 영역	놀이지도, 언어지도, 아동음악(또는 아동동작, 아동미술), 아동수학지도(또는 아동과학지도), 아동안전관리(또는 아동생활지도)
보육 실무 영역	아동관찰 및 행동연구, 보육실습

※ 교육영역별 대면교과목 실시방법 : 과목당 8시간 이상 출석 수업, 1회 이상 출석 시험 실시

(3) 보육실습 기준

구 분	기 준
실습 운영	이론수업과 보육 현장실습으로 운영
실습 기간	6주 240시간(2회에 나누어 실시 가능)
실습 기관	- 정원 15명 이상으로 평가인증을 유지하는 어린이집 - 방과후 과정을 운영하는 유치원
실습 지도교사	- 보육교사 1급 또는 유치원 정교사 1급 - 실습 지도교사 1명당 보육실습 3명 이내 지도
실습 인정시간	- 평일(월요일~금요일) 오전 9시 ~ 오후 7시 - 실습시간은 하루에 8시간을 초과할 수 없음
실습의 평가	- 보육실습일지와 실습평가서 작성 - 평가점수 80점 이상

3) 보육교직원의 보수교육

(1) 보수교육의 정의

보수교육은 보육교직원의 자질 향상을 위해 실시하는 교육으로써, 보육에 필요한 지식과 능력을 유지하고 개발하기 위하여 보육교직원이 정기적으로 받는 직무교육과 보육교사가 상위 등급의 자격(3급→2급, 2급→1급)을 취득하기 위해 받아야

하는 승급교육 및 어린이집 원장의 자격을 갖추기 위하여 받아야 하는 사전직무교육을 말한다. 보수교육의 근거는 영유아보육법 제23조, 제23조의2, 시행규칙 제11조의2, 제20조, 제39조의4에 규정되어 있다.

현재 어린이집에 종사하고 있는 보육교직원에 대한 연수를 의미한다. 연수를 실시하는 이유는 사회의 변천에 따라 보육대상 아동의 성격도 변하고 보육 욕구나 요구가 다양하게 표출되어 그에 대응하는 대책이 필요하기 때문이다. 또한 보육관련 이론도 수정되고, 보다 개선된 프로그램도 개발될 수도 있으므로 새로운 지식과 기술을 습득하기 위해 필요하다. 동시에 이러한 연수를 통해서 자신이 위치를 되돌아볼 수 있는 기회가 되고, 맡은 바 직무를 보다 의욕적으로 수행할 수 있는 계기를 제공하게 된다.

(2) 보수교육의 종류

보수교육은 원장 보수교육과 보육교사 등의 보수교육으로 구분한다. 원장 및 보수교육 일반직무교육에서 기본 및 심화교육과정은 보육업무경력 등을 감안하여 교육대상자가 선택하여 이수할 수 있다.

표 10-5 어린이집 원장의 보수교육

직무교육					사전직무교육
일반직무교육		특별직무교육			어린이집 원장 사전직무교육
기본교육	심화교육	영아보육 직무교육	장애아보육 직무교육	방과후보육 직무교육	

표 10-6 보육교사 등의 보수교육

직무교육					승급교육	
일반직무교육		특별직무교육			2급 보육교사 승급교육	1급 보육교사 승급교육
기본교육	심화교육	영아보육 직무교육	장애아보육 직무교육	방과후보육 직무교육		

(3) 보수교육 대상자의 일반원칙

보수교육은 현직 보육교직원을 대상으로 실시하므로 어린이집 원장, 보육교사 등의 자격을 소지한 자라도 교육 개시 당시 어린이집에 근무하지 않는 자는 보수교육을 받을 수 없다(어린이집 원장 사전직무교육은 어린이집에 근무하지 않는 경우라도 신청 및 이수 가능함). 다만, 현직 교직원 외에 교육비 전액 자비 부담을 전제로 보수교육을 받을 수 있다. 보수교육 대상자 선정 기준으로 '보육업무 경력'은 영유아보육법시행령 별표 1의 비고 2."보육업무경력" 참고한다.

※ 「남녀고용평등과 일 · 가정 양립 지원에 관한 법률」에 따른 육아휴직 기간, 「근로기준법」 및 「산업재해보상보험법」에 따른 업무상 재해로 인한 병가기간(1개월 이상)은 보육업무 경력에서 제외

※ 주당 30시간 미만 근무하는 보육교사로 합산한 근로시간이 8시간인 경우 1일, 209시간인 경우 1개월의 경력으로 인정

(4) 직무교육

① 일반직무교육

현직 보육교사는 보육업무경력이 만 2년이 지난 사람 또는 보육교사 직무교육(승급교육 포함)을 받은 해부터 만 2년이 경과한 해에 보육교사 직무교육을 받아야 한다. 현직 어린이집 원장은 어린이집 원장의 직무를 담당한 때부터 만 2년이 지난 경우 또는 어린이집 원장 직무교육(원장 사전직무교육 포함)을 받은 해부터 2년이 경과한 해에 어린이집 원장 직무교육을 받아야한다. 어린이집 원장 및 보육교사가 일반직무교육을 받아야 하는 연도에 일반직무교육을 받지 못한 경우에는 다음 연도 12월31일까지 받아야 하며, 특별직무교육을 받은 경우 일반직무교육을 받은 것으로 인정한다.

② 특별직무교육

영아 · 장애아 · 방과후 보육을 담당하고자 하는 보육교사 및 어린이집 원장은 영아 · 장애아 · 방과후 보육 직무교육을 받을 수 있다. 영아 · 장애아 · 방과후 보육을 담당하고 있는 일반직무교육대상자는 영아 · 장애아 · 방과후 직무교육을 받을 수 있다. 영아 · 장애아 · 방과후 담당 보육교사로 근무하고자 하는 자는 사전에

특별직무교육을 받아야 하는 것이 원칙이나, 불가피하게 받지 못한 경우에는 채용 후 6개월 이내에 받아야 한다.

③ 승급교육

보육교사 3급 자격을 취득한 후 보육업무 경력이 만 1년 이상 경과한 자는 2급 승급교육을 받을 수 있다. 보육교사 2급 자격을 취득한 후 보육업무 경력이 만 2년 이상 경과한 자는 1급 보육교사 승급교육을 받을 수 있다. 다만, 보육교사 2급 자격을 취득한 후 보육관련 대학원에서 석사 학위 이상을 취득한 자는 보육업무경력이 만 6개월 이상 경과한 경우 1급 승급교육을 받을 수 있다(※ 승급을 위한 보육교사 경력은 자격증 상의 자격인정시점을 기준으로 산정). 승급교육을 받은 사람은 일반직무교육을 이수한 것으로 본다.

④ 어린이집 원장 사전직무교육

영유아보육법 시행령 [별표1] 제1호의 가목부터 라목(일반, 가정, 영아전담, 장애아전문 어린이집 원장)까지 어느 하나의 자격을 취득하고자 하는 자는 어린이집 원장 사전직무교육을 받아야 한다.

※ '14. 3. 1. 이후 원장 자격증 신청자는 사전직무교육 이수가 원칙(단, 영유아보육법 부칙〈법률 제7153호, 2004. 1. 29〉에 따라 자격이 인정되는 자는 예외)

※ 1회 사전직무교육을 이수한 경우, 시행령 [별표1] 제1호의 타 원장 자격 취득을 위한 사전직무교육 중복이수 불필요

표 10-7 교육구분별 보수교육 대상자

교육구분			교 육 대 상	교육시간	비 고
직무교육	일반직무교육	보육교사	현직에 종사하고 있는 보육교사로서 보육업무 경력이 만 2년을 경과한 자와 보육교사 직무교육(승급교육 포함)받은 해부터 만 2년이 경과한 자	40시간	매 3년마다
		원장	어린이집의 원장의 직무를 담당한 때부터 만 2년이 지난 경우	40시간	매 3년마다
	특별직무교육	영아보육	영아보육을 담당하고 있는 일반직무교육 대상자와 영아보육을 담당하고자 하는 보육교사 및 어린이집 원장	40시간	이수하고자 하는 자

<table>
<tr><th colspan="3">교육구분</th><th>교 육 대 상</th><th>교육시간</th><th>비 고</th></tr>
<tr><td rowspan="2"></td><td rowspan="2"></td><td>장애아 보육</td><td>장애아보육을 담당하고 있는 일반직무교육 대상자와 장애아보육을 담당하고자 하는 보육교사 및 어린이집 원장</td><td>40시간</td><td>이수하고자 하는 자</td></tr>
<tr><td>방과후 보육</td><td>방과후보육을 담당하고 있는 일반직무교육 대상자와 방과후 보육을 담당하고자 하는 보육교사 및 어린이집 원장</td><td>40시간</td><td>이수하고자 하는 자</td></tr>
<tr><td rowspan="2">승급 교육</td><td colspan="2">2급 승급 교육</td><td>보육교사 3급의 자격을 취득한 후 보육업무 경력이 만 1년이 경과한 자</td><td>80시간</td><td>이수하고자 하는 자</td></tr>
<tr><td colspan="2">1급 승급 교육</td><td>보육교사 2급의 자격을 취득한 후 보육업무 경력이 만 2년이 경과한 자 및 보육교사 2급의 자격을 취득한 후 보육 관련 대학원에서 석사 학위를 취득한 경우 보육업무 경력이 만 6개월이 경과한 자</td><td>80시간</td><td>이수하고자 하는 자</td></tr>
<tr><td>원장 사전 직무 교육</td><td colspan="2">-</td><td>영유아보육법 시행령 [별표1] 제1호의 가목부터 라목 (일반, 가정, 영아전담, 장애아전담 어린이집 원장)까지 어느 하나의 자격을 취득하고자 하는 자</td><td>80시간</td><td>이수하고자 하는 자</td></tr>
</table>

※ 어린이집에서 특수교사나 치료사로 근무하는 자도 일반 · 특별직무교육대상으로서 보수교육을 이수하여야 한다(일반직무교육이나 특별직무교육 중 선택적으로 이수할 수 있음).

※ 보수교육을 연속하여 3회 이상 받지 아니하는 경우 어린이집 원장 또는 보육교사 자격이 정지 될 수 있으므로 보수교육 대상자는 필히 보수교육을 이수하여야 한다.

예) 2014년에 직무교육을 이수한 어린이집 원장 및 보육교사의 경우 만 2년이 경과한 2016년에 직무교육을 이수하여야 하며 그해에 교육을 받지 못한 경우, 다음 해인 2017년 12월까지 받아야 함. 2017년에도 받지 않았다면 1회 위반, 2018년에도 받지 않았다면 2회 위반, 2019년도에도 받지 않았다면 3회 위반에 해당함.

【TIP】

외국의 어린이집교사 자격제도

우리나라

구 분	보육교사		유치원교사	
자 격	보건복지부장관 검정 · 수여		교육부장관 검정 · 수여	
근거법령	영유아보육법(제21조)		유아교육법(제22조)	
자격 요건	1급	· 2급+3년 경력+승급교육	정교사 1급	· 2급+3년 경력+재교육
	2급	· 전문대학 이상 학점이수 · 졸업 · 3급+2년 경력+승급교육	정교사 2급	· 대학의 유아교육과 졸업 · 준교사+2년 경력+재교육
	3급	· 교육훈련시설 수료	정교사 3급	· 준교사 자격검정 합격

스웨덴

교사 유형	자 격 기 준
보육교사	· 고등학교에서 3년간 아동과 레크리에이션 프로그램 이수(실습 15주 포함) · 성인교육기관에서 1년간 보조 교사과정 이수
보육교사	· 2년 6개월(140주) 대학교육 이수(실습 12주 포함)

프랑스

교사 유형	자 격 기 준	자격 인정 방법
육아전문가	3년의 육아전문가 학교 졸업	간호학, 사회복지사 자격을 갖추고 양육전문가학교 1년 졸업
준 육아전문가	1년의 교육과정 이수 및 졸업	6개 이론 과목 수업 및 실습과정 이수
보육보조(유아)교사	2년 3개월의 특수전문학교 졸업	7개 단위의 이론과목 및 9개월의 실습과정 이수

일본

구 분	어린이집교사	유치원교사
자 격	보육사 자격	유치원교사 보통 면허장
근거법령	아동복지법	교육 직원 면허법
자격 요건	〈보육사 자격 증명서〉 ① 지정 보육사 양성시설 졸업 ② 보육사 자격 국가시험 합격	* 유치원교사 보통면허장 - 전수 석사(대학원 수료) - 1종 학사(대학 졸업) - 2종(2년제 단기 대학 졸업 등) ① 기초 자격(학위)이 있고, 면허법에서 정하고 있는 학점을 이수 ② 도도부현(都道府縣)의 교육위원회가 실시하는 교육직원 검정에 합격

* 출처 : 보건복지가족부(2010), 아이사랑플랜.

어린이집 운영관리

CHAPTER 11

1. 운영관리의 개요
2. 인적자원관리
3. 시설 · 설비관리
4. 재정관리
5. 문서관리

어린이집의 운영관리는 운영의 체계화, 합리화, 효율화를 통해 어린이집의 질적인 향상을 도모하는 것이다. 이 장에서는 어린이집 운영관리에서 인적자원, 시설설비, 재정 및 문서관리에 대해 다루어 본다. 어린이집 운영에서는 원아관리의 개별화, 전문성 증진 모색을 위한 인적자원관리, 발달에 적합하고 안전한 시설 환경구비를 위한 시설설비관리, 어린이집 특성을 고려한 재정 및 문서관리 방안 등을 살펴본다.

1. 운영관리의 개요

1) 운영관리의 개념

운영관리의 개념 정의는 학자들에 따라 다소 차이가 있다. 기관이나 조직의 운영관리 목표를 기준으로 계획을 세우고, 그 계획에 따라 실시하며, 실시한 과정과 결과를 평가하고, 그 평가를 목표와 계획에 반영함으로써 조직의 운영관리를 보다 합리적 · 과학화하는 기법이라고 할 수 있다(임재택, 2001). 어린이집의 운영관리의 개념은 질 좋은 보육프로그램을 제공하기 위해 어린이집의 인적 · 물적 자원을 효율적으로 배치하는 모든 과정이라 할 수 있다(강문희 외, 2006).

운영관리의 개념을 이소희(2005)는 운영관리의 차원보다는 경영관리 차원을 강조하고 있다. 즉 어린이집에서도 경제성의 개념을 강조하여 교육의 핵심인 지식을 가지고 아동, 학부모, 보육교사, 원장 모두가 윈윈(Win-Win)할 수 있는 새로운 경영관리를 방향으로 제시하고 있다.

임재택(2001)은 운영관리의 개념을 기관 목적을 달성하기 위해 사람, 돈, 공간, 시간 등을 효율적으로 계획하고, 조직하고, 실행하고, 평가하는 일련의 과정으로 정의 하였다. 또한 시어스(Sears,1988)는 운영 정책의 과정을 기획, 조직, 지시, 조정, 통제라는 5개의 과정으로 보고 운영관리를 통합된 하나의 개념으로 받아들여 운영과정 또한 활동의 계속적인 순환과정으로 보았다.

결론적으로 어린이집 운영관리란 어린이집의 질을 향상시키기 위해 효과적인 보육목표를 수립하고 이를 위해 필요한 인적 및 물적 자원, 프로그램, 기타 필요한 요건을 체계적이며 효율적으로 배치하는 모든 과정이라고 할 수 있다.

2) 운영관리의 필요성

영유아 보육의 질을 높이고 어린이집의 효율성을 극대화하기 위해서는 운영관리가 보다 체계적이고 합리적으로 될 필요가 있다. 어린이집의 운영관리를 위해서는 어린이집이 타 기관과 다른 고유한 특성을 가지고 있음을 알아야 한다. 즉 영유아기의 발달적 특성에 따라 보육프로그램이 운영되며, 아동중심 · 통합중심의 보육과정 이해, 건강 · 영양 · 안전, 가족 및 지역사회의 연계를 중요시하는 포괄적 보육서비스를 제공하여야 한다는 점에서 보육활동의 특수성을 이해하여야 한다. 이러한 특성을 바탕으로 부모와 사회가 기대하는 질 높은 보육서비스를 제공하면서 보육의 가치와 비전을 실현하기 위한 합리적이고 체계적인 운영을 할 필요성이 있다.

어린이집의 운영관리는 높은 보육환경을 지원하여 영유아의 성장과 발달을 돕는 수단으로 매우 필요하다. 보육평가인증에서 어린이집 운영관리 영역은 원장의 보육철학이 반영되므로 원장의 역할을 특히 강조하고 있다. 또한 어린이집의 특성에 맞게 업무내용이 체계화, 원아의 개별적 원아의 문서와 원아의 적응이 개별화되어야 하며, 보육교직원의 재교육, 근무여건 등이 전문화되어 어린이집의 특성에 맞게 합리적으로 운영되어야 함을 특히 강조하고 있다. 이를 그림으로 살펴보면 [그림 11 - 1]과 같다.

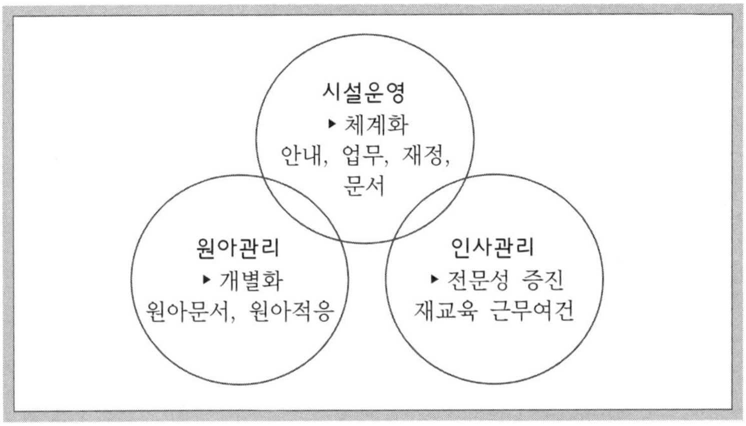

[그림 11-1] **운영관리 중점내용**

3) 운영관리의 원리

어린이집 운영자는 보다 양질의 보육서비스를 제공하기 위하여 계획 · 실행 ·

평가 등의 일련의 과정에 따라 시설을 효율적으로 운영, 관리해야 한다. 다음은 어린이집 운영자들이 염두에 두어야 할 기본원리이다(권대도 외, 2009).

첫째, 타당성의 원리(principle of adequency)이다.

어린이집에서 바람직한 보육계획을 수립하고 운영해 나가는 운영관리 활동은 타당성이 있어야 한다. 즉, 어린이집에서 특별행사를 한다면 이러한 행사가 이미 세워 둔 보육의 목표 달성을 돕는 수단으로서의 행정 활동이어야 한다는 의미이다.

둘째, 민주성의 원리(principle of democracy)이다.

어린이집의 운영관리의 조직과 운영관리 제반 과정이 민주적으로 이루어지는 것을 의미한다. 어린이집을 경영하는 원장은 교직원들과 원활한 의사소통을 통해 의사결정을 하고 민주적 리더십을 발휘해야 할 것이다. 독단적인 운영으로 인한 비민주적인 경영은 보육교사들의 사기를 저하시켜 어린이집의 창의적인 발전에 부정적인 영향을 미치게 된다.

셋째, 효율성의 원리(principle of efficiency)이다.

어린이집에서 보육활동을 전개하는 과정 중에 최소한의 경비와 노력으로 최대한의 성과를 거두자는 의미이다. 그러나 어린이집 운영에서 효율성의 원리는 단기적인 평가에 초점을 맞출 것이 아니라 장기적인 평가에 의한 효율성을 생각해야 하고, 단순히 경제적인 논리에서 효율성을 강조하기 보다는 구성원 전체의 욕구충족을 높이는 사회적인 측면에서 효율성을 강조해야 한다.

넷째, 적응성의 원리(principle of adaptability)이다.

운영관리는 어린이집에 처해 있는 현실적인 상황을 충분히 고려하고 새로이 발생하는 필요나 통찰에 적응할 수 있는 능력을 갖추어야 한다. 우리나라 어린이집 운영관리는 국가의 행정 · 재정적 정책이나 지원의 미비, 불충분한 환경조건, 높은 교사 대 영유아 비율, 교직원의 낮은 보수와 열악한 근무여건 등과 같은 특성을 가지고 있다. 원장은 이러한 특성을 받아들여 적절히 대응 할 수 있는 운영관리 방안을 모색하는 것이 바람직하다.

다섯째, 안정성의 원리(principle of stability)이다.

이 원리는 어떤 측면에서 적응성의 원리와 대응되는 원리라고 할 수 있다. 즉 어린이집 운영자는 변화하는 시대적 특성을 수용하고 이에 적응하는 능력을 갖추는 한편, 지금까지 이어져 온 바람직한 가치관, 철학 및 전통들을 계승하여 장기적 차원에서 어린이집 운영을 계획하고 실행하는 것이 바람직하다. 안정성의 원리는 고유한 문화를 계승하는 교육에서 중요한 역할을 한다.

2. 인적자원관리

1) 원아관리

(1) 홍보방법과 내용

원아 모집을 원활하게 하기 위해서는 적절한 홍보가 필요하다. 아무리 좋은 시설과 교구를 갖추었다고 하더라도 홍보활동이 부족하면 결과적으로 어린이집의 운영에 타격을 입을 수 있다. 그러므로 어린이집에서는 적극적인 홍보 정책과 전략을 가지고 홍보활동을 해나가야 한다. 어린이집에 대한 홍보는 신문, 방송 등의 대중매체를 활용하는 방법과 현수막, 포스터, 신문간지, 잡지기사, 지역신문, 우편물, 안내책자 등의 우편물을 활용하기도 한다.

원아 모집이라는 측면에서 홍보하는 일도 중요하지만, 어린이집에 대한 올바른 이해와 이용하려는 부모들이 자신들의 요구에 적합한 어린이집을 선택하도록 하는 정보제공이라는 측면에서 홍보가 중요하다(김연진 외, 2005). 홍보내용에는 어린이집 운영안내(종사자 소개, 반구성, 운영시간 등), 보육프로그램(보육계획서, 행사, 식단 등), 어린이집 생활안내(적응, 안전사고 규정 등)에 관한 사항이 반드시 포함되어야 한다.

(2) 신입원아 적응

어린이집에서는 신입원아와 학부모를 위한 적응 과정을 통해 영유아가 새로운 환경에 잘 적응하고 학부모가 안심하고 어린이집의 자녀를 맡길 수 있는 신입원아 적응 프로그램을 1주일 이상 제공해 주어야 한다.

신입원아의 적응을 도와주기 위한 과정은 영유아의 연령, 개인적 기질, 이전 어린이집의 경험, 부모의 직장여건 등을 고려하여 최대한 도움이 될 수 있도록 실시해야 한다. 그리고 이 때 적응하고 있는 영유아들에게도 혼란이 일어나지 않도록 배려하는 것도 필요하다.

2) 보육교직원 관리

(1) 보육교직원의 근로계약서

문서화된 근로계약서와 복무규정은 보육교사의 책임과 권리를 명문화하여 원장과 보육교사 간의 복무관련 의사소통을 원활하게 하며, 이를 통해 어린이집 내의 인사관리가 효율적으로 이루어지도록 한다. 보육교사가 자신의 근로계약서와 복무규정을 잘 이해하고 있고, 이 규정에 따라 급여, 근무시간, 휴가 등을 계획할 수 있다.

보육교직원의 근로계약서와 복무규정 내용에는 자격 및 근무시간에 따른 급여 기준, 퇴직금, 국민연금, 건강보험, 산재보험, 고용보험, 휴가, 휴직, 사직 절차, 직무내용이 포함된다. 원장은 이를 법적 기준에 따라 문서화하고 보육교직원에게 설명해 줄 뿐만 아니라 보육교직원이 관련 내용에 대해 질의할 경우 정성껏 세부 내용을 알려 주고 보육교직원의 이해를 도와야 한다.

상시 근로자 5인 이상 사업자와 4인 이하의 근로자를 사용하는 사업 및 사업장에 적용하는 법규는 근로기준법 시행령이 적용이 된다.

보육교직원의 근로계약서의 성격은 다음과 같다.

① 모든 어린이집의 원장과 보육교직원 간에 근로계약서를 체결해야 하며, 근로계약서의 체결시 임금, 근로시간, 기타 근로 조건을 명시해야 한다.

② 정규직 보육교직원은 계약기간을 명시하지 않는다.

③ 계약직, 시간제 등은 계약기간을 명시하고, 계약기간 연장여부는 원장이 결정한다.

④ 5인 이상 사업장과 4인 사업장에 적용되는 법 규정이 다르므로 적용 규정을 확인하여 작성한다.

⑤ 복무규정은 보육사업 안내 자료를 참고하여 어린이집 운영 실정에 맞게 만들어 보육교직원이 알고 준수하도록 안내하고 확인한다.

(2) 보육교직원의 복무관리

어린이집 복무규정에 대해서는 보육사업안내(보건복지부, 2016)의 제시된 내용을 중심으로 살펴보면 다음과 같다.

1 보육교직원의 근무시간

① 어린이집의 운영시간을 고려하여 어린이집의 근무시간은 평일 12시간을 원칙으로 한다.

② 보육교사 등 보육교직원은 평일 8시간 근무를 원칙으로 한다.

2 보육교직원의 겸임제한

① 동일시설에서의 겸임 제한

- 어린이집의 종사자(원장, 보육교사 등)는 전임이어야 하므로, 다른 업무를 겸임할 수 없다.
- 다만, 어린이집 원장이 간호사 또는 영양사 자격이 있는 때에는 간호사 또는 영양사를 겸임할 수 있고, 정원 20인 이하 시설의 원장은 보육교사를 겸임할 수 있다.

  ※ 도서 · 벽지 · 농어촌지역의 21~39인 이하 시설은 시 · 군 · 구청장의 승인이 있는 경우 원장이 보육교사를 겸임할 수 있음.

② 다른 시설의 겸임 제한

가) 일반기준

- 보육교직원은 전임이어야 하며, 다른 기관의 업무를 겸임할 수 없다.
- 특히, 어린이집의 원장 및 보육교사는 휴일, 휴가 등으로 근무를 하지 않는 날을 제외하고는 근무시간 동안 어린이집에 상주하며 상시 해당 직무에 종사하여야 한다.
  - 특별한 사유(회의 참석 등)로 외출할 경우에는 근무상황부에 기록 · 관리하여야 한다.

나) 어린이집 원장의 겸임 제한

- 어린이집 원장은 전임이어야 하며, 다른 기관의 업무를 겸임할 수 없다. 따라서 어린이집 원장은 다른 어린이집의 종사자(원장, 보육교사 등)로 근무할 수 없으며, 전임 규정에 위배될 수 있는 어린이집이 아닌 다른 시설(아동복지시설, 유치원 등)의 종사자로 근무할 수 없다.
- 어린이집 원장은 특별한 경우를 제외하고는 근무시간 중에 상시 그 업무에 종사하여야 하는 바, 근무시간 중에 대가를 받고 3개월 이상 월평균 4회 또는 월평균 8시간을 초과(이동시간 포함)하는 세미나, 공청회, 토론회, 발표회, 심포지엄; 교육과정에 참석하여 강의 · 강연 · 발표 · 토론하는 행위를 할 수 없다.

  ※ 다만, 원장(보육교사 제외)의 경우 근무시간 이외의 시간에 강의 등을 하는 행위에 대하여서는 규제하지 아니한다.
- 종교시설의 장 및 종교시설 종사자는 어린이집 원장을 겸임할 수 없다.

  ※ 법 시행규칙 부칙 제3조에 의거 2005. 1. 29일 이전에 설치된 시설은 2006. 2월말까지 개정법에 의한 종사자 배치기준을 준수하여야 한다.

3 보육교직원의 휴가 등 기타 복무관리

① 보육교직원의 휴가는 보육공백을 최소화할 수 있도록 순번제로 실시하고, 보수교육, 출산휴가 등으로 공백이 생기는 경우에는 대체교사를 배치하여야 한다. 보육교직원의 휴가 등에 관하여서는 근로기준법 등 노동관련법령에 의한다.

② 휴가, 휴일, 휴식 등 근로시간과 관련이 있는 사항에 대하여서는 근로기준법의 규정을 준용한다.

③ 고용, 산전 후 휴가, 육아휴직 등과 관련이 있는 사항에 대하여서는 남녀고용평등법의 규정을 준용한다.

④ 보육교직원의 최저임금 보장 등과 관련이 있는 사항에 대하여서는 최저임금법의 규정을 준용한다.

⑤ 기타 보육교직원의 복무, 근로 등과 관련하여서는 각 개별법을 준용토록 한다.

(3) 신임 보육교사 오리엔테이션

보육교직원이 임면되면 정식으로 근무를 시작하기 이전에 업무에 대한 오리엔테이션을 실시하여 자신의 업무를 명확하게 파악할 수 있도록 한다. 신임 보육교직원의 오리엔테이션에는 해당 어린이집의 보육 철학과 운영 방침, 보육프로그램, 하루일과 담당업무, 근무규정 등에 대해 상세히 알려 주어서 자신의 역할을 정확하게 인식할 수 있도록 도와준다.

새로운 보육교직원에 대한 오리엔테이션 계획을 수립하고 이를 적절하게 실시하는 것은 인력이 바뀌는 기간 중 보육과정 운영에서 발생할 수 있는 혼란을 방지하고 영유아에게 안정된 보육서비스를 제공해 줄 수 있게 한다.

신입 보육교사 오리엔테이션 내용

- 어린이집 보육프로그램에 대한 이해
- 하루 일과에 따른 보육교사의 역할
- 동료 교사와 긍정적인 관계형성 및 유지
- 아동 및 보육프로그램 평가(아동 관찰일지 작성)
- 부모상담 및 부모관리
- 건강 및 안전 및 위생, 사고시 대처방법
- 학급운영시 기본준비(보육프로그램 계획, 신입원아 적응프로그램, 환경구성, 문서관리)

(4) 보육교직원의 재교육

어린이집의 모든 보육교직원은 정기적인 재교육을 통해 자신의 전문성을 향상시켜야 한다. 재교육의 형식으로는 직무교육, 승급교육, 육아종합지원센터 교육, 워크샵, 사이버 강의, 지역별 교육모임, 학회 및 세미나 등이 있다.

어린이집에서 교사의 전문성 강화를 위한 교사 연수계획은 중요하다. 어린이집에서는 연간 교사교육 계획을 세우고, 실행하여야 한다. 아래는 중앙육아종합지원센터에서 예시한 교사연수 계획안이다.

표 11-1 교사연수 계획안(예시)

월	내 용	방 법	비 고
3월	· 학부모 상담기법 · 신입교사 교육	교재내용 숙독 후 토의	신임교사
4월	· 영유아 발달의 이해 · 응급상황 대처 및 응급 처치법	교재 내용 발표 후 토의 시청각 교육	전체교사
5월	· 놀이의 이론과 실제 · 영유아 관찰 및 평가	교재내용 발표 후 토론	전체교사
6월	· 성교육 · 영아교사 교육	교재내용 발표 후 토론 직무교육	전체교사 영아반교사
7월	· 물놀이 안전교육 · 경력자 직무교육	시청각교육 직무교육	전체교사 경력교사
8월	· 영유아를 위한 음악 활동	워크숍	전체교사
9월	· 놀이 촉진하기 · 원장 연수	교재내용 발표 후 토의 리더십교육	전체교사 원장
10월	· 교통안전 교육 · 영유아와 교사의 상호작용	시청각 또는 실습 교육 직무교육	전체교사
11월	· 우수어린이집 견학 · 영유아를 위한 과학 활동	외부 연수 워크샵	전체교사
12월	· 장애아 통합보육 · 연간보육활동 평가에 대한 교육	외부 연수 평가 후 토의	전체교사 전보육교직원
1월	· 연간 보육계획안 작성 요령	참고 자료 수집 및 토의	전체교사
2월	· 영유아 보육환경 구성	교재내용 발표 후 토의	전보육교직원

* 화재 안전교육은 매월 전보육교직원 참여

어린이집에서는 모든 보육교직원이 골고루 재교육을 참여할 수 있는 원칙이 수립되어 있어, 누구나 자신이 언제쯤 재교육을 받을 수 있을지 예상할 수 있어야 한다. 또한 어린이집에서 재교육의 참여자가 있을 때마다 누가, 언제, 어떤 내용의 교육을 받았는지 체계적으로 관리되어야 한다. 〈표 11-2〉는 재교육에 대한 실행(누가, 언제, 어떤 내용)이 체계적으로 기록할 수 있는 교사연수 대장의 사례이다.

표 11-2 2015년도 교사연수 대장

번호	성명	구분				날짜	과정명	주최	장소	시간	비용(천원)
		직무	승급	내부	기타						
1	김○○					9. 1		교육원	**대	8	50
2	서○○		◦			7/8~8/30		교육원	**대	80	0
3	이○○	◦				6/1~6/30	영아특별	교육원	**대	40	0

(5) 보육교직원의 업무분담

원장과 보육교직원의 상호협조 체제 하에서 각자의 업무를 수행할 수 있도록 하기 위해서 업무분담이 체계적으로 이루어져 문서화되어 있어야 하고, 보육교직원의 개인 차이와 특성, 전문성을 고려하여 적절하게 업무가 분담되어야 한다. 분장된 업무를 맡은 책임자가 누구인지 서로 알고 협력하여 어린이집 운영이 보다 합리적으로 이루어지도록 한다.

1 원장의 업무

어린이집의 운영을 책임지고 있는 원장이 실제적으로 담당하는 업무는 다음과 같다(Decker & Decker, 1992).

① 어린이집에 대한 전반적인 운영계획 수립과 운영관리
② 보육 목표 설정 및 보육과정의 계획과 관리
③ 보육교직원의 채용 및 인사관리
④ 원아의 모집 및 관리
⑤ 시설, 설비관리
⑥ 비품 및 교재 · 교구의 구입과 관리
⑦ 재정관리
⑧ 행정적 업무 처리 및 기록의 보관 유지
⑨ 재정관리
⑩ 행정적 업무처리 및 기록의 보관 유지

⑪ 부모교육 및 부모와의 관계 유지

⑫ 행정당국, 지역사회 관련 기관 및 단체들과의 관계 유지

2 보육교사의 업무

보육교사의 학급관리를 위한 모든 업무를 의미하며, 수업진행 준비, 보육일지 작성, 교실환경 구성 및 청결관리, 학부모 상담, 아동의 건강관리 및 안전관리, 아동의 급 · 간식 관리, 교실 내의 물리적 환경 관리 등이 해당된다.

3 보육교직원의 공통 업무

실외놀이터와 놀잇감 관리, 어린이집 전체 행사 진행 등 본인의 학급관리 이외의 업무가 해당된다. 업무분담표는 보육교직원들이 알고 서로 협력할 수 있도록 사무실이나 보육실 벽면에 부착해 놓아야 한다.

표 11-3 보육교직원의 업무분담표 (예시)

구 분	담당	업무내용	청소구역
고유 업무	원장	· 원의 전반적인 보육 및 운영계획 · 업무분담, 감독, 근무평정 등 업무관리 · 시설설비 및 재정관리 · 행정당국 및 단체와의 관계유지 · 견학 및 행사계획 · 운영 및 교육 정보 수집 · 일지 취합 검사	전체 청소 구역 관리
	보육 교사	· 보육활동 진행 및 준비 · 보육일지 작성 · 각 보육실의 환경구성 및 청결관리 · 영유아에 대한 관찰 일지 및 보고서 작성 · 학부모 상담 · 영유아 건강 및 안전관리 · 영유아 영양 및 급식관리	담당 교실 관리
업무 분담	교사 ○○○	· 영아반의 전반적인 보육내용 관리 · 연간 · 월간 · 주간 · 일일보육계획안 작성 · 원아 관리 및 관찰지도	현관 청소

	· 소모성 교재 점검 및 신청 · 시청각 기자재관리(OHP, 빔프로젝터, 비디오카메라 등) · 안전관리(소화기 점검), 비상 대피 훈련 담당	
교사 ○○○	· 입학상담 및 자원봉사자 담당 · 식단표 작성 및 주문 담당 · 게시판(주간보육계획안, 주간식단표, 월행사) 담당 및 관리 · 위생 소독 · 화분 관리	계단 청소 외부 청소
교사 ○○○	· 유아반의 전반적인 보육내용 관리 · 연간 · 월간 · 주간 · 일일보육계획안 작성 · 원아 관리 및 관찰지도 · 교재 · 교구 정리 및 관리 · 행사 일지 작성 · 비디오 및 테이프 정리 담당	화장실 청소 화장실 수건 관리
교사 ○○○	· 사무실 도서 정리 및 관리 · 종이, 시트지, 코팅지, 복사지(복사기) 등 지류 정리 및 관리 · 업무 일지 작성 · 약품장 관리 및 약품사용 대장 담당 · 생일잔치 계획 및 준비	바깥 놀이터 청소

* 출처 : 중앙보육정보센터.

3) 보육실습생, 자원봉사자 및 견학생 관리

보육실습생과 자원봉사자 등은 일정기간 동안 어린이집에서 지내야 하는 사람들로 어린이집의 보육철학 및 운영방법에 대해 오리엔테이션을 받아야 한다. 이는 자신들이 취해야 할 적절한 행동을 사전에 안내 받음으로써 정규 보육활동을 방해하지 않고 도움을 줄 수 있다.

(1) 보육실습생 오리엔테이션 주요 내용

① 어린이집의 보육철학 및 보육프로그램

② 어린이집 현황
③ 보육실습생의 준수사항(근무자세 등)
④ 일과운영에서 보육실습생의 역할

표 11-4 보육실습 오리엔테이션 내용

주	실습 내용	담당자	자료 및 기타
제1주	· 반 아동 업무 파악하기 · 관찰 내용 숙지 · 보육활동 참관 및 교사 보조 · 2주의 부분수업 활동계획안 작성 · 수업에 필요한 자료 파악 및 교재 · 교구 준비 · 지도 및 평가	원장 실습교사	반별로 전체
제2주	· 보육활동 참관 및 교사 보조 · 부분수업(보육활동) · 3주 부분수업 및 연계수업 보육활동계획안 작성 · 수업에 필요한 자료 파악 및 교재 · 교구 준비 · 수업에 대한 지도 및 평가	지도교사 실습교사	반별로
제3주	· 보육활동 참관 및 교사 보조 · 부분수업(보육활동) · 연계수업(보육활동) · 4주 종일수업 일일보육활동계획안 작성 · 수업에 필요한 자료 파악 및 교재 · 교구 준비 · 수업에 대한 지도 및 평가	원장 지도교사 실습교사	반별로 전체
제4주	· 종일수업(보육활동) · 수업과 관련된 환경 구성 · 수업에 필요한 자료 파악 및 교재 · 교구 준비 · 수업에 대한 평가 및 실습 최종평가	원장 지도교사 실습교사	

* 출처 : 중앙육아종합지원센터.

(2) 자원봉사자 오리엔테이션

자원봉사자의 오리엔테이션은 자원봉사자의 의미, 기본 소양교육, 어린이집에 대한 소개나 규칙, 도와줄 일들을 알려 주고, 활동시 유의사항을 포함한다.

자원봉사자 오리엔테이션

〈사전교육〉

① 자원봉사자의 자세
- 남은 시간을 소비하는 차원에서 벗어나 의미 있는 일을 한다는 책임있는 자세가 필요하다.
- 주어진 일만 한다는 소극적 자세보다 능동적으로 일에 임하는 자세가 필요하다.
- 영유아들과 함께 생활하는 중 어려운 상황이 발생했을 때는 반드시 교사의 자문을 구한다.

② 어린이집의 소개

③ 봉사활동 내용
- 영유아와의 놀이
- 이닦기 보조
- 낮잠 후 이불 정돈
- 나들이 갈 때 안전 및 보호활동
- 장난감 씻기
- 어린이집 청소
- 김장 담그기
- 간식준비, 식사시 보조
- 담임교사 보조

④ 봉사활동의 진행방법과 역할분담

⑤ 활동시 준수사항
- 안전사고에 대한 세심한 주의가 필요하다.
- 영유아의 행동 및 놀이를 관찰하여 놀이를 촉진할 수 있도록 돕는다.
- 어린이집의 규칙을 이해하고 문제 발생시 대처방법에 관해 교사의 도움을 받는다.
- 영유아들과의 상호작용시 언어사용에 세심한 주의를 한다.

(3) 견학자

어린이집 견학은 아동의 하루 일과가 방해받지 않는 시간을 정하여 '영유아의 활동에 개입하지 않기', '시간활용은 허락받은 곳에서만 하기' 등의 규칙을 알려주고 공개한다. 어린이집에서는 견학자를 위한 간단한 소개 자료를 제작하여 배부하며 사전소개 → 어린이집 투어 → 질의 응답 등의 순으로 견학 일정을 계획한다. 견학자는 외부인이므로 '방문객' 명찰을 착용하게 하고, 방문자의 간단한 신상(성명, 방문일시, 소속, 방문목적)을 방명록에 기재하게 한다.

4) 학부모 관리

학부모 관리는 일반적으로 어린이집에서 학부모의 참여와 연계라는 표현을 더 자주 한다. 학부모의 참여 및 연계는 어린이집 운영관리에 매우 중요하다. 부모는 어린이집 운영에 영향을 미치는 중요한 인적 자원이다. 따라서 이 영역에서는 학기 초 부모 오리엔테이션과 학부모의 보육운영위원회 참여를 중심으로 살펴보았다.

(1) 학부모 오리엔테이션

부모 오리엔테이션은 보육철학 및 보육과정에 대한 내용을 설명하므로 부모의 어린이집에 대한 이해를 돕고, 신입원아의 초기 적응을 위해 어린이집에서 서로 의견을 나누는 과정이다. 이를 통해 어린이집은 새로 들어오는 원아에 대한 이해를 높일 수 있으며, 신입원아의 부모는 어린이집에 대한 구체적인 정보를 안내받고 의논함으로써 영유아의 조기 적응 및 생활에 도움을 줄 수 있다.

어린이집 운영에 대한 안내 책자에는 아래의 내용들이 포함될 수 있다.

① 어린이집 운영 안내
- 어린이집 안내
- 운영안내
- 운영시간 안내
- 보육교직원 경력 및 자격 안내
- 연령별 집단 크기와 교사 수
- 보육료 안내

② 보육프로그램
- 보육방침
- 보육프로그램 소개
  - 연간 행사 안내
  - 일과운영
  - 영아반 주간 보육일지 소개
  - 연간 교육계획안
  - 주간식단표 소개
  - 영 · 유아 학기별 행동관찰일지 소개

③ 어린이집 생활 안내(가정과 연계 교육)
- 입학하기 전 도와 주실 일
- 가정에서 확인이 필요한 일
- 영아반 생활 적응을 위한 일
- 어린이집 생활의 적응을 위한 일
- 어린이집 운영상 확인이 필요한 일
- 휴원을 요하는 질병 안내
- 안전사고 발생 시 어린이집이 갖는 책임한계에 관한 규정

④ 부모님의 협조 사항
- 어린이집의 개방과 보육실 방문
- 원아의 등 · 하원시 인계과정 동의
- 원아 응급상황 처리 동의

(2) 어린이집 운영위원회

어린이집의 원장은 어린이집의 자율성과 투명성을 높이고 부모와 지역사회 연계를 강화하여 지역사회 특성에 맞는 어린이집 운영위원회를 설치 · 운영할 수 있다. 어린이집 운영위원회 설치 및 운영과 기능에 대해 살펴보면 다음과 같다.

1 설치 및 운영

① 어린이집의 원장은 운영의 자율성과 투명성을 높이고 지역사회와의 연계를 강화하여 지역실정과 특성에 맞는 보육을 실시할 수 있도록 하기 위하여 어린이집운영위원회를 설치 · 운영할 수 있다.

② 다만, 제26조의 규정에 따른 취약보육을 우선적으로 실시해야 하는 어린이집과 보육정원이 40인 이상인 어린이집에는 어린이집운영위원회를 설치 · 운영하여야 한다.

③ 어린이집운영위원회는 당해 원장, 보육교사 대표, 학부모 대표 및 지역사회 인사(직장어린이집의 경우에는 당해 직장의 어린이집 업무담당자)를 포함한 5인 이상 10인 이내로 구성한다.

④ 운영위원회의 위원장은 보육교직원이 아닌 위원 중에서 호선한다.

⑤ 운영위원회의 회의는 가급적 상하반기 각 1회 이상 개최하고 공개를 원칙으로 하며, 회의록을 작성 · 보관하여야 한다.

2 기능

어린이집운영위원회는 다음 각 호의 사항을 심의한다.

① 어린이집 운영규정 제 · 개정에 관한 사항

② 어린이집의 예산 및 결산(보고사항)

③ 영유아의 건강 · 영양 및 안전에 관한 사항

④ 보육시간 · 보육과정의 운영방법 등 어린이집의 운영에 관한 사항

⑤ 그 밖에 어린이집 운영에 대한 제안 및 건의사항

3. 시설 · 설비관리

어린이집은 아동이 부모와 떨어져 하루 종일 생활하는 곳으로, 발달에 적합하고, 안전하여 가정과 같은 편안한 분위기 속에서 생활할 수 있도록 설계가 이루어져야 한다. 어린이집은 물리적 환경에 속하며, 영유아의 발달에 적합한 시설환경의 전반적인 측면을 의미한다. 어린이집의 시설은 부지, 건물 및 건물 내의 현관, 복도, 보육실, 보육실 외의 활동 공간 등을 의미하며, 설비는 급수, 위생, 조명, 냉 · 난방 설비를 포괄하며, 책상과 의자, 교구장, 교육자료 등의 교재 · 교구를 포함한다.

어린이집은 지역여건 및 설치기준에 관하여 관할 시장 · 군수 또는 구청장에게 사전에 설치 전 상담을 해야 하며, 인가신청서를 제출해야 한다. 어린이집의 일반적인 기준(2011, 보육사업안내)을 살펴보면 다음과 같다.

1) 어린이집의 일반적인 기준

(1) 어린이집의 입지조건

① 어린이집은 보육수요, 보건, 위생, 급수, 안전, 교통, 환경 및 교통편의 등을 고려하여 쾌적한 환경의 부지를 선정하여야 한다.

* 지방자치단체의 장은 영유아의 신체적 · 사회적 안전에 위험하다고 판단되는 시설(폐기물 처리시설, 유흥업소, 전염병원 등)이 인근에 어린이집이 입지하지 않도록 노력하여야 한다.

② 어린이집은 「주택건설기준 등에 관한 규정」 제9조 제3항에서 규정하고 있는 위험시설로부터 수평거리 50m 이상 떨어진 곳에 배치하여야 한다.

* 어린이집의 범위는 건물뿐만 아니라 전용 부수공간(놀이터 · 주차장)을 포함하며, 위험시설의 범위는 그 충전 · 저장설비 등의 시설물만이 아닌 이들 시설이 설치되어 있는 장소를 포함한다.
* 부지경계선에 담(또는 벽)을 설치한 경우, 부지경계선과 담(또는 벽) 중 최단거리를 기준으로 한다.

(2) 어린이집 구조의 일반기준

① 어린이집의 건물구조 및 보육실 · 화장실 · 놀이기구 등이 영유아의 안전과 이용에 편리하도록 설계 · 시공되어 있어야 한다.

* 기본시설(시행규칙 별표 1) : 보육실, 조리실, 목욕실, 화장실, 옥외놀이터(정원 50인 이상 시설), 급수배수시설, 비상재해대비시설(어린이집이 2층인 경우)

② 보육실은 건축물의 1층에 설치하며, 당해 어린이집이 1층에 해당하는지 여부는 건축법상의 층수와 관계없이 실제상의 층수를 기준으로 한다.

③ 화장실은 보육실과 동일한 층의 인접한 공간에 설치하며(층간 설치 지양), 목욕실은 보육실과 인접한 공간에 설치한다(건물 외부 설치 불가).

* 영유아용 수세식 변기는 가능한 한 10~15인당 1개 이상을 설치하는 것이 바람직하다.

④ 시설규모에 따라 사무실, 양호실, 식당, 자료실, 상담실, 강당, 놀이터 등을 설치할 수 있으며, 동 설비는 보육정원 책정의 기준이 되는 시설면적에 포함한다.

⑤ 어린이집 내부의 마감재료는 「건축법시행령」 제61조 및 「건축물의 피난 · 방화구조 등의 기준에 관한 규칙」 제24조 규정을 준용하며, 방염에 관한 사항은 「소방시설설치유지 및 안전관리에 관한 법률」 제12조 및 동법시행령 제19조 내지 제20조의 규정에 의한다.

⑥ 어린이집의 비상재해대비시설은 비상재해 및 안전사고에 대비하여 대피시설 및 기타 필요한 장비를 구비하여야 한다. 어린이집이 1층인 경우 비상시 양방향 대피가 가능해야 하며, 2층 이상인 경우 비상시 각 층별로 양방향 대피가 가능해야 한다.

(3) 어린이집의 면적산정

어린이집의 정원은 어린이집 전용으로 사용하는 시설면적, 보육실의 면적, 옥외놀이터(또는 대체놀이터) 면적을 기준으로 책정한다.

① 어린이집 전용으로 인정하는 면적은 아동보육과 직간접적으로 관련이 있다고 인정되는 실내설비를 기준으로 한다.

* 면적산정에서 제외 : 옥외놀이터를 대체하는 실내놀이터,보육교직원 관련시설(휴게

시설 등), 지하층

② 보육실의 면적산정시 어린이집 자체현관, 복도, 통로로 사용되는 면적은 제외한다.

③ 놀이터(정원 50인 이상 시설)는 놀이터 설치기준에 의하여 설치한다.

2) 어린이집의 세부적 기준

어린이집의 내부시설에서 보육활동을 위한 필수적인 설비로는 책상(좌식, 입식)과 의자, 교구장, 책꽂이, 정수기, 옷걸이, 유아용 개인서랍 등이 있다. 이외에도 보육활동 자료 등의 교재 · 교구도 필수적인 설비에 포함된다. 이러한 설비는 영아와 유아의 발달적 특성에 따라 크기와 수량에 차이를 두어 배치하게 된다.

필수적인 교구로는 교수활동을 위한 시청각기기(실물화상기, OHP, 슬라이드 등), 실험기기, 교육자료(입체, 그림, 실물, 사진자료 등)가 있으며, 유아들의 놀이를 위한 흥미영역별 교구, 즉 언어영역, 쌓기영역, 역할영역, 수 · 조작영역, 조형영역, 과학영역, 음률영역, 물 · 모래놀이영역, 목공놀이영역, 컴퓨터영역 등의 교육자료를 구비하여야 한다. 흥미영역은 영아와 유아의 발달적 특성 및 인원, 교실 크기 등을 고려하여 교구(놀잇감)의 수량을 융통성있게 배치할 수 있어야 한다. 또한 물놀이나 모래놀이영역 등은 계절에 따라 실내의 흥미영역 또는 실외의 흥미영역으로 융통성있게 배치할 수 있어야 한다.

4. 재정관리

1) 재정관리의 체제

효율적인 어린이집의 운영에는 그에 따른 필요한 경비를 조달하고 합법적으로 관리하여 투명하게 지출하기 위해서 어린이집의 재정관리 체제가 수립되어야 한다. 어린이집에는 예산 및 결산서가 구체적이고 짜임새 있게 계획되어야 한다.

어린이집 재정은 다음과 같은 특성을 띠고 있다(강문희 외, 2007).

- 보육비의 확보 및 지출이라는 공경제의 성격을 띠며, 수입 · 보관 · 지출은 합법적인 절차로 운영되어야 한다.
- 보육목표 달성을 위한 어린이집 운영관리 활동의 수단적인 성격을 띠고 있다.
- 보육비에 대한 산출효과는 장기적이다. 영유아기에 투입되는 장기적이고 계속적인 보육비의 효과는 장래에 더 큰 생산에 기여할 수 있는 인력을 개발한다.

2) 어린이집의 수입 · 지출

(1) 어린이집 수입 · 지출의 기본원칙

① 어린이집의 재무회계에 관한 사항은 "사회복지법인 및 사회복지시설 재무 · 회계규칙"에 따라 실시하여야 하며, 주요 항목별 기준 등을 준수하여야 한다.

② 어린이집의 모든 수입 및 지출은 통장을 통해서 해야 한다(어린이집의 수입 · 지출만 관리하는 별도 시설 명의 통장 개설).

③ 수입과 지출 행위 시에는 수입 · 지출 결의한 후 현금출납부, 총계정원장에 기록하고 청구서, 영수증, 지급내역서 등 관련 근거 서류를 반드시 첨부한다.

④ 어린이집은 운영하면서 생기는 보육료 수입 잉여금은 보육교직원 보수 상향 지급, 보육교직원 성과금 지급, 교재 · 교구 구입, 어린이집 환경개선 등에 균형있게 사용한다.

⑤ 어린이집 재무회계 규칙에 의한 회계보고를 의무화하여야 한다(어린이집은 매월 보조금 신청 시 수입 · 지출 항목별 총계금액을 보육통합시스템(CIS)에 전송 또는 입력 / 보육통합정보시스템(CIS)에 입력(전송)하여야 하는 수입 · 지출 항목 등 재무회계자료는 동 시스템에서 요구하는 바에 따라 시행).

⑥ 어린이집 원장은 보육교직원의 근로소득을 관할 세무서에 신고하여야 한다.

어린이집에서의 재무회계 절차 총괄표를 제시하면 〈표 11-5〉와 같다.

표 11-5 재무회계 절차 총괄표

	예산편성	예산집행	결산
원칙	· 모든 세입과 세출은 예산에 포함	· 예산의 목적 외 사용금지/예산의 전용 · 수입 · 지출의 관리는 예금통장에 의해 행한다.	· 세금예산의 이월
관련 서류	· 사업계획서 · 세입 · 세출 예산서 · 준예산 · 추가 경정예산	〈장부〉 · 현금 출납부 · 총계정원장 · 봉급대장 · 보육료대장 · 비품대장 〈증빙서류〉 · 계좌 입금 증빙서류 · 수입 · 지출결의서 · 반납 결의서 · 과목전전용조서 · 예비비 사용조서 · 정부보조금 명세서	· 세금 세출 · 결산 총괄 설명 · 세입 · 세출 결산서 · 연도 말 잔액증명 · 퇴직적립금 통장 사본 & 잔액증명서
과정	· 예산편성지침 (2개월 전) · 예산안 제출 (개시 10일 전)	· 수입 지출 사무의 관리 책임자 선정 · 수입금의 수납(7일 이내)	· 제출 (다음 연도 3월 31일까지)

* 출처 : 보건복지부(2016) 보육사업안내

(2) 보육료 수납 원칙

① 어린이집의 원장은 보육료 수납 영수증을 발급하여야 하나 아이행복카드 이용시에는 카드 발급 영수증으로 대체 가능하며 아이행복카드 이외의 일반 아동 보육료는 신용카드 및 금융기관을 통하여 수납한다(무통장 입금 또는 통장 자동이체, 계좌이체, 지로, 신용카드 등 이용).

② 현금 수납은 원칙적으로 불가능하나, 불가피한 사유로 현금 수납을 하는 경우 다음에 있는 보육료 현금 수납시 준수사항을 준수하여야 한다.

③ 수입이 발생한 경우 수입결의서를 작성하고 관련 서류를 첨부하여야 한다.

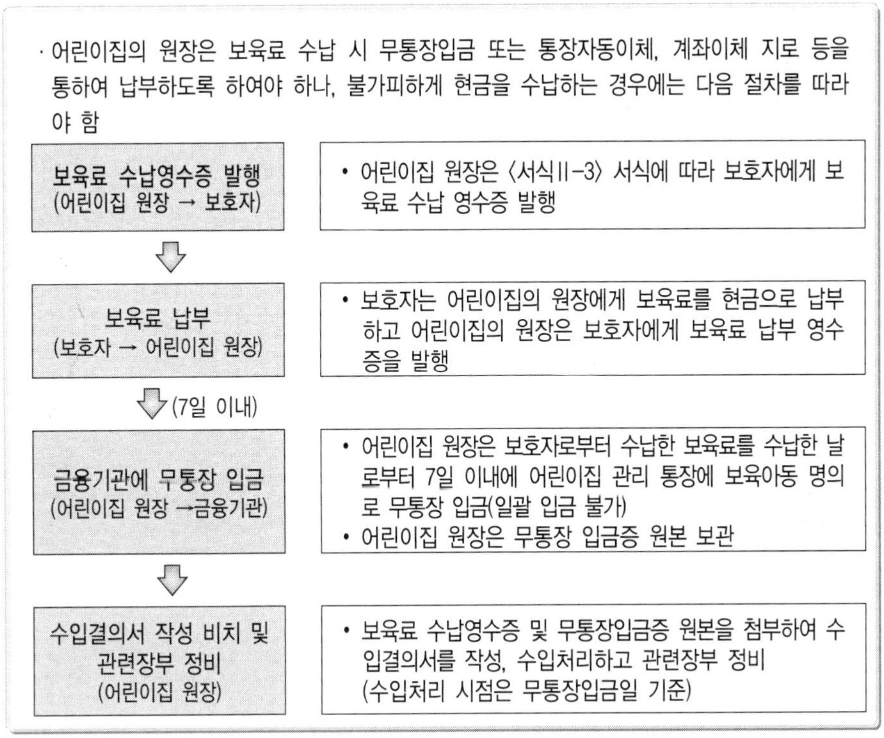

[그림 11-2] **보육료 현금 수납 시 절차 및 준수사항**

(3) 지출관리

① 어린이집의 지출은 어린이집 전용 신용(체크)카드, 계좌입금으로 한다. 다만, 어린이집에 지원되는 국가 또는 지방자치단체의 보조금 지원은 보조금 전용카드나 보조금 전용계좌를 이용하여야 하며, 시 · 도지사가 정하는 소액의 범위 내에서 현금결제가 가능하다.

② 지출할 때에는 세금계산서, 카드결제영수증, 현금영수증(현금결제) 등 관련 서류를 첨부하여야 한다.

③ 보육교직원 인건비 지급은 다음의 원칙을 따른다.

- 국공립, 법인 시설 등 보육교직원 인건비 국고지원을 받는 어린이집(정부지원)의 장은 보건복지부 장관이 정한 인건비 지원 기준에 따라 지급하되, 지방자치단계에서 별도 지급하는 교사처우개선비를 부가적으로 지급하고 4대보험료의 사업자 부담분을 별도 부담하여야 한다.
- 모든 어린이집은 보육교직원에게 근로기준법에 의한 최저 임금 이상의 보수를 지급하여야 하며, 지방자치단체에서 별도 지급하는 교사처우 개선비 등은 부가적으로 지급하고 4대보험료의 사업자 부담분은 별도 부담하여야 한다.
- 보육교직원 인건비 지급은 반드시 계좌입금하여야 하며, 보육교직원에게 봉급 명세서를 발급하여야 한다.

5. 문서관리

어린이집에서 문서관리는 사무관리의 개념과 유사하다. 어린이집에서 보육 활동에서 수행되는 제반의 기록과 장부를 보관, 공문서와 재고 처리 등 문서관리를 집행하고 처리하는 업무를 의미한다. 어린이집의 문서관리는 사무의 합리화와 조직화를 위해 필요하다(원중연, 2003). 문서란 행정기관 내부 또는 상호간이나 대외적으로 공무상 작성 또는 문서(도면, 사진, 디스크, 테이프, 필름, 슬라이드, 전자문서 등의 특수매체 기록을 포함) 및 행정기관이 접수한 모든 문서를 말한다. 문서관리의 의의는 행정기관에서 작성, 시행은 물론 개인이 작성한 신청서, 증명원 등의 사문서도 접수되면 그 때부터 공문서로 취급되며, 행정기관 내부 또는 상호간이나 대외적으로 공무상 또는 시행된 문서와 행정기관이 접수한 모든 문서의 관리를 의미한다.

1) 문서작성과 관리

문서의 작성원리를 정부의 사무관리 규정(대통령령 제22151호, 2010)과 사무관리 시행규칙(행정안전부령 제133호, 2010)에서 규정하고 있는 내용을 중심으로 문서작성

요령의 일반적 사항을 제시하면 다음과 같다.

① 쉽고, 간단하게 한글 맞춤법에 따라 가로로 작성하며, 아리비아 숫자로 작성한다.

② 날짜의 표기는 숫자로 하되, 연 · 월 · 일의 글자는 생략하고 그 자리에 온점을 찍어 표시(예 : 2007. 1. 1)하고, 시 · 분의 표기는 24시간제에 따라 숫자를 하되 시 · 분의 글자는 생략하고, 그 사이에 쌍점을 찍어 구분(예 12 : 30)한다.

③ 글의 색채는 도표를 제외한 문서에 기입하는 문자의 색채는 검정색 또는 파란색으로 한다. 수정이나 주위 환기 등 특별한 표시가 필요할 때에는 빨간색으로 사용할 수 있다.

④ 용지의 규격은 특별한 사유를 제외하고 A4용지를 사용한다.

⑤ 문서의 일부분을 삭제, 수정하는 경우 그 자의 중앙에 두 선을 그어 원안의 글자를 알 수 있도록 수정하고 그 부분에 서명 또는 날인한다.

⑥ 2장 이상으로 이루어진 문서는 간인용 결재인을 기안문에 간인하고 그 문서를 시행한 때에는 그 시행문에 관인으로 간인해야 한다. 전후 관계를 명백히 할 필요가 있는 문서, 사실 또는 법률관계의 증명에 관계되는 문서, 허가 · 인가 및 등록에 관계되는 문서 등은 동일한 절차로 관리한다.

⑦ 기안문은 작성하여 원장의 결제를 받아 문서발송 대장에도 기록한 후 자체 파일철에 보관하고 같은 내용의 시행문은 별도 작성하여 관리 관청에 보낸다. 시행방법은 인편, 우편, 팩스 등의 방법을 사용한다.

2) 어린이집에서 갖추어야 할 문서목록

어린이집을 효율적으로 운영 · 관리하기 위해서 관련 서류 및 장부를 마련하여야 한다. 영유아보육법 시행규칙 제 23조 [별표 8]에 의하면 어린이집에서는 〈표 11-2〉에 장부 및 서류를 비치해야 한다. 다만, 20인 미만 어린이집은 보육교직원 인사기록 카드, 총계원장 및 수입 · 지출보조부, 생활기록부, 영유아보육일지 및 건강진단카드, 안전점검표 등의 장부 및 서류만 비치하도록 규정하고 있다. 어린이집에서 필요한 장부와 서류는 어린이집의 유형, 규모, 원장의 자율재량에 따라 다를 수 있지만, 정부지원 어린이집의 경우 보다 철저하게 비치, 관리하여야 한다.

어린이집 운영과 관련해서 반드시 갖추어야 할 필수 문서목록에 대한 서식은 중앙보육정보센터(www.educare.or.kr)의 문서관리 서식을 활용하여 어린이집의 실정에 맞게 수정 · 보완하여 사용하도록 한다.

표 11-6 어린이집 비치서류 목록

비치서류	관련 서류
① 어린이집의 연혁에 관한 기록부	· 어린이집 연혁부
② 재산 목록과 그 소유를 증명하는 서류	· 재산대장(건물, 토지) · 임대차 계약서(임대의 경우) · 준공 검사서 · 공사계약서 · 기성 부분 검사 조서
③ 시설 운영일지	· 어린이집 운영일지 · 시설 보수 일지 · 소방 도피 훈련 일지 · 위생안전점검표 · 사고일지
④ 보육교직원의 인사기록카드	· 채용구비 서류 : 인사기록카드, 졸업증명서, 자격증을 증빙하는 서류, 경력증명서, 주민등록등본, 채용 신체검사서, 기타 임용에 필요한 서류 · 보육교직원 임용 관리 대장
⑤ 예산서 및 결산서	· 연간 예산서 · 연간 결산서 · 추경 예산서
⑥ 총계정원장 및 수입, 지출 보조부	· 총계정원장 · 수입, 지출 보조부
⑦ 금전 및 물품 출납부와 그 증빙서류	· 현금출납부 · 증빙서류철 : 소모품 대장, 비품대장, 교재 · 교구대장, 도서대장 · 물품(구입, 제조, 수리, 운반)품의 요구서 · 수입부와 지출부 증빙서류: 수입결의서, 지출결의서, 구입 · 수선 지출결의서, 봉급 지출결의서
⑧ 보고서철 및 행정기관과의 문서철	· 문서발송 접수 대장 및 문서철 · 전언 통신

⑨ 소속 법인의 정관 및 관계서류	· 정관 · 운영세칙 · 운영 규정
⑩ 입소 신청자 명부 및 입소 영유아 연명부	· 이용자 신청 명부 · 입소 신청서 · 입소 영유아 연명부(반별, 월별 입소 영유아 명부)
⑪ 생활기록부, 영유아 보육 일지 및 건강진단카드	· 생활기록부 · 보육일지 · 영유아 건강검진 기록부
⑫ 보육교직원의 인사 복무 및 어린이집 운영에 관한 규정 등	· 보육교직원 복무규정 · 근로계약서 · 어린이집 운영규정 및 연간계획안 · 어린이집 운영위원회 회칙 · 운영 위원회 회의록
⑬ 안전점검표	· 연간 안전교육 계획안 · 소방 대피 훈련 일지 · 시설 보수 일지 · 안전사고 일지 · 전기, 가스, 소방 정기 안전 점검표 · 시설 설비 안전점검표 · 차량 안전 일일 점검표 · 응급처피 동의서 · 귀가 동의서
⑭ 그 밖에 어린이집 운영에 필요한 서류	· 도서대장, 비품대장, 소모품 대장, 보육교직원 업무 분담표, 보육교직원 비상연락망, 위생안전점검표, 소방대피훈련일지, 안전사고일지 보육료불입 통지서, 근무상황부, 퇴직금적립현황표 등

보 육 평 가

12

CHAPTER

1. 보육평가의 개요
2. 보육평가의 영역
3. 어린이집 평가인증

보육의 평가영역인 영유아, 교사, 부모, 보육과정, 보육환경을 대상으로 개념과 내용을 소개하고, 평가의 적용과 활용방법을 제시하였다. 어린이집 평가인증제의 도입 배경 및 필요성, 보육의 질과 평가준거를 제시하였다. 또한 어린이집 평가인증의 기본방향, 법적 근거, 인증운영체계, 인증과정 등을 중심으로 살펴본다.

1. 보육평가의 개요

1) 보육평가의 개념

보육평가란 보육교사, 아동, 프로그램 등에 관한 다양한 자료들을 수집, 정리, 분석하여 현재의 상태를 평가하고 다음의 보육계획에 피드백을 주어 어린이집 운영 전반에 걸쳐 발전적인 방향을 도모하고자 하는 활동이다. 어린이집에서 영유아에 대한 평가는 영유아의 활동, 행동 등을 관찰, 기록해서 문서화하는 과정이며, 영유아의 긍정적인 발달과 프로그램의 적합성을 알아보기 위해 필수적으로 요구되는 과정이다. 영유아와 보육과정에 대한 체계적이고 지속적인 평가는 영유아에 대한 이해를 더욱 깊이 해 주고, 실시하고 있는 프로그램이 적합한지에 대한 정보를 준다. 따라서 보육에서의 평가는 영유아의 현재 발달에 관한 정보뿐만 아니라 보육과정의 궁극적인 목적인 영유아의 전인적인 성장과 발달을 도모하기 위해 내용이 적절한지, 의도한 보육목표가 어느 정도 실현되고 있는지, 또한 환경이 영유아의 발달적 특성에 얼마나 적합한지 등 보육활동의 전반에 관한 정보를 수집하여 분석하고 판단하는 체계적인 과정이라 할 수 있다(황해익, 2004).

2) 보육평가의 지침과 유의점

(1) 보육평가의 지침

보육의 질을 평가하기 위해 미국의 경우, 0~8세의 발달에 적합한 보육환경을 측정하는 주요 지침을 마련하고 있다. 미국 유아교육협회(NAEYC : National Association for Early Young Children)와 미국유아교육전문가협회(NAECS: Nation Association for Early Childhood Specialists)는 3~8세 유아를 위한 프로그램을 적절히 평가하기 위한 지침을 공동으로 개발하였다. 평가 전략을 개발하는 데 있어 이 지침은 반드시 고려되어야 하며, 주요 지침의 예는 다음과 같다(NAEYC, 1991).

① 평가의 결과가 단순히 영유아의 행동을 추적하고 순위를 매기는 것이 아니라, 영유아의 개성을 고려한 학습계획을 수립하고 교육방향을 개선하며 영유아의 특정한 관심사와 요구를 규명하고 개별화된 교육을 수행할 수 있도록 도와주어야 한다.
② 평가과정이 영유아의 학습태도 및 특성뿐만 아니라 사회적, 정서적, 신체적, 인지적, 언어적 발달과정을 다루고 있어야 한다.
③ 평가를 수행하는 데 있어서 교사가 영유아의 일상적 행동을 지속적으로 관찰해서 정보를 수집함으로써 시간의 변환에 따른 영유아의 행동을 알 수 있어야 한다.
④ 평가를 함으로서 영유아의 단점이나 장점 및 숨겨진 능력을 발견할 수 있어야 한다.
⑤ 부모와 학습계획을 세우고 상담하는 데 필요한 정보를 수집하게 해 주어야 한다.

(2) 보육평가시 유의점

그레이스와 쇼어(Gracr & Shores, 1998)는 영유아의 평가를 위해서는 다음의 5가지 내용을 고려하여 평가해야 한다고 제시하고 있다.

첫째, 평가는 타당하게 이루어져야 한다. 정확하게 본래 평가의 목적을 반영한 정보를 제공해야 한다.

둘째, 평가는 영유아의 발달의 전과정을 포함하여야 한다. 영유아의 신체적, 인지적, 사회적, 정서적, 언어적 발달의 과정을 모두 반영해야 한다.

셋째, 평가는 반복된 관찰을 통하여 이루어져야 한다. 한 번의 일시적 관찰이 아닌 여러 번의 반복된 관찰에 의해 영유아의 행동을 분석하고 평가한다. 몇 차례의 관찰내용으로 성급하게 결론을 내리면 정확하고 공정한 평가를 할 수 없다.

넷째, 평가는 연속적이어야 한다. 영유아의 특정 능력을 평균적 영유아와 비교하기 위해 비교 수준 및 각 발달과정에서 일반적으로 나타나는 특성을 수집하는 것이 도움이 된다. 그러나 시간이 지나면서 이루어지는 영유아의 개인적인 발달과정을 공정하게 평가하려면 영유아 자신의 변화내용을 비교하는 것이 중요하다.

다섯째, 평가할 때 다양한 방법을 활용해야 한다. 확실하고 정확한 영유아의 능력을 평가하기 위해서 다양한 방법으로 정보를 수집해야 한다.

2. 보육평가의 영역

평가의 영역은 매우 광범위하기 때문에, 평가목적에 따라 평가의 영역이 설정된다. 보통 어린이집에서의 평가는 영유아, 교사, 부모, 보육과정, 보육프로그램, 어린이집 환경을 대상으로 이루어질 수 있다.

1) 영유아 평가

평가에서 영유아 평가는 가장 중요한 영역이며, 영유아의 발달과 학습과정을 관찰·기록하는 과정이다. 영유아 평가는 영유아 개개인의 능력과 개인차 등을 평가하여 보육과정에 반영시킴으로써 개인 발달의 최대화를 도모하려는 데 목적이 있다. 그러나 영유아를 평가하는 일은 단순히 쉬운 일이 아니다. 보육 현장에서 교사들이 겪는 어려움 중의 하나가 영유아들의 현재 발달 수준을 정확히 파악하는 것이다. 영유아를 제대로 평가하는 것이 어려운 이유로는 측정상의 문제(김옥련·박찬옥, 1990)와 영유아 특성의 문제를 제시하고 있다.

측정상의 문제는 첫째, 영유아기 때문에 객관적인 측정을 할 때 오차가 많아질 수 있다. 둘째, 영유아보육은 전인적인 발달에 중점을 두고 있기 때문에 관찰기록 등에 의한 주관적인 자료를 이용해야 할 범위가 넓고, 그 결과로 평가 자체도 주관적인 경향이 강할 수 있다.

(1) 영유아 평가의 목적과 필요성

영유아 보육현장에서 평가의 목적은 보육의 효과를 과학적으로 측정하고, 그 결과를 해석, 처리함으로써 궁극적으로 보육계획의 수립에 필요한 귀중한 자료를 얻을 수 있을 때 그 의의가 있다. 내실 있는 보육프로그램의 질적 관리 체계의 확립과 변화하는 사회의 다양한 보육 수요에 대한 욕구를 충족시키기 위해서 어린이집의 질적 수준 향상은 반드시 이루어져야 한다. 따라서 보육에서의 평가는 보육정책의 효율성 측면에서도 실시되어야 하는 필수적인 활동이다.

이순형 등(2009)은 보육평가의 필요성을 다음과 같이 서술하였다.

첫째, 평가를 통해 영유아들의 현재 발달 상황을 바로 이해하고 바람직한 지식, 태도, 성격 등을 형성하는 데 필요한 정보를 얻는 과정으로서 필요하다.

둘째, 보육의 목표가 제대로 성취되었는지 확인하고, 프로그램의 전반적인 과정을 발전시키기 위해 필요하다. 보육목표의 성취 정도를 측정하기 위해서는 그 목표에 의해 선정된 보육의 내용, 보육계획과 방법, 환경구성, 교사와 영유아들의 상호작용 형태 등 보육 프로그램의 전반적인 영역들이 평가되어야 한다.

셋째, 보육교사와 부모가 영유아의 발달 상황에 대해 인지하고 있어야 하며 이는 어린이집과 가정을 연계해 보육의 질을 높이는 데 기여한다. 따라서 영유아들의 발달 상황에 대한 체계적이고 객관적인 자료를 수집하기 위해 평가가 필요하다.

(2) 영유아 평가의 유의사항

교육부(1998)에서는 유아교육기관에서 영유아를 평가할 때 다음과 같은 유의사항을 제시하고 있다.

① 영유아의 행동이나 발달을 객관적으로 평가해야 한다. 이를 위해 교사는 다양한 상황에서 자료를 수집하는 데, 일상적인 관찰, 부모와의 면담, 일화기록, 평정척도, 체크리스트, 작품 분석, 각종 표준화 검사의 실시 등을 수집한다.

② 영유아간의 상대적 비교보다는 개개 영유아에 대한 개인 내 평가를 해야 한다. 평가의 목적이 등급을 매기거나 성공 · 실패 영유아를 구별하는 것이 아니므로 영유아 개인 내의 평가를 통해 현재의 발달이 미래에 어떻게 진전될 것인가를 평가해야 한다.

③ 영유아에 대한 평가는 교육 활동이 진행되는 상황에서 결과보다는 과정에 초점을 맞추어 실시하여야 한다. 또 영유아의 전인적인 발달을 위하여 신체

적 건강 및 안전, 기본 생활습관, 정서적 안정, 대인관계, 의사소통 능력 및 탐구심 등에 중점을 두어야 한다.

(3) 영유아 평가의 내용

영유아에 대한 평가의 내용은 신체발달, 사회성 발달, 정서발달, 언어발달, 인지발달로 나누어 살펴볼 수 있다(황해익, 2000).

신체발달 평가는 영유아의 신체적 감각운동기능, 체력, 체격, 건강, 안전 등의 평가로 영유아들 자신이 자기 몸에 대해 관심을 가질 수 있도록 하기 위한 평가이다. 평가 내용은 지각 · 감각발달의 정도, 신장과 체중 등 신체조건, 대 · 소근육 협응 능력, 신체적 장애와 질병 등 건강상태, 운동 기능 등을 주로 측정한다.

사회성 발달 평가는 영유아의 가정생활, 집단생활에 관한 것으로 기본생활습관, 사회성숙도, 자아개념, 대인 및 교우관계, 사회인지, 성역할, 놀이유형 및 놀이발달 수준 등을 주로 측정한다.

정서발달 평가는 영유아의 정서적 안정감, 성격, 긍정적 태도, 성취감, 음악 · 미술 감상, 심미성 및 창의적 표현 등의 평가를 실시한다. 평가방법은 주로 검사(자아개념, 성취동기, 흥미, 태도, 성격, 창의성)가 이용된다.

언어발달 평가는 영유아의 과학적 사고능력, 논리 수학적 사고 능력 등의 평가를 하게 되는데, 지능, 학습준비도, 인지양식 및 인지발달 수준, 논리 수학적 개념, 학업성취도 등의 평가가 있다. 학업성취도 평가는 교육과정의 목표 달성도를 평가하는 것으로 각 발달 영역의 목표에 어느 정도 달성되었는가를 평가하는 것이다. 지능의 평가는 영유아가 지니고 있는 지능의 정도를 측정하여 학업진단에 이용하고자 하는 평가로 영유아를 이해하여 보육계획을 세우는 데 필요하다.

(4) 영유아 평가의 방법

평가의 방법은 매우 다양하나 보육 현장에서 가장 많이 활용되고 있는 평가방법은 관찰법, 질문지법, 면접법, 일화기록법, 표준화 검사, 사회성 측정법, 포트폴리오가 있다.

1 관찰법

관찰법은 영유아의 행동을 보다 더 잘 이해하기 위하여 영유아가 보여주는 여러 가지 상황이나 활동을 과학적인 방법으로 자세히 관찰하고 기록 · 분석함으로써 영유아의 발달 및 행동을 더 잘 이해할 수 있도록 하는 유아교육의 대표적인 평가방법이라 할 수 있다. 관찰법은 일상생활 속에서 영유아가 보여주는 자연스러운 행동을 쉽게 포착할 수 있는 평가방법이라 특히 나이가 어린 영유아에게 더 유용하게 사용된다.

2 질문지법

질문지법이란 어떤 문제나 사물에 관한 필요한 사항을 알아보기 위해 만든 일련의 문항들을 체계적으로 조직 · 작성하여, 응답자의 반응, 의견 및 태도 등을 파악하는 방법이다. 질문지법은 조사연구에서 가장 널리 활용되고 있는 자료수집 도구이다. 질문지의 문항이 어떻게 계획되고 설정되느냐에 따라 평가 결과의 성패가 달려 있다고 할 정도로 질문지에 대한 사전연구와 계획은 매우 중요하다.

질문지법은 응답자의 문장 이해력에 크게 의존하므로 영유아보다는 교사나 부모를 대상으로 많이 사용된다. 시간이나 경비 면에서 경제적이며 익명을 원하는 사람들에게 사용될 수 있는 장점이 있지만, 응답자의 언어적 표현능력에 의해 의존하는 경향이 강하며, 융통성이 부족하고 응답하는 상황에 대해 전혀 알 수 없고, 회수율이 낮다는 단점이 있다.

3 면접법

면접법은 질문지법과는 달리 평가자와 마주 앉아 일련의 질문을 하고 응답자는 답을 하는 방법으로 영유아뿐 아니라 부모나 다른 사람들로부터도 유용한 자료를 수집할 수 있는 방법이다. 특히 부모와의 면접은 가정에서의 영유아 행동과 또래관계를 포함한 영유아의 전반적인 생활 정보를 보다 종합적으로 파악하는데 유익한 방법이다.

면접법은 감정이나 생각, 의도와 같이 관찰보다는 직접 대화와 상호작용을 통하여 수집이 가능한 정보를 얻는데 매우 효과적이어서, 인지적 영역뿐만 아니라 태도, 흥미, 인성 등에 관한 정보를 얻는데 많이 활용되고 있다.

4 일화기록법

일화기록은 유아의 행동이나 언어를 객관적으로 관찰하여 사실적으로 기록하는 방법으로 보육 현장에서 가장 보편화된 평가방법 중 하나이다. 어떤 일화나 사건이 발생한 상황이 언제, 어디서, 어떻게 일어났으며 그 상황에서 유아가 어떻게 말하고 행동하였는지를 구체적이며 간단명료하게 즉시 기록한다. 이렇게 기록된 자료는 유아의 발달수준이나 흥미, 행동의 변화 등을 정확하게 이해할 수 있어 부모와의 상담 자료로 활용되고 있다.

일화기록 양식	
관찰 영유아 :	생년월일 :
관찰자 :	관찰일 :
관찰시간 :	관찰일 현재 영유아의 연령 :
관찰행동, 사건 :	
가록	
발달영역	
해석	

일화기록은 현장에서 가장 빈번하게 사용되는 방법으로 특별하게 정해진 양식 없이 어떤 한순간에 발생한 영유아의 행동을 순서대로 사실적이고 객관적으로 관찰하여 기록하는 방법이다. 일화기록은 이처럼 손쉬운 형태의 관찰기록이지만 일화기록을 적성할 때는 다음과 같은 유의할 점이 있다(황해익, 2004).

- 발달상 중요한 사건을 기록하기 원할 때 일화기록을 사용할 수 있다.
- 핵심단어를 사용하여 관찰한 후 가능한 빨리 간결하게 기록하거나 녹음한다.
- 관찰시간, 장면, 진행 중인 활동 등 상황적인 자료가 기록에 포함되어 있다.
- 관찰 아동의 주 행동이 적혀있다. 즉 한 가지 행동에만 초점이 맞추어져 있다.
- 유아가 한 말이 그대로 인용부호 " " 안에 적혀 있다.
- 관찰 아동의 말과 행동뿐만 아니라 그와 상호작용하는 다른 유아나 교사의 말과 행동도 기록되어 있다.
- 발달상 중요 포인트를 적어 놓는다.
- 기록이 객관적이고 사실적이며, 추론과 해석이 배제되어 있다.
- 각 유아의 발달상의 다양한 일화를 모으기 위해 정기적으로 포트폴리오를 체크한다.

5 표준화 검사

표준화 검사란 검사의 실시, 채점, 해석과정이 표준화되어 있어 상당한 수준의 신뢰도와 타당도를 갖춘 검사를 말한다. 표준화 검사는 객관적인 자료의 수집을 용이하게 해 주며, 제시되어 있는 규준에 따라 다른 영유아들과 상대적으로 비교할 수 있는 규준지향 검사이다. 표준화 검사의 종류로는 지능검사, 적성검사, 성취도검사, 창의성 검사, 성격검사, 자아개념 검사 등이 있다.

6 사회성 측정법

사회성 측정법은 한 집단에서 구성원들 간의 상호작용의 형태를 알아보는 방법이다. 이 방법은 비교적 실시가 간편하고 문항이 단순하기 때문에 영유아들에서부터 성인에 이르기까지 널리 적용될 수 있다. 보육 현장에서 영유아들의 교우관계를 알아보는 데 매우 유용한 방법이다. 사회성 측정을 위한 검사 도구는 지시문과 몇 개의 문항으로 구성되어, 영유아를 대상으로 할 경우 교사가 개별적으로 지시문을 읽어 주어 답을 하게 한다.

7 포트폴리오 평가

포트폴리오는 영유아의 발달과 학습에 대한 종합적인 기록과 증거들을 시간의 흐름에 따라 전체적으로 모아 놓고 영유아에 대한 기록과 활동 결과물을 종합적으로 평가하여 영유아의 전반적인 발달에 대해 평가하는 방법이다.

포트폴리오는 영유아의 발달과 학습에 대한 많은 자료를 제공하며, 향상 · 노력 · 성취에 초점을 맞추어 이루어지며, 영유아들의 개인차를 고려하고 다양한 능력에 초점을 맞추어 실시된다. 포트폴리오에 수집되는 자료는 시간을 가지고 지속적이고 체계적으로 수집하고, 영유아가 자신을 평가하는 과정에 직접 참여하여 수동적인 평가대상자에서 능동적인 평가참여자로 평가의 결과는 다시 피드백되어 영유아 개개인에 적합한 보육계획을 수립하고 수정해가는 데 활용한다.

자료의 종류에는 그림, 공동작업, 개별작업, 구성 활동 등이 있고 사진, 비디오, 녹음 등도 포함된다. 수집된 자료에는 반드시 날짜, 활동맥락, 특정 행동의 동기, 영유아들과의 관계 등에 대해 기록해 두어야 한다(윤애희 외, 2003).

2) 교사 평가

보육 현장에서 영유아들에게 가장 영향을 주는 요인 중의 하나가 교사로, 영유아의 전인적 성장과 발달을 도와 주는 역할을 한다. 교사의 능력으로 보육의 질을 판단할 수 있다. 보육교사는 영유아의 전인적 성장과 발달을 도와주는 중요한 요인이다.

교사 평가는 보육교사로서의 역할을 수행하는 데 필요한 전문적 능력개발과 자질 향상을 위하여 필요하며 영유아에게 도움을 주어 보육교사 자신이 속한 조직 전체의 질적 개선을 위해 필요하다. 즉 보육교사들은 자신의 수행을 판단할 수 있는 준거가 있어 장점과 약점을 인식함으로써 스스로의 발전을 도모할 수 있다.

보육교사의 평가 방법으로 일반적으로 수업에 대한 보육교사의 자기평가, 동료나 외부 관찰자 평가, 시험제도, 영유아의 수행능력, 전문가의 참관 또는 학부모 조사 등이 있는데, 이러한 방법들 중에서 보육교사의 자기평가는 보육교사들에 의해 가장 바람직한 평가방법으로 인식되는 것으로, 일정한 평가양식에 의하여 자신의 장 · 단점을 인식하여 스스로의 수행을 발전시킬 수 있고, 또 결과를 다음 보육계획에 반영시킴으로써 보육과정의 운영에 보다 효율적으로 이루어지도록 할 수 있다(황해익, 2005).

보육현장에서 교사의 평가 준거를 요약 정리하면 다음과 같다(이윤경 외, 2004).

표 12-1 보육교사 평가 준거

영 역	하위영역	내 용
일반적 특성	신체	신체적 건강, 활동성, 예의바른 태도, 바른 자세
	인성	적극성, 정서적 안정감, 자제력, 협동심, 성실성, 사려성, 긍정적인 인간관, 공정성, 부모 및 동료 교사와의 원만한 관계
	교양 및 지적 능력	다방면에 걸친 지적 능력, 순발력, 유창하고 명료한 언어 사용능력, 창의력
전문적 특성	교직에 대한 태도	보육교사직에 대한 사명감, 교육활동에 대한 열의, 전문성 신장을 위한 노력, 책임감, 수용적 태도, 적합성, 교직에 대한 신념
	교육기술	영유아보육과정 재구성 능력 및 실천능력, 평가능력 및 활용력, 교재·교구 제작 및 다양한 활용능력, 적절한 자극 및 개입 정도, 융통성 있는 영유아보육 활동 운영 능력
	전문적 지식	어린이집의 보육 철학에 대한 이해, 보육과정에 관한 지식, 생활지도 및 상담 지식, 다양한 교수방법에 대한 지식, 평가에 관한 지식

* 출처 : 이윤경 외, 2004.

3) 보육과정 및 프로그램 평가

보육과정 평가는 보육 평가의 중요한 부분이며, 주된 관심영역은 보육과정과 프로그램이다. 영유아들의 성장·발달은 보육과정을 통해 이루어지는 결과이므로 수업에 활용된 보육과정은 평가의 대상이 되어야 한다.

박재환(1999)은 보육과정 평가의 목적을 보육과정 자체가 적절한지, 보육계획 자체가 적절한지, 그리고 보육계획이 보육과정에서 효율적으로 수행되고 있는지를 알아보는 일이라 하였다. 이렇게 확인하는 절차를 통해 보육과정의 질을 높일 수 있으며, 각 단계에서의 평가 결과를 토대로 보육과정을 수정·보완하고 교수방법을 개선하며 교수 자료를 보완하는 데 있다고 한다.

적절한 보육목표를 세우고 영유아의 발달단계와 사회의 요구에 합당한 좋은 보육과정을 계획하였더라도 그것이 이론적인 것에만 그치면 무의미하다. 보육현장에서 실천을 통하여 항상 보육과정이 평가되고 개선되어 유효적절한 보육의 효과를 발휘할 수 있어야 한다.

보육프로그램 평가란 프로그램의 질적 수준과 효과를 평가하는 것으로 프로그램의 개선을 목적으로 한다. 즉, 프로그램 평가를 실시하여 그 결과를 영유아보육활동의 계획에 활용하여 보육과정의 질을 개선하고 보육 프로그램의 효과성을 높이는데 목적이 있다. 보육프로그램의 평가는 현재 진행되고 있는 보육과정 운영의 질적인 수준을 측정하는 것과 보육과정의 효과를 측정하는 것을 포함한다.

우리나라의 보육프로그램의 실제를 보다 깊이 이해하고 보육의 질을 향상시키며 정책의 방향을 수립하기 위하여 프로그램의 평가가 보다 활발하게 실시되어야 할 것이다. 프로그램의 평가를 단순히 영유아의 발달 및 능력을 측정하여 프로그램의 효과를 내보이거나, 다른 보육프로그램과 비교하여 상대적으로 우수성을 주장하기 위하여 실시하는 것으로 인식할 것이 아니라 진정한 보육프로그램의 역동성과 다양성을 조명하여 프로그램의 질을 향상시켜야 할 것이다(이진희, 2004).

4) 어린이집 환경 평가

영유아를 보육하기 위한 환경은 영유아에게 영향을 미치는 모든 상황과 사람을 포함한다. 또 영유아기는 성장과 발달의 속도가 빠르며 환경과의 긴밀한 상호작용을 통해 발달하므로 보육환경을 어떻게 조직적이고 합리적으로 잘 계획하고 구성하느냐가 영유아의 균형 있는 성장과 발달에 큰 영향을 미치며, 보육과정 운영의 정상화와도 밀접하게 관련된다.

어린이집의 환경은 크게 인적 환경과 물리적 환경으로 구분될 수 있다. 인적 환경은 부모, 보육교사, 또래집단 등과 같이 인적 요소를 포함하는 환경을 의미하며, 영유아들의 연령과 수, 보육교사의 수와 특성, 보육교사와 영유아간의 상호작용 형태에 따라 인적 환경은 달라진다. 물리적 환경은 사람들이 어떻게 느끼고, 얼마나 편안한지, 다른 사람들과 어떻게 관련되고, 어떻게 성공적으로 성취하는가에 영향을 미친다. 특히 영유아는 물리적 환경을 능동적으로 탐색하고 상호작용하면서 배워 나가게 된다. 잘 조직되고 풍부한 환경은 학습과 성장을 향상시킨다(한임순, 2001).

국내 · 외 유아교육기관 평가 연구들을 보면, 교육과정 영역, 물리적 환경 영역, 교사와의 상호작용 등 중요하게 고려되고 있다. 국내외 유아교육 프로그램 및 유아교육기관 평가에 대한 연구를 요약하면 다음 〈표 12-2〉에 제시되어 있다(황해익, 2000).

표 12-2 유아교육기관 및 프로그램 평가영역

평가도구	개발자(연도)	영역(문항수)	평가영역 및 내용
ECERS (유아교육환경 평정척도)	Harms & Clifford(1980) 임재택 역(1983)	7(37)	생활습관 지도, 비품 및 작품의 진열과 배치, 언어 · 개념 학습 활동, 대 · 소근육 운동 활동, 창의성 활동, 사회성 활동, 교사 · 부모 환경
FDCRRS (가정어린이집 평정척도)	Harms & Clifford(1989)	6(32)	보육과 학습을 위한 공간과 설비, 기본적 보육, 언어 · 개념학습, 학습활동, 사회성 발달, 성인을 위한 배려
NAEYC의 질 높은 유아교육프로그램의 준거	NAEYC(1998)	10(120)	교사-영유아 상호작용, 교육과정, 교사-부모 상호작용, 교사의 자격 및 발달, 운영, 교사 편제, 물리적 환경, 건강 및 안전, 영양 및 급식 서비스, 평가
APECP (유아교육 프로그램 평가프로파일)	Abbort-Shim & Sibley(1987) 강숙현 역(1984)	5(145) 5(129) 6(147)	운영관리 : 시설 설비, 영양 및 급식, 프로그램 운영, 인사관리, 프로그램 발전 영아기 프로그램 : 건강과 안전, 영양, 학습환경, 상호작용, 개별화 유아기 프로그램 : 건강과 안전, 학습 환경, 일과계획, 교육과정, 상호작용, 개별화(학동기 프로그램은 제외)
유아교육 프로그램 평가척도	이은해 · 이기숙(1996)	10(169)	일과계획, 교육과정, 상호작용, 물리적 환경, 교재 · 교구, 영양 · 건강 · 안전, 운영관리, 교직원, 가정 및 지역사회와의 관계, 평가활동

5) 평가 결과의 적용 및 활용

보육에 대한 평가는 그 자체가 의미가 있는 것이 아니라 그 결과가 의미 있고 바르게 해석하며 이것을 유용하게 이용하는 것이 중요하다. 따라서 평가 결과를 해석할 때는 신중을 기해야 하며, 잘못된 해석으로 평가 본래의 목적 이외에 다른 목적으로 이용되는 일이 없도록 유의해야 한다.

조성연 등(2004)은 보육평가의 활용방법을 다음과 같이 제시하였다.

첫째, 평가 결과는 영유아의 장단점을 파악하게 해 주고, 이들의 욕구를 만족시키며 동시에 영유아의 전인적인 발달을 자극할 수 있는 보육경험, 즉 영유아의 잠재력을 최대한 개발시킴과 동시에 이들의 능력이나 행동특성, 관심 분야에 따른 프로그램과 교수-학습활동 및 다양한 교수방법을 개발하고 계획하는 데 기초가 된다. 이를 통해 개별 영유아에 대한 개인별 발달상황과 향상 정도를 확인함으로써 개별화된 보육활동을 가능하게 해 준다.

둘째, 평가 결과는 어린이집 단위의 자체 연수와 자율 장학을 체계화할 뿐만 아니라 보육프로그램과 가족지원 서비스 체계를 개발하기 위한 기초 자료로 활용할 수 있다.

셋째, 보육프로그램 운영에 대한 평가 결과는 교사로 하여금 질적으로 향상된 역할 수행을 가능하게 함으로써 보육프로그램의 개선에 도움을 준다.

넷째, 어린이집에 대한 평가 결과를 통해 환경을 개선하고 어린이집을 효과적으로 운영하기 위한 기초 자료로 활용할 수 있다.

다섯째, 정기적이고 체계적인 평가 결과를 지역사회에 알림으로써 신뢰받는 어린이집으로서의 위상을 구축할 수 있다.

여섯째, 영유아 평가 결과는 부모와의 면담 자료로 활용할 수 있다.

일곱째, 문제가 있는 영유아를 전문가에게 의뢰할 때 문제해결 방안의 기초 자료로 활용할 수 있다.

이처럼 보육평가 결과는 여러 측면에서 매우 유용하게 활용될 수 있으므로 보다 정기적이며 객관 타당한 평가 결과를 알기 위해 자체평가와 전문가나 평가담당자에 의한 외부평가도 지속적으로 병행 실시되어야 한다. 또한 수량화된 점수에만 치우쳐 결과를 잘못 해석하는 경우도 있으므로 평가 결과 점수에만 집착할 것이 아니라 평가하는 과정에서 얻을 수 있는 이득을 고려하고, 해당 영역이나 항목에 대한 보다 구체적인 설명을 보완하여 기록함으로써 실제적인 개선에 참고할 유용한 자료를 얻을 수 있도록 해야 한다. 그리고 평가를 일회성 활용으로 그칠 것이 아니라 정기적, 지속적으로 실시하여 발전 모습을 구체적으로 프로파일로 작성하여 어린이집의 연차적 또는 점진적 개선을 위한 참고 자료로 활용하는 것이 중요하다(이연섭 외, 2006).

3. 어린이집 평가인증

1) 기본방향과 법적 근거

어린이집 평가인증의 기본방향은 보육서비스에 대한 효과적인 질 관리 시스템을 마련하고, 부모들이 합리적으로 어린이집을 선택할 수 있도록 정보를 제공함에 있다.

어린이집 평가인증의 법적 근거는 영유아보육법 제30조이다. 보건복지부장관은 보육서비스의 질적 수준 향상을 위하여 어린이집에 대한 평가인증을 실시하고, 업무는 공공 또는 민간 기관 · 단체 등에 위탁하여 실시할 수 있다고 규정하고 있다.

2) 인증 운영체계와 과정

(1) 신청 단계

평가인증을 위탁받아 수행하는 기관은 한국보육진흥원이다. 영유아보육법 제12조 및 제13조, 제14조에 의하여 설치된 국 · 공립 어린이집, 사회복지법인 어린이집, 법인 · 단체 등 어린이집, 직장 어린이집, 가정 어린이집, 부모협동 어린이집, 민간 어린이집(방과후 전담 어린이집 제외)으로서 현재 미인증 상태인 어린이집은 신규인증 평가 대상이 된다. 재인증은 현재 인증을 유지하고 있는 어린이집으로서 인증 유효기간 만료시점이 도래한 어린이집이다.

어린이집 평가인증 운영체계를 도식화하면 다음과 같다.

단계	내용	절차	주관
신청단계	○ 상시 자체점검 ○ 상시 신청	신 청	어린이집
		평가인증 컨설팅	육아종합지원센터
1단계 참여확정 (2개월)	○ 기본사항 확인 ○ 자체점검보고서 제출 및 참여수수료 납부 ○ 참여대상 확정	기본사항 확인	지자체
		자체점검보고서 제출 참여수수료 납부	어린이집
		참여대상 확정	한국보육진흥원
2단계 현장관찰 (1개월)	○ 현장관찰(현장관찰자) - 현장관찰 실시 - 현장관찰보고서 작성 및 제출	현장관찰	한국보육진흥원
3단계 심의 (1개월)	○ 인증심의(심의위원회) - 종합평가서 및 결과통보서 작성 ○ 인증결정	심 의	
		인증결과 발표 인증서, 인증현판 발급	

[그림 12-1] **어린이집 평가인증 운영체계**

(2) 인증과정

1 1단계 : 참여확정

단 계	주 체	내 용
신청단계 (상시)	어린이집	· 상시 자체점검 · 상시 신청
참여 확정	한국보육진흥원	· 기본사항 확인 대상, 방법 및 일정 안내 (시 · 도, 시 · 군 · 구 대상)
	시 · 도, 시 · 군 · 구	· 기본사항 확인 및 결과 입력
	한국보육진흥원	· 기본사항 결과 확인 · 자체점검보고서 세출 및 참여수수료 납부 안내 (필수항목 준수 어린이집 대상)
	어린이집	· 자체점검보고서 제출 및 참여수수료 납부
	한국보육진흥원	· 참여대상 어린이집 확정

[그림 12-2] **참여확정 업무 흐름도**

2 2단계 : 현장관찰

한국보육진흥원에서는 현장관찰자의 거주지와 어린이집 소재지를 지역별로 교차하여 현장관찰자를 배치 및 파견한다. 어린이집 1개소당 2인(정원 99인 이하 어린이집) 또는 3인(정원 100인 이상 어린이집)의 현장관찰자가 방문하여 1일간 관찰을 실시한다. 사전에 어린이집 각각에 대해 1주간의 관찰주간을 지정하여 어린이집에 통보하며, 해당 관찰주간 중 현장관찰일을 정하여 사전 고지없이 어린이집에 파견한다. 현장관찰자의 어린이집 도착 예정시간은 08:30~09:30이며, 관찰종료 예정시간은 16:30~17:30이다.

현장관찰일에는 미임용 보육교직원 확인, 관찰어린이집의 보육교직원 및 영유아 재원상황, 어린이집에서 제시한 하루일과표와 실내외 전체, 하루 일과 전반에 걸쳐 관찰, 문서검토, 면담 등의 방법을 통해 진행한다. 현장관찰 후에 어린이집의 원장과 현장관찰자는 평가인증에 영향을 미치는 항목에 대해 상호 확인한 후 '현장관찰 상호확인서'에 서명한다.

3 3단계 : 심의

심의는 학계전문가, 현장전문가, 보육담당공무원으로 구성된 심의위원회에서 진행한다. 심의위원들은 자체점검보고서, 기본사항확인서, 현장관찰보고서 등을 개별 검토한 후, 심의기준에 맞추어 심의위원회 의견서를 작성하고 검토한 결과를 토대로 어린이집의 질적 개선 방향을 제시하는 종합평가서를 작성한다. 인증결정은 기본사항확인서 10%, 자체점검보고서 10%, 현장관찰보고서 55%, 심의위원회 의견서 25%를 반영하며, 인증결과는 총점 및 영역별 기준 점수에 의해 결정되며, 총점 및 영역별 기준 점수는 2.25점(3.00만점)/75점(100점만점)이다.

인증결과는 인증, 인증유보 및 불인증으로 구분하여 총점 및 모든 영역의 점수가 기준 점수를 통과한 경우에 '인증'이고, 총점 또는 영역별 점수가 기준 점수를 통과하지 못한 경우에 '인증유보(신규인증)' 또는 '불인증(재인증)'이며, "심의 필수확인 항목" 중 어느 하나 이상 항목에 해당될 경우에 '불인증'을 받게 된다. 인증결과가 발표된 달의 15일부터 3년간 인증이 유효하다.

보건복지부(한국보육진흥원)는 평가인증을 통과한 어린이집에 대하여 보건복지부 장관 명의의 인증서 및 인증현판을 배부한다.

참고문헌

강문희 · 윤애희 · 이경희 · 정정옥(2006). **유치원 · 보육시설 운영관리**. 서울 : 학지사.

강문희 · 장연집 · 정정옥(1998). **아동정신건강**. 경기 : 정민사.

강숙현(1994). **유아교육 프로그램 평가척도의 이해와 활용**. 서울 : 동문사.

강영희 · 박희숙 · 배소연 · 이기숙 · 정미라(1997). **영유아를 위한 안전교육**. 경기 : 양서원.

강유선(2006). 유아의 보육경험과 애착유형 및 사회적 능력과의 관계. 성신여자대학교 대학원 석사학위논문.

공인숙 · 한미현 · 김영주(2005). **보육학개론**. 경기 : 교육과학사.

곽금주 · 성현란 · 장유경 · 심희옥 · 이지연 · 김수정 · 배기조(2005). **한국영아발달연구**. 서울 : 학지사.

교육과학기술부(2008). **유치원교육과정 해설**. 교육과학기술부.

교육인적자원부(2000). 유아를 위한 안전교육 지도자료.

교육인적자원부(2007). 2007년 개정 유치원 교육과정.

구정화 · 박윤경 · 설규주(2009). **다문화교육 이해**. 서울 : 동문사.

권영례 · 이영자(1997). **유아교육기관의 운영관리**. 서울 : 창지사.

김경회 · 김선영 · 김신영 · 김지은 · 김혜금 · 문혁준 · 서소정 · 안선희 · 안효진 · 이희경 · 정선아 · 황혜원(2006). **보육학개론**. 서울 : 창지사.

김광웅(1990). 장애통합교육에 관한 연구. 단국대학교 특수교육연구소.

김만두(1990). 탁아시설 종사자의 양성 및 교육과정에 대한 토론. 한국 탁아사업의 어제와 오늘. 세미나 자료집. 한국행동과학연구소.

김명순 · 이미정 · 이완정 · 최혜영 · 이한영 · 이윤선 · 마미정(2013). **어린이집 표준보육과정 및 0~2세 영아보육프로그램의 이해**. 중앙보육정보센터.

김명순 · 이미화(2005). **포괄적 보육서비스 아동교육프로그램**. 서울 : 다음세대

김숙경(1985). 유아기 통합교육을 위한 부모 및 교사의 태도에 관한 연구. 이화여자대학교 교육대학원 석사학위논문.

김숙령(1997). 영유아기의 탁아경험과 유아의 부모에 대한 애착 및 사회정서적 문제행동과의 관계. **아동학회지**, 18(2), 5-18.

김연진 · 송주미 · 문현주(2006). **유아건강 및 안전지도의 이해**. 서울 : 상조사.

김연진 · 이상희(2006). **아동복지의 이해**. 서울 : 태영출판사.

김영모(1995). 한국영유아보육정책의 과제와 방향. **한국영유아보육학**. 2. 한국영유아보육

학회.
김영모 · 표갑수(1998). 선진국 아동보육 제도와 보육 프로그램. 한국복지정책연구소출판부.
김영옥(2002). 유아 다문화 교육 프로그램 모델 개발 연구. **유아교육학논집.** 6(2). 5-38
김은혜(2006). 통합보육시설의 방과 후 프로그램. 장애아동 방과 후 프로그램 모델정립. 한국 방과 후 아동지도학회 춘계학술대회 자료집. 87-93.
김인아(2000). 일본 유아교육 · 보육정책 연구. 이화여자대학교 대학원 석사학위논문.
김정원 · 이정아(2002). 유아의 방과 후 활동 경험과 일상적 스트레스와의 관계. **아동학회지** 23(6).
김종해 · 백선희 · 이미정 · 이원영 · 임재택(2005). 한국 유아교육 · 보육 관련법과 제도의 역사와 미래. 한국 유아교육학회 2005 창립 30주년 기념식 및 정기 학술대회. 39-85
김주성(1998). **아동의 건강과 영양**. 서울 : 학문사.
김지현 · 김수희 · 김정숙(2008). **보육학개론**, 서울 : 학현사.
김진이(2000). 포괄적 보육 프로그램 개발을 위한 보육욕구에 관한 연구. 연세대학교 대학원 박사학위논문.
김진이(2002). **포괄적 아동 보육서비스**. 서울 : 고헌.
김현희(1991). 탁아와 영유아의 사회성 발달. **탁아연구**. 경기 : 양서원.
김현희(1994). 독일, 세계의 탁아제도 세미나, 탁아연구모임.
김혜경(2001). 영유아 교육기관의 개원과 운영. 서울 : 창지사.
김혜경(2006). 평가인증 이렇게 준비하세요, 서울 : 창지사.
김혜금(2005). 학령기 자기보호아동과 성인보호 아동간 가정내 안전사고 위험요인 연구. **방과후아동지도연구**. 2(1). 99-119.
김희연(2001). 구성주의와 유아교육 : Piaget의 구성주의의 분석을 통한 구성주의 유아교육론의 개념적 확장. **유아교육연구,** 21(4), 157-188.
김희진 · 오문자 역(1996). **레지오 에밀리아의 유아교육**. 경기 : 정민사.
나가따 게이꼬(1990). 완구의 안전성 향상 방안 : 일본의 사례연구, 국제연합아동기금 주관, 아동발달을 위한 완구의 디자인 및 생산에 관한 세미나. 1990. 5. 8.
남궁수진(2006). 보육경험 및 보육의 질과 유아의 사회 · 정서 발달과의 관계. 수원여자대학교 교육대학원 석사학위논문.
노명민(2006). 의정부 삼성어린이집 통합보육 프로그램의 예. 삼성복지재단 제14회 국제학술대회 자료집. 323-350.
대한소아알레르기 및 호흡기학회 편(1995). 감기를 달고 사는 아이들. 풍경.
대한적십자사(1995). 위급시 응급처치.
덕성여자대학교 부속유치원(1997). 유아 영양과 요리 활동. 서울 : 창지사.
도미향(1999). 보육서비스가 기혼 여성의 취업 및 가족복지감에 미친 영향. 숙명여자대학교 대학원 박사학위논문.
류경(2000). 보육시설 초기적응 과정의 영아행동 특징과 변화에 관한 연구. 부산대학교 대학원 석사학위논문.

문연심(1996). 스웨덴의 탁아 및 육아휴직제도에 관한 연구. 강남대학교 인문과학연구소. **인문과학논집** 1. 209-234.

박경자(1994). 영국, 세계의 탁아제도 세미나, 탁아연구모임.

박성옥 · 이영환 · 한유미 · 곽혜경 · 양연숙 · 이진숙 · 장혜자 · 안은숙 · 이민경 · 김연주(2003). **영유아의 건강과 안전**. 서울 : 창지사.

박성희(2000). 장애유아 통합보육에 관한 어린이집 원장의 의식조사연구. 청주대학교 행정대학원 석사학위논문.

박영춘(1986). 장애아를 위한 조기통합교육의 방향 탐색에 관한 연구. 단국대학교 대학원 석사학위논문.

박정선(1998). 영국 · 미국 · 독일의 아동보육정책의 형성과 발달 현황. **연세사회복지연구**. 5. 63-96.

박찬옥 · 전경화 · 구수연 · 곽현주 · 정연희 · 서의정 · 백영숙 · 이옥임 · 이예숙(2013). **보육학개론**. 경기: 정민사.

박화문 · 박재국 · 김윤혜 · 김영한 · 김영경 · 박미화 · 이정순(1999). **장애유아의 교육과 지도**. 서울 : 창지사.

배소연 · 이영미 · 정미라(2000). **유아건강교육**. 경기 : 양서원.

배화여자대학교 유아교육과(2008). **교재교구를 활용한 다문화교육의 실제**. 서울 : 다음세대.

변용찬(2001). 보육정책의 기본방향. 보육발전위원회 기획단.

보건복지부(1996). 영유아보육프로그램.

보건복지부(1998). 영유아안전 보육프로그램 1.

보건복지부(2011). 아이사랑플랜.

보건복지부(2013). 제2차 중장기보육 기본계획.

보건복지부(2013.1) 제3차 어린이집 표준보육과정 고시(제2013-8호)

보건복지부(2016). 보육사업안내.

부산광역시 보육정보센터 편집부(2002). 세계의 보육제도. **부산보육정보** 7. 8-13.

삼성복지재단(2005). 삼성어린이집 유아보육프로그램. 서울 : 다음세대.

서문희(2001). 특수보육의 현황과 활성화 방안 : 장애아동 보육을 중심으로. 한국보건사회연구원.

서문희 · 이상헌 · 임유경(2000). 보육시설 평가인증제도 도입방안 연구. 한국보건사회연구원.

서영숙(2003). 특수보육시설의 운영의 문제점과 발전방안. 한국영유아보육시설 유형별 운영현황과 발전방안. 170~221. 2003 한국영유아보육학회 추계학술대회.

서영숙 · 서혜전 · 박진옥(2011). 영유아보육의 이념과 정책지원체계. 영유아보육법 제정 20주년 기념 2011 춘계 보육관련학회 통합학술대회 자료집.

서울대교육연구소(1998). **교육학대백과사전**. 서울 : 하우동설.

서울특별시 보육시설연합회(2003). 안전한 보육환경 조성을 위한 안전교육프로그램.

서지영 · 김선아 · 백선복 · 성윤숙 · 승금희 · 이승현 · 최우진(2006). **인간행동과 사회환경.** 서울 : 대왕사.

성영혜(2000). 남북한 보육제도의 비교고찰. 숙명여자대학교 아동연구소.

성영혜 · 김수정(2001). 북한 보육제도 비교연구. **한국아동복지학. 12.** 109-130.

성영혜 · 김현자(2005). **영아보육과 치료놀이프로그램.** 서울 : 형설출판사.

성원경 · 이춘자 · 조인경(2010). 국가 수준 유치원 교육과정과 유치원 교육활동 지도자료에 대한 교사들의 인식. **육아지원연구. 5(1).** 5-26.

손화희 · 임선빈(2003). 학령기 아동의 방과 후 자아존중감 프로그램 개발 및 참여효과에 관한 연구. **아동학회지 24(2).** 123-134.

송명자(1996). **발달심리학.** 서울 : 학지사.

수원근로복지공단 어린이집 2008운영보고 자료집.

신덕순(1999). 보육사업의 질적 수준 제고를 위한 한 · 일 비교연구. 국민대학교 행정대학원 석사학위청구논문.

신현정(2003). 보육시설 초기적응에 대한 보육교사 인식 연구. 숙명여자대학교 대학원 석사학위논문.

신화식 · 양옥승 · 신현옥 · 이상화 · 김명희 · 김향자 · 곽노의 · 이희경 · 오은순 · 김영숙 · 이성희 · 배지희(2004). **영유아교육 프로그램.** 경기 : 교문사.

심성경(1989). NAEYC 기준에 대한 한국 유아교육 프로그램의 질에 관한 분석. 이화여자대학교 대학원 박사학위논문.

양옥승(1994). 한국의 영유아 보육현황과 발전방안. **여성연구. 43.** 한국여성개발원.

양옥승 외(1996). **각국의 탁아제도 비교연구.** 서울 : 창지사.

연세대학교 산학협력단 · 한국보육진흥원(2012). 5세 누리과정에 기초한 어린이집 프로그램 칭 연령연계 프로그램 개발. 보건복지부.

오미영 · 안현애(1999). 보육시설 평가기준 및 평가체제 개발. 한국보건사회연구원.

유애열(2001). 삼성포괄적 보육서비스 개발배경. 보육시설에서의 포괄적 보육서비스. 삼성복지재단 제9회 국제학술대회.

유희정(2003). 보육사업의 공공화 및 다양화 실행방안 연구. 한국여성개발원

유희정(2008). 보육정책 : 미래지향적 추진 방향과 과제. 2008 7월 보육정책토론회.

육아정책연구소(2012). 5세 누리과정 운영지원을 위한 교사연수 자료집.

윤선영(1998). 독일의 보육현황. 지역사회탁아소연합회.

윤애희 · 김온기 · 박정민 · 곽윤숙 · 주영은 · 박정문 · 정정옥 · 임명희 · 정지영(2003). **보육의 이해와 영유아프로그램.** 서울 : 창지사.

윤주화(1998). 걸음마기 아동의 문제행동과 교사의 어려움에 관한 연구. 동덕여자대학교 대학원 석사학위논문.

이기숙 · 장영희 · 정미라 · 배소연 · 박희숙(2002). **영유아를 위한 안전교육과 응급처치.** 경기 : 양서원.

이명환(1999). 독일상황중심 유아교육 : 독일상황중심 유아교육이론과 한국적 적용. 열린유아

교육학회.
이상우 · 정광복(1994). **신안전교육**. 서울 : 세종출판사.
이소현(2004). **유아특수교육**. 서울 : 학지사.
이소현(2005). 장애아동 통합보육의 질적향상을 위한 방안 모색. 한국아동학회 추계학술대회 자료집. 70-94.
이소현(2006). 장애유아통합보육 프로그램의 시작과 실행에 대한 시설장 및 교사들의 인식. 삼성복지재단 제14회 국제학술대회 자료집. 285-322.
이소현 · 박은혜(2001). **장애유아 통합유치원교육과정.** 사회적 통합촉진을 위한 활동중심의 교육과정. 서울 : 학지사.
이소희(2006). **보육학개론**, 서울 : 양서원.
이소희 · 강경자 · 마미정 · 김주아(1996). **보육학개론**. 서울 : 대왕사.
이소희 · 도미향(1995). 한국보육학 연구경향의 분석. **아동연구.** 4, 39-59.
이소희 · 박인전 · 도미향 · 김민정(2002). **방과후아동지도**. 서울 : 도서출판 양지.
이순형(1999). 보육시설 유아기 보육프로그램 개발 평가연구. **아동학회지 20(2).** 151-169.
이순형 · 이혜승 · 이성옥 · 황혜신 · 이완정 · 이소은 · 권혜진 · 이영미 · 정윤주 · 한유진 · 성미영(2005). **보육학개론.** 서울 : 학지사.
이순형 · 최일섭 · 신영화 · 이옥경(1998). 보육시설의 환경운영관리 및 프로그램 평가.
이연섭 · 김영주 · 나정숙 · 엄정례 · 전경화 · 한은숙 · 홍은경(2005). **유아교육과정**. 경기 : 교육과학사.
이영(1990). 탁아와 유아발달. 탁아와 유아교육 세미나. 덕성학원 설립 70주년 기념세미나자료집. 3-24.
이영 · 이미혜 · 조미화(1990). 종일제 유아교육프로그램의 종단적 효과에 관한 연구. **연세대학교 생활과학논집,** 4.
이옥 · 김은설 · 신나리 · 문무경 · 최혜선(2006). 육아정책의 효율성 제고를 위한 유아교육 · 보육의 협력과 통합방안, 육아정책개발센터.
이옥(1996). 스웨덴의 아동보육제도 연구. **대한가정학회지.** 33(4). 187-202.
이옥 · 노성향(1996). **방과후 아동보육론**. 서울 : 창지사.
이영석(1994). 보육 프로그램 개발의 활성화 방안. 한국영유아보육학회.
이영자 · 권영례(1997). **유아교육기관의 운영관리**. 서울 : 창지사.
이원영(1990). 탁아시설 종사자의 양성 및 교육과정. 한국 탁아사업의 어제, 오늘, 내일. 세미나 자료집. 한국행동과학연구소.
이원영(2009). 국가 수준 유치원교육과정의 어제 · 오늘 · 미래. 2009 한국육아지원학회 추계학술대회 자료집. 9-44.
이윤경 · 김선영 · 김성희 · 김지은 · 나종혜 · 문혁준 · 신인숙 · 안선희 · 천희영 · 최은미 · 황혜신 · 황혜정(2004). **유아교육개론**. 서울 : 창지사.
이은해(2002). 보육시설 프로그램 평가도구의 개발과 타당화. 영유아 교유기관의 인정제 : 한국 · 일본 · 미국 · 영국 · 호주, 삼성복지재단과 이화여대 유아교육학과 BK21 핵심연구

팀 공동 주최 국제학술대회 자료집, 93-130.

이은해 · 이기숙(1995). 유아교육 프로그램 평가척도의 타당화 연구. **유아교육연구,** 16(1), 157-178.

이은해 · 이기숙(1996). **유아교육 프로그램 평가척도** : 교사를 위한 활용지침서. 서울 : 창지사.

이은해 · 이미리 · 박소연(1009). **아동연구방법의 이해**, 서울 : 학지사.

이진희(2004). 유아 표준화 검사에 대한 고찰, 교육과정 연계를 위한 대안 탐색. **교육학논총 25(10)**. 35-147.

이창미 · 김수진 · 오의정 · 김지영(2001). 우리끼리 통해요 : 장애아동 통합교실 운영. 서울 : 곡교어린이집.

이창미 · 장혜성 · 김수진(2005). **장애아 통합보육론**. 경기 : 교육과학사.

이화도(2009). 유아교육학제 : 선진국 사례와 방향성 모색. 한국유아교육학회 학술토론회 자료집, 1-17.

이소현 · 박은혜(1998). **특수아동교육**. 서울 : 학지사.

임미혜 · 이혜원(2007) **보육학개론**, 서울 : 학현사.

임재택(1990). 세계 주요 8개국 탁아제도와 정책의 분석. **여성학연구. 2(1)**. 부산대학교 여성연구소.

임재택(2001). **보육시설 운영관리**. 경기 : 양서원.

임재택 · 김은주(2007). 생태유아교육의 과제와 전망에 관한 탐색연구. **유아교육연구**. 381-404.

임희도 · 고종령 · 신세호 역(1996). **교육목표 분류학**. 서울 : 범문사.

장대은(1997). 장애유아의 일반유치원 통합에 필요한 기술의 중요도에 대한 특수교사와 일반유치원교사의 인식 비교. 이화여자대학교 교육대학원 석사학위논문.

장명림(2005). 영유아교육정책의 동향. 영유아와 교사의 효율적 상호작용. 한국영유아교원교육학회 연차학술대회 자료집, 11-28.

장영희(1997). 유아를 위한 다문화 교육의 개념 및 교수방법에 대한 이론적 고찰. **성신연구논문집. 35**. 295-312.

장영희 · 정미라 · 배소연(1997). 유아교육기관의 안전교육 실태, **유아교육연구,** 17(1), 23-44.

전성태(1997). 초등학교의 안전교육에 대한 연구, 경남대학교 교육대학원 석사학위논문.

정미라 · 배소연(1999). 유아교사의 안전지식의 정도에 관한 연구. **유아교육연구,** 19(2), 189-205.

정민자 · 박초아 · 이진숙(1997). **방과후 아동지도**. 경기 : 양서원.

정민정(2006) 저출산시대의 아동복지 : 기업차원의 과제와 전망. 대한아동복지학회 2006 추계 학술대회 자료집. 45-75.

정병호(1999). 일본 교육개혁의 문화적 의미 : 보육원과 초등학교 교육의 접점 연구. **교육인류학 연구,** 2(3), 1-40.

정순영(2003). 다문화 그림책을 활용한 교육활동이 유아의 가족구조 및 이혼에 대한 태도에 미치는 영향. 성균관대학교 교육대학원 석사학위논문.

조복희(1999). **아동발달**. 경기 : 교육과학사.

조성연 · 이정희 · 김온기 · 황혜정 · 나유미 · 박진재 · 송혜린 · 임연진 · 나종혜 · 권연희(2004). **영유아보육론**. 서울 : 학지사.

조추용 · 오정옥 · 한성심 · 이채식(2008). **가족복지론**. 서울 : 창지사.

조혜경 · 이순영 · 황성원 · 노은호 · 구경선 · 곽혜경 · 박금희 · 조미환 · 나은숙 · 문영보(2006). **보육학개론**. 서울 : 창지사.

지성애 · 김영주 · 엄정례 · 조경사(2001). **영아(0~36개월)프로그램의 이론과 실제**. 경기 : 정민사.

지성애 · 홍혜경 · 이정욱 · 장명림(2015). 유아교육 · 보육 통합 모델 구축. **유아교육연구**. 35(5), 5-29.

최미현 · 박명화 · 박성미 · 최양미 · 김애자 · 김경신(2000). **영유아 보육의 이해**. 서울 : 창지사.

최민수(1996). **비교유아교육론**. 경기 : 양서원.

최선규(1993). 사무직 취업모를 위한 보육제도에 관한 연구. 동국대학교 행정대학원 석사학위논문.

최영일(1998). 초등학교 안전교육에 관한 연구, 한국교원대학교 대학원 석사학위논문.

통계청(2016). 경제활동인구조사.

통계청, 여성가족부. 보도자료(2015. 12. 7). 2015일 · 가정양립 지표.

통계청. 인구동향조사. 각년도.

하지영 · 박성연(2005). 아동의 기질, 어머니의 양육행동 및 보육경험이 아동의 불순응 행동에 미치는 영향. **아동학회지**, 26(2), 55-74.

한국교육개발원(1995). 어린이 안전교육지침서, 한국산업안전공단.

한국어린이육영회(1990b). 2, 3세 유아를 위한 종일제 프로그램.

한성심(2004). 영유아보육법 개정에 따른 보육프로그램 재조명. **유아교육 · 보육행정연구**. 8(1).

한성심 · 김현자 · 서지영(2013). 보육과정. 서울 : 태영출판사.

한성심 · 송주미(2014). **아동복지론**. 서울 : 창지사.

한임순(2001). **최신유아교육개론**. 서울 : 동문사.

현온강 · 태진(2000). 보육환경의 질과 영유아의 적응. **대한가정학회지**, 38(3). 25-42.

현은자 역(1992). **어머니의 양육과 타인의 양육**. 경기 : 양서원.

현정환(2002). 일본의 보육소 보육지침에 관한 고찰. **서울신학대학교 교수논총**. 10. 551-576.

황해익 · 서정현 · 송연숙 · 이경화 · 최혜진(2009). **유아교육개론**. 경기 : 공동체.

황해익(2000). **유아교육기관에서 포트폴리오 평가**. 서울 : 창지사.

황혜정 · 김경희 · 이혜경 · 어주경 · 나유미(2003). **아동과 환경**. 서울 : 학지사.

Abbott-Shim, M., & Sibley, A.(1987). *Assessment profile for early childhood programs.* Atlanta, GA : Quality Assist, Inc.

Baker, G. C.(1979). In Hartley(ed). Comment, A Research/Action Report on Woman. 12(1). 2 Washington D.C.

Baker, G. C.(1994). *Planning and Organizing for Multicultural Instruction,* Addison-Wesley.

Berns, R. M.(1997). *Child, family, school, community : Socialization and suppurt.* New York : Holt, Rinehurt and Winson.

Bredekamp, S., & Willer, B. A.(1996). *NAEYC accreditation : A decade of learning and the years ahead.* Washington DC : NAEYC.

Bronfenbrenner, U.(1979). *The Ecology of Human Development,* M. A. : Harvard University Press.

Carman, G. O.(1996). How can evaluation help the agency with licensing, funding, and accreditation? In P. Pecora et al.(Eds), *Quality improvement and evaluation in child and family services : Managing into the next century*(pp. 197-214). Washington D C : CWLA Press.

Children's Hospital Boston(2001). *The children's hospital guide to your child's health and development,* Perseus Publishing.

Clarke-Stewart, A.(1992). Consequences of child care for children's development. In A. Booth(Ed.), *Child care in the 1990s : Trends and consequences*(pp. 63-82). Lawrence Erlbaum Associates, Publishers. NJ : Hillsdale.

Decker, C. A., & J. R, Decker(1992). *Planning and administerging Early Childhood Program.* Bell & Howell Co.

Derman-Sparks, L., & ABC Task Force(1989). *Anti-bias Curriculum : Tools for Empowering Young Children,* Washington, DC : National Association for the Education of Young Children.

Douglas R. Powell(2001). Characteristics of High-Quality Programs of Child Care and Early Education in the United States. 보육시설에서의 포괄적 보육서비스. 삼성복지재단 제9회 국제학술대회. 185.

Einzig. M. J.(2001). The first-aid handbook for childhood emergencies. 김일옥 · 이자영 편역. 영 · 유아를 위한 응급처치. 경기 : 양서원.

Gagn'e, F.(1985). Giftedness and talent : Reexaming a reexamination of the definition. *Gifted Child Qurterly, 29,* 103~112.

Garvey, C.(1974). Some properties of social play. *Merrill-Palmer Quarterly, 20,* 163-180.

Garvey, C.(1977). *Play.* Vambridge, M.A. : Havard University Press.

Harms, T., Clifford, R. M., & Cryer, D.(1998). *Early Childhood Environment Rating Scale(Rev. ed.).* NY : Teachers College Press.

Harms, T., Cryer, D., & Clifford, R. M.(1990). *Infant/Toddler Environment Rating Scale.*

NY : Teachers College Press.

Honig, A. S.(1995). *Quality infant/toddler caregiving : Are there magic recipes?* '95년 삼성어린이개발센터 국제학술대회 자료집.

Howes, C., & Olenick, M.(1986). Family and child care influences on toddler's compliance. *Child Development, 57*, 202-216.

Jenkins, J. R., Odom, S. L., Speltz, M. L.(1985). Interaction normal and handicapped preschoolers : effects on child development and social interaction. *Exceptional Children, 52*, 7-18.

Katz, L. G. & Chard, S.C.(1989). *Engaging children's minds : The project approach.* Norwood, NJ : Ablex.

Katz, L. G. & Chard, S.C.(2000). The project approach. In J. L. Roopnarine, & J. E. Johnson(Eds.), *Approaches to Early Childhood Education*(3rd)(pp.175-189). NY : Macmillan Publishing Company.

Katz, Lilian G.(1980). Mothering and Teaching : Some Significant Distinctions. In Katz, Lilian G(Ed.), *Current Topics in Early Childhood Education* Vol Ⅲ. Ablex Publishing Corporation Norwood, New Jersey.

Kohl, F. L., & Beckman, P. J.,(1984). A comparison of handicapped and nonhandicapped preschoolers interactions classroom activities. *Journal of Divison for Early Childhood, 8*. 49~56.

Lazarus, R. S.(1976). *Patterns of adjustment.* New York : Macgraw-Hill Company.

Maccoby, E. E,. & Martin, J. A.(1983). Socialization in the context of family : Parent-child interaction. In E. M. Hetherington(Ed.). *Handbook of Child Psychology* : vol 4. Socialization, personality, and social development. New York : Wiley.

McCartney, K.(2004). Child care effects on cognitive and language development in the NICHD study of early child care and youth development. 제12회 국제학술대회 영유아보육과 파트너쉽. 삼성복지재단.

NAEYC(1998). *Accreditation criteria and procedures of the National Association for the Education of Young Children, 1998 Edition. Washington*, DC : Author.

NAEYC.(1983). CAP 1, NAEYC's center accreditation project : Goals and philosophy. *Young Children, 38*(3), 33-35.

NAEYC.(1983). CAP 2, Three components of high-quality early childhood programs : Physical environment, health and safety, nutrition. *Young Children, 38*(4), 51-57.

NAEYC.(1983). CAP 3, Three components of high-quality early childhood programs : Administration, staff qualifications and development, and staff-parent interaction. *Young Children, 38*(5), 53-58.

NAFCC.(1999). *Quality standards of NAFCC accreditation* [On-line]. Available : www.nafcc.org.

National Center for the Early Childhood Workforce.(1989). *The National Child Care Staffing Study : Executive summary.*

National Childcare Accreditation Council.(1993). *Quality improvement and accreditation system handbook.* Sydney : Common-wealth of Australia.

National Research Council(1990). *Who cares for America's children? Chid care policy in the 1990's.* Washington DC : National Academy Press.

Odom, S. L., & McEvoy, M. A.(1990). Mainstreaming at the preschool level : Potential barriers and tasks for the field. *Topics in Early Childhood Special Education, 10(2),* 48-61.

Parten, M.B.(1932). Social participation among preschool children. *Journal of Abnormal and Social Psychology, 27,* 243-269.

Peterson, L., & Kivlahan, C.(1993). Judgements regarding appropriate child supervision to prevent injury" the role of environmental risk and child age. *Child Development, 64.* 934-950.

Pickle, B.(1989). Increasing safety awareness of preschoolers through a safety education program. Nova University.

Powell, P. M., & Haden. T.(1984). The intelletual and psychosocial nature of extreme gifteness. *Roeper Review. 7.* 131~133.

Rinaldi, C.(1991). The Reggio Emilia Approach. A paper presented at the conference on the Hundred Languages of Children, Detroit, MI.

Rinaldi, C.(1998). Projected curriculum constructed through documentation-Progettazione : An interview with Lella Gandini. In C. Edwards, L. Gandini, & G. Forman(Eds.), *The hundred languages of children : The Reggio Emilia approach-advanced reflections*(2nd ed.), 113-125. Greenwich, CT : Ablex.

Roedell, W. C.(1986). Socioemotional vulnerabilities of Young Gifted Children. *Journal of Children in Contemporary Society, 18*(3), 17~29.

Shaffer, D. R.(1993). *Deveiopmental Psychology* : Childhood and adolescence(3rd Ed.). California : Brooks/Cole.

Speltz, M. L., & Gonzales, N.(1990), Assessment of injury risk in young children : A preliminary study of the Injury Behavior Checklist. *Journal of Pediatric Psychology, 15,* 373-383.

Stack, D. M., LePage, D. L., Hains, S., & Muir, D. W.(2001). Differential touch as a function of instruction during mother-infant interactions : Application of the Caregiver-Infant Touch Scale(CITS). Manuscript under revision.

Stranks, J.(1991). *The handbook of health and safety ppractice.* MA : A Simon and Schuster Company.

Susan, C.(1981). *Healthy and safety for young children.* Washington, D.C. : DHEW Inc.

Susie, B.(1995). *Healthy children handbook* : Arkansas safe kid are no accident! Arkansas Early Childhood Commission.

Thompson, B., Wickham, D., Wegner, J., Ault, M.M., Shanks. P., & Reinertson, B.(1993). A Circle of inclusion : Facilitating th inclusion of young children with servere disabilities in mainstream early childhood education progrms. Manual to the video. Lawrenece, KS : Lerner Manged Design.

Thousand, J. S., Rosenberg, R. L., Bishop, K. D., & Villa, R. A.(1997). The evolution of secondary inclusion. *Remedial and Special Education, 18*(5), 270-284.

Valsiner, J.(1987). *Culture and the development of children's action*. Chichester, England : John Wiley & Sons.

Varney, A., & Joan, T.(1989). The evaluation of personal safety curriculum for preschool. University of Michigan. M.A.

Vygotsky, L. S.(1978). *Mind in society*. MA : Harvard University Press.

Walton, W. W.(1982). An evaluation of the Poison Prevention Packaging Act. *Pediatrics Act, Pediatrics, 69*, 363-370.

White, B. L.(1983). *The first three years of life*. N.Y. : Fire Side : Simon & Schuster.

WHO(1969). International Health Regulations

Wolery, M., & Wilbers, J.(1994). Including children with special needs in early childhood programs. Washington, DC : National Association for the Education of Young Children.

Zajdeman, H. S., & Minnes, P. M.(1991). Predictors of children's adjustment to day care. *Early Child Development and Care, 74*, 11-28.

http : //seoul.childcare.go.kr 서울특별시 육아종합지원센터

http : //chrd.childcare.go.kr 한국보육진흥원 보육인력개발국

http : //www.dentia.org 충치예방연구회

http : //central.childcare.go.kr. 중앙육아종합지원센터

http : //www.kapcl.org 대한소아치과학회

https : //www.kcpi.or.kr 한국보육진흥원

저자 소개

✍ 김연진

숙명여자대학교 대학원 아동복지학과 졸업(석, 박사)
영국 Kingsway College 수학
현, 상지영서대학교 유아교육과 교수
강원도 보육정책위원회 위원장
저서 : 부모교육(공저, 태영출판사, 2007)
아동복지의 이해(공저, 태영출판사, 2009)
보육과정(공저, 태영출판사, 2012)
유아건강교육의 이론과 실제(공저, 태영출판사, 2014)

✍ 한성심

숙명여자대학교 대학원 아동복지학과 졸업(석, 박사)
현, KC대학교 아동복지학과 교수
저서 : 보육과정(공저, 태영출판사, 2013)
아동복지론(공저, 창지사, 2014)
영유아교수방법론(공저, 태영출판사, 2015)

✍ 서지영

숙명여자대학교 대학원 아동복지학과 졸업(석, 박사)
현, 동원대학교 복지계열 아동보육복지전공 교수
하남시 보육정책위원
저서 : 인간행동과 사회환경(공저, 대왕사, 2009)
가족복지론(공저, 대왕사, 2010)
보육과정(공저, 태영출판사, 2013)

✍ 김현자

숙명여자대학교 대학원 아동복지학과 졸업(박사)
숙명여자대학교 교육대학원 유아교육 전공(석사)
현, 두원공과대학교 유아교육과 교수
저서 : 아동문학(공저, 창지사, 2012)
유아수학교육(공저, 창지사, 2014)
영아발달(공저, 태영출판사, 2015)

보육학개론 – 개정2판 –

초판발행 2007년 3월 5일
개정8쇄 2018년 8월 20일

HanSS
2018. 8.

저 자 김연진 · 한성심 · 서지영 · 김현자

발행인 김현태
발행처 태영출판사

주 소 (08301) 서울 구로구 구로동 104-10 동남오피스텔 201호
전 화 02 · 839-3757, 839-3752
팩 스 02 · 837-3754
등 록 2005년 5월 30일 제12-421호
홈페이지 http://www.taeyeongbook.co.kr
E-mail tys2005@hanmail.net
ISBN 978-89-6302-201-7 93370
정 가 17,000원

* 잘못 만들어진 책은 교환해 드립니다.